Heidi Rosenbaum, Elisabeth Timm
Private Netzwerke im Wohlfahrtsstaat

D1723969

Heidi Rosenbaum,
Elisabeth Timm

Private Netzwerke im Wohlfahrtsstaat

Familie, Verwandtschaft und soziale
Sicherheit im Deutschland
des 20. Jahrhunderts

UVK Verlagsgesellschaft mbH

*Gedruckt mit freundlicher Unterstützung des Instituts
für Europäische Ethnologie der Universität Wien.*

Europäische
Ethnologie
WIEN

Bibliografische Information der Deutschen Nationalbibliothek
Die Deutsche Nationalbibliothek verzeichnet diese Publikation in der
Deutschen Nationalbibliografie; detaillierte bibliografische Daten
sind im Internet über http://dnb.d-nb.de abrufbar.

ISBN 978-3-86764-065-7

© UVK Verlagsgesellschaft mbH, Konstanz 2008

Einbandgestaltung: Susanne Fuellhaas, Konstanz
Druck: Rosch-Buch Druckerei GmbH, Scheßlitz

UVK Verlagsgesellschaft mbH
Schützenstr. 24 · D-78462 Konstanz
Tel.: 07531-9053-0 · Fax: 07531-9053-98
www.uvk.de

Inhalt

Vorwort

Dieses Buch ist aus unserer Arbeit im Projekt »Kinship and Social Security« hervorgegangen. Dies internationale und interdisziplinäre Projekt (Mai 2004 bis Mai 2007) wurde durch das 6. Rahmenprogramm der EU finanziert und war organisatorisch am Max-Planck-Institut für ethnologische Forschung in Halle/Saale angesiedelt.[1] Untersuchungsgegenstand war das Verhältnis von Familie/Verwandtschaft und sozialer Sicherheit in acht europäischen Ländern (Deutschland, Frankreich, Italien, Kroatien, Österreich, Polen, Russische Föderation, Schweden). Die Untersuchung bestand für jedes Land aus zwei Teilen: Einer historisch-soziologischen Analyse und einer Feldforschung. Für die historisch-soziologische Analyse, die wir für Deutschland durchgeführt haben und die diesem Buch zu Grunde liegt, wurden jeweils die Befunde historischer und soziologischer Forschung zu Familie/Verwandtschaft und sozialer Sicherheit im Laufe des 20. Jahrhunderts (zum Teil mit Rückgriffen auf das 19. Jahrhundert) dokumentiert und resümiert. Die Koordination dieser Teilprojekte lag bei Hannes Grandits (Abteilung für Südosteuopäische Geschichte, Universität Graz). Außerdem wurde für jedes Land eine Feldforschung durchgeführt. Sie umfaßte jeweils mindestens ein städtisches und ein ländliches bzw. suburbanisiertes Gebiet (Heady/Grandits o.D.). Qualitative und quantitative Methoden wurden kombiniert. Die Koordination dieser Teilprojekte und des Gesamtprojekts lag bei Patrick Heady (Halle/Saale). Die Ergebnisse des gesamten Projekts werden demnächst in drei Bänden publiziert.[2]

Für dieses Buch haben wir die von uns erarbeitete Dokumentation und Synthese historischer und soziologischer Forschung (Rosenbaum/Timm 2006) erweitert und aktualisiert. Berücksichtigt wurden nicht nur Arbeiten aus der Geschichtswissenschaft und Soziologie, sondern insbesondere auch aus der (Europäischen) Ethnologie.[3] Dabei haben wir sowohl empirisch ori-

---

1 Projekt-Kurzbeschreibung. URL: http://www.eth.mpg.de/kass/german.html [5.2.2008]. Dort auch das Folgende.

2 Die Projektbände sind für 2008 angekündigt (Grandits 2008, Heady/Kohli 2008, Heady/Schweitzer 2008). Weitere bisher erschienene einzelne Veröffentlichungen der Länderteams sind Pflegerl/Geserick 2007 (Österreich); Thelen/Baerwolf 2007; Thelen/Baerwolf/ Grätz 2006 (Deutschland); Viazzo/Zanotelli 2006 (Italien); Leutloff-Grandits/Thelen 2008 (Ostdeutschland/Kroatien).

3 »Europäische Ethnologie« steht hier als Sammelbezeichnung für die Nachfolgedisziplinen der Volkskunde, die heute als wissenschaftliche Disziplin und in den Museen unter mehreren Bezeichnungen institutionalisiert sind (Europäische Ethnologie, Kulturanthropologie, Empirische Kulturwissenschaft) und aufgrund ihrer Geschichte, Methoden und ihres praxe-

7

entierte Analysen verwendet als auch diskursanalytische, wissenschaftshistorische und theoretische Untersuchungen einbezogen. Das vorliegende Buch versteht sich daher als eine einführende Zusammenschau zum Thema Familie, Verwandtschaft und soziale Sicherheit in Deutschland im 20. Jahrhundert, die den Forschungsstand und seine Entwicklung (Analyseperspektiven, theoretische Orientierungen, Methoden) ebenso erörtert wie die empirischen Befunde. Die Darstellung greift zurück bis zum Beginn des Wohlfahrtsstaates im 19. Jahrhundert und zeichnet die damit verbundene Entwicklung bis heute in Bezug auf die rechtliche, sozialpolitische, soziale und kulturelle Dimension nach, wobei der Ebene der alltäglichen Praktiken besonderes Augenmerk gewidmet wurde. Der zeitliche Schwerpunkt liegt auf den aktuellen Dynamiken und Veränderungen im Bereich von Familie, Verwandtschaft und sozialer Sicherheit, die das Thema seit einigen Jahren wieder in die politische und mediale Debatte gebracht haben: Die Rückverlagerung von Leistungen sozialer Sicherheit an private Netzwerke, die Entgrenzung von Arbeit und Leben und den damit verbundenen Wandel dieser Netzwerke.

Dem Institut für Europäische Ethnologie der Universität Wien danken wir für einen Druckkostenzuschuss sowie für die Unterstützung bei der Literaturbeschaffung durch Monika Breit.

---

ologischen Kulturbegriffs unterschieden werden können von den zu Kulturwissenschaften gewandelten Geisteswissenschaften und Philologien.

Einleitung:
Forschungsstand und Forschungsperspektiven

Dem »konservativen Wohlfahrtsregime« der Bundesrepublik Deutschland (Esping-Andersen 1990) korrespondiert ein spezifisches Familienmodell. In ihm wird dem Mann und Vater die Erwerbsarbeit und der nicht-erwerbstätigen Frau und Mutter die Hausarbeit und Kinderbetreuung zugewiesen. Dieses Familienmodell steht in der Tradition des bürgerlichen Familienideals, das am Ende des 18. Jahrhunderts entworfen und erst später sukzessive realisiert worden ist (Rosenbaum 1992 u. 1996). Es ist – von Ausnahmen abgesehen (insbesondere Salomon/Baum 1930; Fromm u.a. 1936; Adorno u.a. 1950; vgl. dazu Helmer 1986) – in der deutschen soziologischen, volkskundlichen und historischen Forschung eher Ideal als Untersuchungsgegenstand gewesen (Sandhop 1987, 4). Auffällig an der deutschen Familienforschung (fast) jeder Couleur ist sehr lange die nostalgische Verklärung der Vergangenheit, die bei der Untersuchung jeweils konkreter Familienverhältnisse notwendig zu einer Perspektive des Verfalls führt. Das lässt sich schon für Wilhelm Heinrich Riehl (1855) nachweisen und setzte sich in dem Dauerthema der »Krise der Familie« fort, das in Politik und Medien bis heute Konjunktur hat.

Die Forschung zu Familie und Verwandtschaft in der westdeutschen Soziologie nach 1945 grenzte sich dezidiert von der bevölkerungspolitisch und rassenideologisch orientierten Familienforschung im NS-Staat ab (hierzu Helmer 1986).[4] Stattdessen gewannen die Institutionentheorie Arnold Gehlens und der vor allem von Talcott Parsons (1943, 1964) geprägte Strukturfunktionalismus der US-amerikanischen Soziologie an Einfluss (Rosenbaum 1978; Rosenbaum 1998, 17; Schmidt 2002, 24). Insbesondere der »Import der amerikanischen Soziologie« wird als entscheidend für die Etablierung der Soziologie in der BRD betrachtet (Klingemann u.a. 1999, 136). Diese theoretischen Orientierungen führten nicht nur, aber auch zur Anknüpfung an alte Traditionen der Familienforschung aus dem 19. Jahrhundert. Sie sollten bis in die 1980er Jahre hinein einen wichtigen Strang der Forschung zu Familie und Verwandtschaft in der BRD prägen (Schmidt 2002, 32f.). Das gilt im besonderen Maße für die familiensoziologische Forschung, die aus diesem Grund

---

4   Die Wissenschaftsgeschichte weist allerdings in neuesten Untersuchungen vielfältige Kontinuitäten und Adaptionen der Bevölkerungswissenschaft aus dem NS-Staat in der Bundesrepublik nach (Mackensen/Reulecke 2005; Gutberger 2006; Ehmer/Ferdinand/Reulecke 2007; Henßler/Schmid 2007).

rückblickend als »Familienkrisen-Wissenschaft« charakterisiert wurde (Schneider 2002, 377). Das ist zweifellos überspitzt und wird der Differenzierung der Forschungslandschaft nicht ganz gerecht. Gleichwohl lässt sich in der Familiensoziologie eine breite Strömung feststellen, die mehr oder weniger ausgeprägt der These vom Zerfall bzw. der Krise der Familie anhing, die sie entweder durch die Zunahme der Frauenerwerbsarbeit und der Scheidungen, durch den Funktionsverlust in ökonomischer Hinsicht und bei der Versorgung von alten Menschen (Nave-Herz 1998, 298) oder durch die unzureichende Sozialisationskapazität begründete.

Diese These ergab sich nicht ausschliesslich aus den erwähnten theoretischen Orientierungen oder aus einer konservativen politischen Einstellung. Dazu trug auch die Realität der ersten Nachkriegsjahre bei, in denen verschiedene Faktoren (Flucht, Vertreibung, Kriegszerstörungen, Hunger, Krankheiten, Tod von Familienangehörigen, fehlende Infrastruktur) das Alltagsleben der Familien insbesondere in den stark zerstörten Großstädten enorm beeinträchtigt und vor allem für die Mütter zu immensen Belastungen geführt hatte (Thurnwald 1948): In dieser Situation wurde die Familie als Hort der Stabilität in der zerstörten und unsicheren Nachkriegswelt teils erlebt, teils erhofft und von der Wissenschaft propagiert (u.a. Wurzbacher 1951/1969; Schelsky 1953/1967; Baumert/Hünninger 1954).[5] Damit zusammenhängend wurde in der damaligen Familienforschung vor allem in der Erwerbstätigkeit von Ehefrauen und Müttern ein Krisensymptom gesehen.

Die Annahme des Zerfalls der Familie war also in der Soziologie bis in die 1980er Jahre hinein verbreitet (z.B. Hoffmann-Nowotny 1988). In den letzten Jahren ist sie im Kontext neuer bevölkerungspolitischer Diskurse auf nationaler Ebene erneut virulent geworden und zwar nicht nur in der medialen und politischen Debatte, sondern auch in wissenschaftlichen Szenarien wie etwa der Demographie oder ihrer vulgarisierten und verkürzten Rezeption, welche als »Demographisierung gesellschaftlicher Probleme« erkannt wurde (Hummel 2006). Markant ist der nationale oder nationalistische Vorbehalt, ohne den Aussagen über die wachsende oder schrumpfende Bevölkerung eines Staates überhaupt keinen Sinn machen würden. Demographische Daten bedürfen einer quellen- und methodenkritisch intensiven Kontextualisierung

---

5 Eine differenziertere Position nahm König (1946) mit seiner These von der »Desorganisation« und »Desintegration« der Familie ein, die im Gegensatz zu den oben genannten Arbeiten weniger kulturpessimistisch-wertend argumentiert, sondern eine spezifische Reaktion der Familie auf gesellschaftlichen Wandel meint. Sie gilt als Vorläufer der später von Beck (1986) ausgearbeiteten Individualisierungsthese (Schmidt 2002, 35). Der Siebte Familienbericht der Bundesregierung, der die Notwendigkeit betont, eine Einbindung von Familie in Netzwerke von Freundschaft, Nachbarschaft und Gemeinde zu ermöglichen, weist demzufolge auf die Bedeutung der Position Königs hin. Dieser habe mit dem Konzept »Desintegration« die Separierung der Kleinfamilie von anderen gesellschaftlichen Teilbereichen, aber auch von Verwandtschaft und Nachbarschaft beschrieben, die durch die zunehmende Trennung von Wohnen und Erwerbsarbeit in den 1950er und 1960er Jahren unterstützt worden sei (BMFSFJ 2006, 8f.).

(Kreyenfeld 2004c). Diskursanalytisch wurde die Demographie jüngst als »Wissenschaft der Angst« dekonstruiert (Etzemüller 2007; eine diskursanalytische Perspektive ebenfalls bei Auth/Holland-Cunz 2007) und ihre impliziten Geschlechter- und Sozialordnungen in soziologischer, sozialpolitischer und feministischer Perspektive diskutiert und nachgewiesen (Berger/Kahlert 2006; Baureithel 2007; Hummel 2007). Zudem ist seit einigen Jahren eine intensivierte wissenschaftsgeschichtliche Erforschung der Demographie, Bevölkerungswissenschaft, Bevölkerungssoziologie und Bevölkerungspolitik zu bemerken (etwa Mackensen/Reulecke 2005; Gutberger 2006; Ehmer/Ferdinand/Reulecke 2007; Henßler/Schmid 2007), deren historische Untersuchung bislang vor allem auf die NS-Zeit fokussiert war (z.B. Kaupen-Haas 1986).

Die Annahme eines Zerfalls familiärer und verwandtschaftlicher Lebensformen blieb zudem nicht auf den akademischen Kontext beschränkt, sondern wurde teilweise lang und breit in der Politik und in den Medien rezipiert. Eines der prägnantesten Beispiele für die Beeinflussung der öffentlichen Meinung durch wissenschaftliche Erkenntnisse ist die in den 1950er Jahren breite Debatte um die »Schlüsselkinder« (Speck 1956; dazu Sommerkorn 1988 u. Sommerkorn/Liebsch 2002), also jener Kinder mit einer erwerbstätigen Mutter, die einen Teil des Tages alleine verbringen und deshalb einen Hausschlüssel bei sich haben. Statt fehlende Kindergartenplätze oder Ganztagsschulen zu beklagen, wurden in dieser Diskussion die Mütter an den Pranger gestellt, die ihre Kinder allein ließen und bei ihnen dadurch – angeblich – gravierende Schäden verursachten.[6] Becker-Schmidt (2002, 139) interpretiert, dass die immer wieder aufkommenden

> »Diskurse vom ›Zerfall der Familie‹ (...) auf die genderbasierte Arbeitsteilung in ihrer Verschränkung von Hausarbeit als Frauenarbeit und Segregationslinien im Beschäftigungssystem (zielen)«.

Die familiensoziologische Forschung der ersten Nachkriegsjahrzehnte ist durchgehend gekennzeichnet von einer auf den männlichen Ernährer der Familie ausgerichteten Perspektive. In den ersten Jahrzehnten nach dem Zweiten Weltkrieg wurden diese Familienform und eine sie bewahrende Politik von der Forschung nicht nur wissenschaftlich präferiert, sondern auch politisch gefordert. Hier trafen sich die Familienforschung im Nachkriegsdeutschland und die katholische Soziallehre (z.B. Schelsky 1954/1967), die für die Begründung der Sozialpolitik in der jungen Bundesrepublik prägend wurde (Rosenbaum 1973/1978, 2f.; Schmidt 2002, 81ff.). Diese Konzentration auf die Kleinfamilie mit einem männlichen, erwerbstätigen Haushaltsvorstand und einer nicht erwerbstätigen Mutter war jedoch nicht ausschließlich

---

6   Es verwundert, dass die neuesten Synthesen und Rekonstruktionen der deutschen Kindheitssoziologie (Grunert/Krüger 2006; Schweizer 2007) diesen Blick auf Kinder/-Betreuung nicht erwähnen oder diskutieren.

ein ideologisches Produkt, sondern entsprach in den 1950er/1960er Jahren, dem »Golden Age of Marriage« (Nave-Herz 1998, 294), auch einer weithin gelebten Realität. Die Prosperität der fordistischen[7] Hochphase der jungen Bundesrepublik schuf die ökonomische Grundlage für die Realisierung dieses Familienmodells und führte zu einem Boom bei Eheschließungen und Geburten.

Inspiriert und fundiert durch die neuen sozialen Bewegungen ab den 1960er Jahren (Studentenbewegung, außerparlamentarische Linke, zweite Frauenbewegung) kam es in der Forschung zu Familie/Verwandtschaft und Wohlfahrtsstaat ab den 1970er Jahren zur historisch informierten Kritik und Diskussion der soziologischen These von der Krise der Familie (u.a. Mitterauer 1981; Sieder/Mitterauer 1977; Rosenbaum 1973/1978; Rosenbaum 1977; Rosenbaum 1982; Rosenbaum 1996; Rosenbaum 1998).[8] Die nun erst entstehende historische Familienforschung korrigierte die auf Möser und Riehl zurückgehende Vorstellung einer durch die Industrialisierung bewirkten Entwicklung von der mehrere Generationen umfassenden Großfamilie hin zur modernen, isolierten Kleinfamilie, indem sie zum einen die weite Verbreitung kleinfamilialer Formen in Mittel- und Westeuropa seit der frühen Neuzeit dokumentierte und analysierte und zum anderen verwandtschaftliche Beziehungen über die Klein- oder Kernfamilie hinaus berücksichtigte (z.B. Rosenbaum 1993). Das führte nach scharfen, zum Teil polemischen Auseinandersetzungen zwischen historischer und soziologischer Familienforschung (Tyrell 1976; Tyrell 1977; Teuteberg 1983; Mühlfeld 1985) ab den

---

7   Der Begriff ›Fordismus‹ und der daraus entwickelte regulationstheoretische Ansatz geht auf Antonio Gramsci (1975) zurück und bezeichnet ein spezifisches Verhältnis von Massenproduktion und Massenkonsum. Damit verbunden ist die Regulationstheorie, die in den 1970er und 1980er Jahren von französischen Sozial- und Wirtschaftswissenschaftlern entwickelt wurde (Aglietta 1976; Boyer 1986; Lipietz 1985); die Formulierung in Deutschland durch Hirsch (1974) wurde weniger rezipiert. Die Regulationstheorie untersucht das jeweils historisch spezifische Verhältnis zwischen der Produktionsweise und der Regulation von Gesellschaft und Politik. Daher ist dieser theoretische Zugang für die Analyse der Praktiken und der Politiken von Familie und Verwandtschaft besonders geeignet. Zur fordistischen Phase der BRD vgl. Lutz (1984) und Kind/Ronneberger (1996); zur Anwendung des Theoriemodells in der neueren soziologischen Forschung zu Familie und Verwandtschaft z.B. Schmid 2002, 47; Kohli 2003, 528; Lange 2003; Häußermann/Siebel 2004, 203 u. 206; zur regulationstheoretischen Analyse von care-Ökonomie vom Fordismus bis zum Postfordismus Chorus 2007. Auch der Siebte Familienbericht verwendet diese regulationstheoretische Begrifflichkeit (»fordistische Produktionsweise«, BMFSFJ 2006, 236), was aus der Einbeziehung einer sozialhistorischen Perspektive resultiert (Jurczyk 2007, 533). Insgesamt jedoch finden sich dort unterschiedliche Charakterisierungen der bundesdeutschen Gesellschaft (die eher an modernisierungstheoretische Ansätze erinnern): »eine postindustrielle Gesellschaft« (ebd., 9), eine »spätmoderne Erwerbsgesellschaft« (ebd., 9), eine »hoch entwickelte Industriegesellschaft« (ebd., 10), eine »hoch entwickelte Dienstleistungsgesellschaft« (ebd., 27), »eine sich entgrenzende Dienstleistungs- und Wissensgesellschaft« (ebd., 235), »eine hoch arbeitsteilige postindustrielle Wirtschaftsordnung« (ebd., 254).

8   Andere sozialhistorische Arbeiten zur Familie aus der Volkskunde (Weber-Kellermann 1974/1982; ihre Kritik an der soziologischen Familienforschung (ebd., 204-210) geht auf Rosenbaum 1973/1978 zurück) waren dagegen in der Soziologie wenig rezipiert worden.

1980er Jahren zu einer Neuorientierung in der Forschung zu Familie und Verwandtschaft in der Soziologie und insbesondere zu einer Kritik an der These vom Zerfall der Familie (z.B. Burkart 1995). Eine ganz zentrale Rolle spielte hierbei unter anderem die Kritik an den empirischen Grundlagen der familiensoziologischen Forschungen. Die bis dahin verbreitete Vorstellung von überwiegend sehr distanzierten Beziehungen zwischen den Generationen, die auf dem empirischen Befund getrennten Wohnens basierte, geriet ins Wanken. Es zeigte sich, dass das in der Statistik übliche Haushaltskonzept der Realität des gelebten Lebens nicht angemessen war. Beziehungen zwischen Haushalten wurden dadurch nicht erfasst. Weder enges Zusammenleben der Generationen (zwar in getrennten Haushalten, aber in einem Haus oder in der Nachbarschaft) noch Partnerschaften mit zwei Haushalten gerieten in den Blick, so dass mittlerweile gilt: »Das Haushaltskonzept ist zu eng für Rückschlüsse auf die Qualität familialer intergenerationeller Beziehungen und die potentiellen Hilfeleistungen« (Kohli u.a. 1997, 158; ebenso Grunow 1985; Diewald 1989; Rosenbaum 1997, 55; Eggen 2000, insbes. 83-100; Engstler/Menning 2003, 143). Insbesondere für die Netzwerkforschung zu Familie/Verwandtschaft und sozialer Sicherheit wurden aus diesem Grund Defizite der amtlichen Statistik kritisiert und die Methoden der Datenerhebung zunächst verbessert (Bertram 2000, 97-99 u. 105; Eggen 2000, 100-111; Bayer/Bauereiss 2003; Spielauer 2004). Im internationalen Vergleich (etwa zu den USA) allerdings sind die Mittel für die Forschung zu Familie und Verwandtschaft in der Bundesrepublik gering. In den letzten Jahren hat die amtliche Statistik die Erhebung einiger einschlägiger Daten wieder aufgegeben, wie etwa im Mikrozensus 2005 die Frage nach der Zahl der in Tageseinrichtungen betreuten Kinder (!) (BMFSFJ 2006, 293), sodass regulär keine Daten zur Nutzung dieser Einrichtungen erhoben werden. Zudem wird kritisiert, dass die aufgrund der Flexibilisierung der Erwerbsarbeit besonders bedeutsame »Lage und Organisation der Arbeitszeit« im Mikrozensus nicht erhoben wird (sondern lediglich deren Quantität), was aber für die Untersuchung des Zusammenspiels von Familie, Verwandtschaft und Erwerbsarbeit unabdingbar ist (BMFSFJ 2006, 293). In Wissenschaft und Forschung wie in der Statistik zeichnet sich schließlich ein Wandel ab weg von den Begriffen ›Familie‹ und ›Verwandtschaft‹ hin zu »Lebensform« (Huinink/Konietzka 2007, 35). So nennt etwa das Statistische Bundesamt seinen seit 2005 verwendeten, neuen »Standard für die Veröffentlichung familienbezogener Ergebnisse aus dem Mikrozensus« »Lebensformenkonzept« (ebd.).

Die Kritik und Revision der statistischen Methoden und die Dekonstruktion der Begrifflichkeiten führten zum neuen Konzept der »multilokalen Mehrgenerationenfamilie« oder der »modernen Mehrgenerationenfamilie« (Bertram 2000; vgl. auch Bien/Marbach 1991; Huinink/Konietzka 2007, 209-

212).[9] Dieses Konzept wurde jedoch nicht ausschließlich als Reaktion auf Schwächen der bisherigen Datenerhebung zu Familie/Verwandtschaft und als Kritik an normativen Familienkonzepten vorgeschlagen. Es reflektiert keine prinzipiell neue Form des Zusammenlebens der Generationen. Deren enge Verbundenheit kann aufgrund der Zunahme des Lebensalters im Rahmen des demographischen Wandels und der materiellen Besserstellung der ältesten Generation aber »erst seit den 60er Jahren (von) einer zunehmend größere(n) Zahl älterer Menschen« praktiziert werden (Bertram 2000, 118). Statt Koresidenz oder »Beinahe-Koresidenz« (Kohli u.a. 1997, 170) generell als Beleg für lebendige Familienbeziehungen zu nehmen, untersucht die Forschung nunmehr die Lebenspraxis von Familien. Dabei stellte sich heraus, dass gegenseitige Hilfe und emotionale Nähe auch über räumliche Entfernung hinweg aufrechterhalten und gepflegt werden.

Seit den späten 1980er Jahren beschäftigt sich die familiensoziologische Forschung mit der Entwicklung zur »postmodernen Familie« (Lüscher u.a. 1990) bzw. der »Pluralisierung von (familialen) Lebensformen« (Schmidt 2002, 277ff.). In diesem Zusammenhang veränderte sich auch der Familienbegriff. Wurde bis in die späten 1980er Jahre Familie überwiegend mit der aus Eltern und unmündigen Kindern bestehenden Kernfamilie gleichgesetzt (Nave-Herz 1989, 2f.; explizit auch Runge 1985, 12f. für die DDR), so zwang die Differenzierung familialer Realitäten nunmehr dazu, auch jene Lebensformen Erwachsener mit Kindern als Familie bzw. familiale Formen zu bezeichnen, für die nicht eine Ehe konstitutiv war (Nave-Herz 1994, 5f.; Nave-Herz 2002, 2). Die Familienforschung wurde damit um die Frage nach dem Verhältnis zwischen den Generationen, um die Lebenslaufforschung und um die Frage nach neuen Lebensformen der Familie (Einelternfamilien, Patchworkfamilien, Alleinerziehende, Familien mit gleichgeschlechtlichen Eltern) sowie um die Frage nach der »neuen Kinderlosigkeit« (Höhn 1998, 104; Nave-Herz 1988; Lang 1994; Carl 2002; Onnen-Isemann 2003; Rupp 2005; Schmitt/Winkelmann 2005; Engstler 2006; Hoff 2007; Konietzka/ Kreyenfeld 2007) und um die Untersuchung »neuer Haushaltstypen« erweitert (Häußermann 1999).

Derartige Tendenzen zeigten sich auch in der Familienforschung der DDR: Obwohl durch ideologische Orientierungen (»der Sozialismus (...) schuf eine höhere Form der Familie«, Gysi 1989, 10) bzw. pronatalistische Vorgaben geprägt und zudem durch methodische Probleme (fehlende standardisierte Strukturdaten, finanzielle Restriktionen) eingeschränkt (Dennis 1998, 37), konnte sie partiell die Realität der Familien und auch ähnliche

---

9   Ein älterer, in der deutschen Forschung jedoch wenig rezipierter Vorläufer dieses Konzepts war in der amerikanischen Soziologie die »modifiziert erweiterte Familie« von Litwak (1960a, 1960b); Pieper/Pieper (1975, 82) nannten diese Familie, bei der die Großelterngeneration nicht im selben Haushalt mit Eltern und Kinder, jedoch nahe bei ihnen leben, »modifizierte Großfamilie« oder »disperse Drei-Generationen-Familie«.

Tendenzen in der Familienentwicklung wie in der Bundesrepublik nachweisen: von den Spezifika des Familienlebens in der DDR wie der sehr hohen Erwerbsbeteiligung der Ehefrauen und Mütter, dem stärkeren Auseinandertreten von Ehe und Familie, der zeitweise höheren Geburtenrate, der im Lebenslauf früheren Familiengründung bis hin zur Erhöhung des Heiratsalters und der Zunahme von nichtehelichen Lebensgemeinschaften (auch mit Kindern) sowie der Zunahme von Scheidungen und der Abnahme der Kinderzahlen (Runge 1985 passim; Gysi 1989, passim; vgl. dazu auch Vaskovics u.a. 1994, 148ff.).

In der westdeutschen Forschung wurde die Pluralisierung der Familienformen in den 1980er und bis zu Beginn der 1990er Jahre vorwiegend als »Individualisierung« der Biographien untersucht (Beck 1986). Ab Mitte der 1990er Jahre nehmen Forschungen zu, die diese Veränderungen als »Destabilisierung von Lebenslagen« im Zusammenhang eines »Gestaltwandels der sozialen Frage« in Deutschland untersuchen (Vester u.a. 2001, 81ff.; Scherger 2007, 288).

Ebenfalls seit den 1980er und verstärkt in den 1990er Jahren wurde die Forschung schließlich um Methoden und Perspektiven der Netzwerkforschung ergänzt.[10] Dabei stehen die Netzwerkbeziehungen zwischen den Generationen und die damit verbundenen Transfers (Pflege, Hilfeleistungen, Kinderbetreuung, finanzielle/materielle Transfers) im Zentrum des Interesses, aber auch die Netzwerkbeziehungen von Migrantinnen und Migranten[11]. Netzwerkbeziehungen von Familie/Verwandtschaft als »soziales Kapital« im Sinne Bourdieus wurden dagegen bislang eher in der historischen Forschung (vgl. dazu die Literaturhinweise in Rosenbaum 1998) und erst in neuerer Zeit auch in der Soziologie (Nauck/Kohlmann 1998; Runia 2002) untersucht. Die Netzwerkforschung brachte für die Soziologie eine Erweiterung des Fokus' von der ›Familie‹ im Sinne von Klein- oder Kernfamilie auf ›Verwandtschaft‹ mit sich (Marbach 1998, 91f.), sodass in der neueren Forschung mittlerweile auch einige Studien vorliegen, die Unterschiede zwischen familialen und verwandtschaftlichen Netzwerken (so Schütze/Wagner 1998a, Wagner 2002) und/oder explizit Verwandtschaft und laterale familiale Beziehungen in den Blick nehmen (z.B. Bruckner 1993; Lang/Schütze 1998; Marbach 1998; Schuster u.a. 2003; Haug 2004; Onnen-Isemann/Rösch 2005). Wäh-

---

10   Schmidt 2002, 64ff.; z.B.: Wolf 1985; Glatzer/Berger-Schmidt 1986; Höllinger/Haller 1990; Schubert 1990; Diewald 1991; Holzapfel 1995; Eggen 1997; Naegele/Obermann 1997; Vaskovics 1997; Nauck/Kohlmann 1998; Kohli u.a. 1999; Nauck 1999; BMFSFJ 2000; Çil 2000; Haug 2000; Liedtke 2002; Petermann 2002; Wagner 2002, Olbermann 2003; Kaya 2005; Kontos 2005; Huinink/Konietzka 2007, 210f.

11   Spezifisch für undokumentierte Migration ist die Verwendung von Familienbildungsprozessen als Legalisierungsstrategie (Fleischer 2007). Die neueste Entwicklung in der Migrationspolitik, Verwandtschaftsbeziehungen für den Familiennachzug genetisch zu bestimmen (etwa in Frankreich) und die Kollision dieser Praxis mit Phänomenen wie »sozialer Elternschaft« in den Herkunftskulturen von Migrantinnen und Migranten erweckt gerade erst das Interesse der Forschung (Alber 2007).

rend Formen und Praktiken familialer und verwandtschaftlicher Netzwerke in synchroner Perspektive mittlerweile intensiv untersucht werden, gibt es nur wenige Arbeiten, die solche Netzwerke und die damit verbundene Tradierung bzw. den Wandel von Alltagspraktiken und Alltagsidealen in diachroner Perspektive über mehrere Generationen analysieren (etwa: Ziegler 2000; Lange-Vester 2007).[12]

Zudem wurde auf die (möglicherweise steigende, Diewald 1989, 193) Bedeutung anderer Netzwerke (Freundschaft, Erwerbsarbeit, Nachbarschaft) hingewiesen (Höllinger 1989, 534); auch sie sind Themen der neuesten Forschung zu Familie und Verwandtschaft geworden (z.b. Schubert 1990; Reichenwallner u.a. 1991; Harth/Herlyn 1996; Schmidt 2002; Diewald 2003a; Diewald 2003b; Diewald/Eberle 2003; Schuster u.a. 2003; Haug 2004; Keller 2005; Schmidt u.a. 2007). Im Siebten Familienbericht positioniert die Sachverständigenkommission Familie dezidiert im Kontext von Gemeinde, Nachbarschaft und Erwerbsarbeit und schlägt ihn als Bezugsrahmen für die von ihr formulierte und definierte neue »nachhaltige Familienpolitik« vor (BMFSFJ 2006, 9, 256f. u. 260f.). Schließlich werden nun nicht mehr nur für Migranten-Gruppen »transnationale soziale Beziehungen« zum Thema gemacht und als »›Transnationalisierung von unten‹« charakterisiert. (Mau/Mewes 2007, 203; vgl. dazu auch TRANSIT Migration Forschungsgruppe 2007).

Parallel zum wissenschaftlichen Interesse an den Netzwerken in Familie/Verwandtschaft entstand ein solches auch in der Politik im Zuge der »konservativen Transformation des Wohlfahrtsstaates« (Borchert 1995). Das führte zu einer völligen Umkehr des politiknahen Blicks auf die Familie im Laufe der zweiten Hälfte des 20. Jahrhunderts: Während bis in die 1980er Jahre hinein die Zerfalls- und Gefährdungsthese leitend war, kritisiert der Siebte Familienbericht explizit solche kulturpessimistischen Annahmen und beschreibt seinen Gegenstand nun mit betriebswirtschaftlichem Vokabular, nämlich als »Produktivkraft«, die »Humanvermögen« und »gemeinsame Güter« »herstellt«, da die Eltern »›Investoren‹ in die Zukunft ihrer Kinder sind und zugleich als ›Investoren‹ für die Zukunft von Nachbarschaft und Gemeinde« handeln. Es wird postuliert,

»dass auch das Leben in einem personalen und sozialen Netz mit besonderen Bindungen und Verpflichtungen eine knappe gesellschaftliche Ressource ist, die eines besonderen Schutzes bedarf« (BMFSFJ 2006, 5f., 10, 212, 221f., 262, 276).

---

12 Als populäre Praxis hingegen ist die genealogische Familienforschung (das Recherchieren der eigenen Vorfahren), die »amour de la généalogie« (Segalen/Michelat 1990), eine sich qualitativ und quantitativ intensivierende Form des Verwandtschaft-Machens geworden. Sie konkretisiert sich nicht nur in den Datenbanken, die die Familienforscher und Familienforscherinnen anlegen, sondern sie führt auch zu einer historischen und sozialen Erweiterung der Verwandtschaft als Netzwerk, wie etwa die Praxis von Familientreffen genealogisch recherchierter Verwandter belegt (Timm 2008).

Diese Entdeckung von Familie und Verwandtschaft als Quelle gesellschaftlichen Reichtums, die einen historischen Abschied von kulturpessimistischen Zerfallsszenarien markiert, wird diskursanalytisch noch zu untersuchen sein. Die Koinzidenz mit der aktivierenden Sozialpolitik, die insgesamt für alle Menschen in allen Lebensbereichen und Lebensabschnitten weniger Leistungen bietet, sondern auch auf der Grundlage eines erweiterten Familien- und Verwandtschaftsbegriffs (etwa das Lebenspartnerschaftsgesetz; auch die Bedarfsgemeinschaft wird in dieser Hinsicht zu untersuchen sein) auf care und Transfers der privaten Netzwerke setzt, ist offensichtlich.

Allerdings wird im Siebten Familienbericht darauf hingewiesen, »dass Leistungen der Familien für die Gesellschaft eben nicht naturwüchsig erbracht werden« (ebd., 8). Dabei rücken speziell nicht warenförmige und nicht staatliche Leistungen sozialer Sicherheit wie beispielsweise ehrenamtliche oder andere nicht entlohnte Arbeit im Bereich der informellen Ökonomie bis hin zur (familialen) Schwarzarbeit in den Fokus.[13] Das reflektiert eine neue politische Entwicklung: In der Bundesrepublik soll – um den Abbau staatlicher sozialer Sicherheit zu kompensieren – durch staatliche Initiativen ehrenamtliches Engagement gefördert und zum Teil auch verrechtlicht werden (z.B. durch Versicherungsleistungen). Das politische Interesse an einer Inwertsetzung informeller, bislang als ›privat‹ kategorisierter Netzwerke und Beziehungen hat innerhalb weniger Jahre zu einer grundlegenden Verschiebung im Diskurs um nicht-lohnarbeitsförmige Formen von Arbeit geführt. Während bis Mitte der 1990er Jahre Verrechtlichungs- bzw. Kriminalisierungsstrategien dominant waren – fassbar etwa im Begriff ›Schwarzarbeit‹ – und während etwa die Vermischung von familialen Beziehungen und Erwerbsarbeit als Korruption oder als Modernisierungsrückstand bestimmter ethnischer Milieus mit dem Begriff »ethnische Ökonomien« kategorisiert und projiziert wurden (Timm 2000), wird heute politisch auf das noch auszuschöpfende und zu fördernde Potential solcher Arrangements verwiesen.

Schließlich wurde – einerseits in Rezeption der Arbeit von Esping-Andersen (1990), andererseits als Reaktion auf die politische Kritik aus unterschiedlichen Lagern am Wohlfahrtsstaat seit Mitte der 1980er Jahre – die bis dahin kaum vorhandene (Ausnahmen und Grundlegung dagegen: Alber 1980; Hockerts 1980; Sachse/Tennstedt 1980-1992; Kaufmann 1982) Forschung zur Geschichte und Gegenwart des deutschen Wohlfahrtsstaates im 20. Jahrhundert und der internationale Vergleich dieses Regimes intensiviert.[14] Schwerpunkte sind hierbei zunächst einmal die Geschichte, Gegen-

---

13 Merz/Wolff 1989; Beher u.a. 1999; Klages/Gensicke 1999; Notz 1999; Scheuch 1999; Bundesministerium für Bildung und Forschung 2000; Zimmer/Nährlich 2000; Heinze/Olk 2001; von Rosenbladt 2003; Backhaus-Maul u.a. 2002; Deutscher Verein/ISIS 2002; Enquete-Kommission 2002 u. 2003; Erlinghagen 2002; Schmid 2002, 404-408; Ebert/Hartnuß 2003; Opielka 2003; Stecker/Zimmer 2003; Steinbacher 2004; Sigmund 2004.

14 Kohli 2003, 530f.; u.a.: Conrad 1990; Crew 1990; Kaufmann 1990; Pohl 1991; Reyer 1991; Bast/Ostner 1992; Leibfried/Voges 1992; Wollasch 1993; Scheiwe 1994; Borchert 1995;

wart und Dynamik der geschlechtlichen Arbeitsteilung in Familie/Verwandt-schaft und Erwerbsarbeit. Diese Forschung erhielt wesentliche Impulse von der feministischen Frauen- und Geschlechterforschung (Hausen 1976; Lan-gan/Ostner 1991), die die Familienforschung mit Fragen nach der Geschlech-terordnung verbunden und ebenso Schwächen und blinden Flecken des Haushaltskonzepts aufgewiesen hatte (Ostner 1978). Neuere Positionen the-matisieren darüber hinaus die internationale bzw. transnationale Dimension sozialer Sicherheit jenseits des bislang prägenden Kontextes der National-staaten (Beckert u.a. 2004; Heidenreich 2006). Das gilt nicht nur auf der Ebene der Institutionen, sondern auch auf der privater sozialer Beziehungen (Mau/Mewes 2007). Ethnographische Arbeiten über im Rentenalter aufge-nommene Pendelmigration der ersten Generation von Arbeitsmigranten und -migrantinnen (Can 2005, 53) oder zu transnationalen Familienbildungspro-zessen (Fleischer 2007) zeigen das deutlich.

Die Neuordnung wohlfahrtsstaatlicher Politiken führt schließlich aktuell zu einer Verwischung der traditionellen Teilung zwischen ›privat‹ und ›öf-fentlich‹. Diese Veränderungen werden gerade für das Zusammenspiel von Familie, Verwandtschaft und soziale Sicherheit daher vermehrt in den Blick genommen (Jurczyk/Oechsle 2007). Besonders gilt das für die Analysen der Regulationstheorie, die »Ökonomie, Politik und Gesellschaft« als »dynami-sche und interdependente gesellschaftliche Systeme« betrachtet (Chorus 2007, 202). Ihre Perspektive hat bei der Analyse wohlfahrtsstaatlicher Regu-lation u.a. die Konsequenz, die Relevanz nicht-erwerbswirtschaftlicher Tä-tigkeiten, wie der Hausarbeit, für das Funktionieren der kapitalistischen Wirt-schaft zu betonen Nicht nur sei der Kapitalismus auf die menschliche Ar-beitskraft angewiesen, deren Reproduktion außerhalb der Betriebe stattfinde. Besonders für jene Arbeiten, die die neue Wohlfahrtsstaatforschung unter »care« subsumiert, nämlich Pflege- und Betreuungs- und Versorgungsarbeit gelte (ebd., 205):

> »Kapitalistisches Wachstum stößt an den besonderen (Re-)produktionsbedingun-gen der menschlichen Arbeitskraft stets an eine Grenze, die es zu überwinden ver-sucht. Die Entwertung traditionell als weiblich definierter Tätigkeiten des Versor-gens ist daher eine strukturelle Dynamik kapitalistischer Geld- und Warenökono-mien. Die geschlechtsspezifische Regulation dieser Tätigkeiten findet im Rahmen historisch gewordener, kapitalistischer Gesellschaften statt und kanalisiert das Pro-blem divergierender Produktivität zu Lasten der i.d.R. weiblichen Care-Arbeits-kraft.« (ebd., 214)

Diese Fragen und insbesondere die Frage nach der spezifisch deutschen Vari-ante der Gestaltung des Geschlechterverhältnisses in der Sozialpolitik im

---

Kaufmann 1997; Hockerts 1998; Lessenich/Ostner 1998; Schultheis 1999; Leibfried/Wag-schal 2000; Herbert/Hunn 2001; Bouvier 2002; Gruner 2002; Kolbe 2002; Kaufmann 2003; Konietzka/Kreyenfeld 2003; Süßmann 2007

Allgemeinen und in der Familienpolitik im Besonderen sowie nach der Erwerbsarbeit von Frauen und Müttern führte einerseits zu intensiven Forschungen über die Geschichte, Gegenwart und Entwicklungstendenzen der Familie mit einem männlichen Familienernährer (Rouette 1993; Allmendinger 1994; Ostner 1995; Leitner 1999; Becker 2000; Pfau-Effinger 2000; Niehuss 2001; Gerhard 2003; Ziefle 2004). Als spezifisch deutscher Typus gilt hier die Familie mit einem männlichen Ernährer und einer weiblichen »Zuverdienerin« (von Oertzen 1999); neuere Studien formulieren die These von der »dual-earner-family« (Blossfeld/Drobnič 2001). Zum anderen wurden hierbei die freien Wohlfahrtsverbände als Spezifikum des Wohlfahrtsregimes in Deutschland in den Blick genommen (Backhaus-Maul/Olk 1992; Eifert 1993; Schmid 1996; Angerhausen u.a. 1998; Hammerschmidt 1999; Bahle/Pfenning 2001; Hering/Schilde 2003).

Soziobiologische oder ethologische Ansätze (zu Deutschland v.a. Voland, z.B. Voland/Paul 1998; Voland 2000; Neyer/Lang 2003; Voland/Beise 2005) werden in der deutschen soziologischen Familienforschung kaum rezipiert (z.B. Schütze/Wagner 1998b), diskutiert und angewendet (z.B. Vowinckel 1990; Vowinckel 1997; Marbach 1998; Schuster u.a. 2003; Fertig 2005; Schmidt u.a. 2007). Die von der US-amerikanischen Forschung inspirierten, wirtschaftswissenschaftlichen und/oder ethologischen Ansätze, die Netzwerktransfers vor allem hinsichtlich der Motive »altruism« oder »exchange« untersuchten (z.B. Jürges 1998), werden in der Forschung zu Familie/Verwandtschaft in Deutschland kaum berücksichtigt oder diskutiert (Ausnahmen: Templeton/Bauereiss 1994, 251-253; Schuster u.a. 2003). Die Netzwerkforschung beurteilt diese Ansätze als zu eng, weil der Tausch in den Netzwerken von Familie/Verwandtschaft meist von mehreren Motiven bestimmt sei (Künemund/Motel 2000, 124; vgl. auch Kohli 2004, 21).

Die untergeordnete Bedeutung ethnologischer Ansätze (neuere Arbeiten u.a.: Hoecklin 1998; Hoecklin 2002; Kneuper 2004) in der deutschen soziologischen Forschung zum Thema (Ausnahmen: Rosenbaum 1978, 7-14; Marbach 1998) wurde kritisiert (Rosenbaum 1998, 29f.). Ethnologische Ansätze sind deshalb von Bedeutung, weil sie – parallel zu Neuorientierungen in der soziologischen und historischen Forschung – die Idealisierung der Kleinfamilie und die damit verbundenen sozialisationstheoretischen Annahmen (siehe Kap. 3.1. u. 3.2.) sowie andere Prämissen westlicher Kultur zu Familie/Verwandtschaft in Frage gestellt und dekonstruiert haben (z.B. Schneider 1984; Carsten 2000; Carsten 2004). Zentral ist dabei die Veränderung der Perspektive auf die Natur-Kultur-Differenzierung: Diese war in der klassischen Verwandtschaftsethnologie Analyseinstrument gewesen; die new kinship studies seit den 1990er Jahren betrachten sie jedoch als Untersuchungsgegenstand (Carsten 2000). Neue soziologische Reflexionen der eigenen Forschungsperspektiven betonen die Bedeutung solcher »historische(n) und ethnologische(n) Zweifel« am bisher oft auch in der Sozialforschung verwendeten, bürgerlichen Spontanbegriff von »Kindheit« (Schweizer 2007, 41-44); ethnographische und ethnomethodologische Zugänge waren führend bei der theoretisch-dekonstruktivistischen und empirischen Neuorientierung der Kindheitsforschung in Deutschland (Kelle 2005). Ethnologische Ansätze und ethnographische Methoden wurden vor allem bei der Untersuchung zur Bedeutung der Reproduktionsmedizin für Familie/Verwandtschaft (Hauser-Schäublin 1995, Hauser-Schäublin u.a. 2000; Petersen 2000; Knecht 2005; Sperling 2006), in der historischen und volkskundlichen Forschung und in Arbeiten aus der Europäischen Ethnologie zum Thema (z.b. Teuteberg 1983; Medick/Sabean 1984; Rosenbaum 1998; Schmoll 2002; Beck 2005; Juel Jensen 2006) sowie in neuesten soziologischen Studien, die die ›Reziprozität‹ in Tauschbeziehungen thematisieren, verwendet bzw. berücksichtigt (Stegbauer 2002; Adloff/Mau 2005a; Adloff/Mau 2005b). Neue ethnologische Forschungen zur Nutzung von Reproduktionsmedizin und Adoption in der BRD argumentieren aus einer handlungstheoretischen Perspektive und sprechen daher in Orientierung an der Begrifflichkeit der »new kinship studies« der Kultur- und Sozialanthropologie – »kinning«, »doing kinship« und »belonging« (Carsten 2000; Carsten 2004; Bornemann 1992) – von »Verwandtschaft machen« (Beck u.a. 2007).[15] In der Forschung zu Familie und Verwandtschaft nehmen die ethnologischen Arbeiten zur Nutzung von Reproduktionsmedizin international und in Deutschland eine empirische wie theoretische Vorreiterrolle ein.[16] Die Nutzung von Reproduktionsmedizin wurde quantitativ-sozialstrukturell bislang nicht untersucht. Dabei wären Strukturdaten sehr notwendig, da bevölkerungspolitischen Diskurse stets sozial gespalten sind (wie etwa die prononcierte Klage über die Kinderlosigkeit gerade von Akademikerinnen in den Medien zeigt) und weil die Nutzung reproduktionsmedizinischer Behandlungen stark von der Finanzierung durch die Krankenkassen abhängt.

Insgesamt versteht die neuere Forschung die Strukturen und Praktiken von Familie/Verwandtschaft und sozialer Sicherheit nicht ausschließlich als direktes Resultat der rechtlichen Vorgaben von Sozial-, Steuer- und Arbeitsmarktpolitik, sondern primär als ein »Zusammenspiel von kulturellen Leit-

---

15 Auch in der Kindheitsforschung ist diese handlungstheoretische Orientierung vorhanden, man spricht in den new childhood studies von Kindern als »kompetenten Akteuren« (Qvortrup 1994). Diese Fokussierung auf Praktiken ist jedoch auch als »Essentialisierung der agency der Kinder« kritisiert und die Berücksichtigung des »komplexen und widersprüchlichen Kontextes« gefordert worden (Hengst/Zeiher 2005b, 14; ebenso Hengst 2000), um deren »partielle Blindheit gegenüber Fragen der sozialen Schichtung bzw. der Klassenlage« zu überwinden (Bühler-Niederberger/Sünker 2003, 208).

16 Neuere Standardwerke der Familiensoziologie thematisieren die Nutzung von Reproduktionsmedizin nicht (etwa Huinink/Konietzka 2007), oder benennen »Komplikationen durch die Reproduktionsmedizin« ohne theoretische Reflexion und ohne Daten und formulieren normative Diagnosen wie: »Kinder, die auf technische Weise zur Welt kommen, sind natürlich kein technisches, sondern u.U. ein praktisches, soziales und soziokulturelles Problem« (Schweizer 2007, 113-116).

bildern, institutionellen Bedingungen, sozialen Strukturen und sozialem Handeln«, sie betont historisch entstandene »kulturelle Kontextbedingungen« (Pfau-Effinger 2000, 235 u. 22) und verweist auf »Kultur (als) die vernachlässigte Dimension der Wohlfahrtsforschung« (Ullrich 2003, 1-7). ›Kultur‹ ist nicht (länger) lediglich Effekt anderer Größen, sondern hat eine eigene Dynamik, beispielsweise praxeologisch definiert als »culture of care« (Chamberlayne/King 2000, 5) oder als »Wertevermittlung« zugunsten der Hausfrauenehe (Thelen/Baerwolf/Grätz 2006, 19). Trotz dieser kulturtheoretischen Erweiterung werden vor allem in der historischen Forschung entwickelte Ansätze, die die Bedeutung politischer oder ideologischer Orientierung und Mobilisierung der Familienmitglieder für deren Netzwerke und umgekehrt aufzeigen und untersuchen (Rosenbaum 1992; Rosenbaum 1997, 55; Lipp 1996; Lipp 1998; Lipp 2005; Lipp 2006) in der aktuellen Netzwerkforschung in Deutschland kaum berücksichtigt (Ausnahmen: Bock 2000; Ziegler 2000, 240f. u. passim; Vester u.a. 2001, insbes. S. 472-503).

1. Familie, Verwandtschaft und soziale Sicherheit: Charakteristika und Tendenzen

1.1. Deutsches Reich

Rückblickend auf das 20. Jahrhundert lässt sich für die Zeit vor 1945 feststellen:

Im Deutschen Reich wurde bereits in den 1880er Jahren begonnen, ein soziales Sicherungssystem zu etablieren. Dahinter stand weniger das Bemühen, die Risiken des Lebens von den Privatpersonen weg und in die Hände des Staates zu legen als der Versuch, der Herausforderung der etablierten staatlichen Ordnung durch die organisierte Arbeiterbewegung zu begegnen.[17]

Charakteristisch für die soziale Sicherung bis in die Mitte des 20. Jahrhunderts waren:

- Die verschiedenen Versicherungen setzten an der Erwerbsarbeit an und beschränkten sich auf die Milderung der Risiken durch Unfall, Krankheit, Alter. Über die erwerbstätigen Personen wurden auch die Familienangehörigen erfasst, z.B. in der Krankenversicherung. Andere Bevölkerungsteile waren davon ausgeschlossen und oblagen der Fürsorge.
- Mit Ausnahme der Unfallversicherung, die vollständig von den Arbeitgebern getragen wurde, finanzierten sich die anderen Versicherungen zu je 50 Prozent durch Beiträge von Arbeitgebern und Arbeitnehmern.
- Es galt das Versicherungs- statt des Versorgungsprinzips. Das bedeutete gestaffelte statt einheitliche Beiträge.
- Die Versicherung wurde als Pflichtversicherung ausgestaltet. Die Leistungen waren gleichwohl gering und reichten bei weitem nicht aus, die Risiken voll auszugleichen. Daneben existierte die traditionelle Armenhilfe/ Fürsorge weiter.

Als weiteres Element der sozialen Sicherheit entstand ein System von freien, staatlich anerkannten und staatlich eingebundenen Wohlfahrtsverbänden.

Ungeachtet verschiedener Ergänzungen und neuer gesetzlicher Regelungen in der Zeit der Weimarer Republik lässt sich für die Zeit des Deutschen Reiches konstatieren, dass trotz dieses Systems von Pflichtversichrungen

---

17 Neuere Forschungen betonen am Beispiel frühneuzeitlicher Wohlfahrt, dass die Geschichte des Wohlfahrtsstaates jedoch nicht im staatlichen »Streben nach Souveränität« aufgeht, sondern vielmehr »aus der Freiheit politischer Selbstbestimmung (zu) denken« ist (Süßmann 2007, 47).

von den Familien bzw. der Verwandtschaft erhebliche Leistungen für ihre Angehörigen erbracht werden mussten. Das wird deutlich an den Rentenzahlungen. Sie waren bis zur Rentenreform von 1957 so niedrig, dass mit dem Ende der Erwerbstätigkeit nicht nur ein sozialer Abstieg verbunden gewesen ist, sondern auch Familienangehörige, z.B. Kinder, unterstützend eingreifen mussten. Das betraf gerade Personen aus den Unterschichten. Aber auch in anderen Hinsichten, in Bezug auf Kinderbetreuung, Hilfe bei Krankheit, Vermittlung von Wohnungen und Arbeitsstellen etc. waren Familienangehörige bzw. Verwandte die erste Adresse (Rosenbaum 1992). Diese waren rechtlich durch verschiedene Gesetze (BGB, Reichsfürsorgeverordnung von 1924) zum Unterhalt verpflichtet, allerdings nur die linealen Verwandten. Diese Hilfe konnte und wurde geleistet, weil die verheirateten Frauen und Mütter in Deutschland bis in die zweite Hälfte des 20. Jahrhunderts selten erwerbstätig waren (Willms 1980). Das vorherrschende Familienmodell wies die Erwerbsarbeit, und damit den Unterhalt der Familie, dem Ehemann zu, der Frau die Haushaltsführung und die Kindererziehung (vgl. dazu ausführlich Kap. 3.2.). Gleichwohl kann man nicht von einer problemlosen Übernahme derartiger Verpflichtungen ausgehen. Die historische Forschung konnte insbesondere für die Krisenjahre der Weimarer Republik aufgrund der Verarmung und Verelendung massive Verteilungskonflikte innerhalb der Familien, zwischen Verwandten und zwischen den Unterhaltspflichtigen sowie den unteren, kommunalen Behörden des Wohlfahrtsstaates nachweisen (Homburg 1985; Crew 1990). Auf Notsituationen, die etwa durch Unfall, Tod eines Familienernährers oder Arbeitslosigkeit oder deren kumulative Folgen entstanden, reagierten Verwandte nicht mit mehr, sondern mit weniger Unterstützung und Transfers (Timm 2005). Wenn, wie etwa im Kontext der Weltwirtschaftskrise, Not allgegenwärtig wurde, lässt sich eine Modifizierung innerfamilialer Transfers – die bis dahin nach dem Prinzip generalisierter Reziprozität geleistet wurden – beobachten: diese Transfers wurden warenförmig. Selbst in agrarischen Milieus musste nun sogar für Naturalien aus der Verwandtschaft bezahlt werden (ebd.).

Im Nationalsozialismus wurde dieses System sozialer Sicherheit im Wesentlichen fortgeführt (Frerich/Frey 1996a 289ff.). Mit Ausnahme der evangelischen und katholischen Träger wurden die freien Wohlfahrtsverbände aufgelöst bzw. der nationalsozialistischen Volkswohlfahrt eingegliedert (Hammerschmidt 1999, 135f.).

Nach dem Ende des Zweiten Weltkriegs entstanden auf dem Gebiet des Deutschen Reiches zwei deutsche Staaten mit völlig unterschiedlichen politischen, ökonomischen, aber auch sozialen Strukturen. Daraus resultierten für das Problem der sozialen Sicherheit geradezu konträre Lösungen, die unterschiedliche Aufgaben für Familie und Verwandtschaft nach sich zogen.

1.2. Bundesrepublik Deutschland 1949-1990

In der international vergleichenden Forschung zum Gefüge von Familie/Verwandtschaft[18] und sozialer Sicherheit[19] bzw. zum Gefüge von Familie/Verwandtschaft und modernem Wohlfahrtsstaat[20] ist die Bundesrepublik Deutschland das empirische Beispiel, das (neben Italien) als Grundlage zur Definition und Analyse des »konservativen Wohlfahrtsregimes« (in Abgrenzung zum »liberalen Wohlfahrtsregime« und zum »sozialdemokratischen Wohlfahrtsregime«) diente (Esping-Andersen 1990): In diesem Wohlfahrtsregime ist die Rolle von Familie und Verwandtschaft zentral, die des Marktes marginal, der Staat bzw. die Legislative reguliert und verrechtlicht soziale Sicherheit korporatistisch und nach dem Subsidiaritätsprinzip. Typisch ist zugleich die Institutionalisierung und Verrechtlichung der freien Wohlfahrtsverbände (Bahle/Pfenning 2001).

---

18 »Im Folgenden wird der Begriff Familie verwendet für die aus Eltern und unverheirateten und unmündigen Kindern bestehende Gruppe, die zusammen in einem Haushalt lebt. Familie meint also Kernfamilie. Verwandtschaft umfasst dann alle darüber hinausreichenden Beziehungen« (Rosenbaum 1998, 18). Der Gebrauch der Begriffe ›Familie‹ und ›Verwandtschaft‹ ist in der deutschsprachigen Forschung nicht immer eindeutig: die Kernfamilie/Kleinfamilie ist in der Familienforschung bis in die 1980er Jahre gemeint; eher um Verwandtschaft geht es in der Netzwerkforschung zum Thema (siehe etwa die aktuelle Begriffsbestimmung bei Huinink/Konietzka 2007, 24-40). Es ist gleichwohl sinnvoll, die Differenz zwischen Familie und Verwandtschaft auch begrifflich aufrecht zu erhalten, weil das Zusammenleben in einem Haushalt durch eine besondere Qualität der Beziehungen charakterisiert wird. Vgl. dazu Wagner 2002, 246.

19 »Soziale Sicherheit« ist ein Topos, der im Sprachgebrauch wie bei den in der Forschung erarbeiteten analytischen Begriffen für die Zeit nach dem Zweiten Weltkrieg in Europa benutzt wird. Alber (1982, 56) fasst damit die Sozialversicherungsysteme, die im 19. Jahrhundert mit der »Arbeiterversicherung« begannen, dann zur »Sozialversicherung« und nach dem Zweiten Weltkrieg umfassend zur »sozialen Sicherheit« ausgebaut wurden. Diese Begriffsverwendung gilt auch international; Artikel 22 der Erklärung der Menschenrechte der Vereinten Nationen definierte im Jahr 1948 das »Recht auf soziale Sicherung« als Menschenrecht, das durch innerstaatliche Maßnahmen und internationale Zusammenarbeit« realisiert werden soll (Kaufmann 1973, 96).

20 In dieser Darstellung wird der Begriff »Wohlfahrtsstaat« als »allgemeinerer Begriff« (Motel-Klingebiel 2000: 16) und somit als analytischer Begriff verstanden und benutzt. Er meint »eine Modifizierung der Marktkräfte durch staatliche Förderung der sozialen Sicherheit des Einzelnen« (Bouvier 2002: 21). Diese Definition wird in der historischen und soziologischen Forschung weithin verwendet, und zwar insbesondere bei vergleichenden Analysen europäischer Länder (z.B. Esping-Andersen 1990; Schmid 2002). Demgegenüber ist »Sozialstaat« eine Selbstbeschreibung der Bundesrepublik (z.B. im Grundgesetz), bei der es politisch auch darum geht, »den Widerstreit zwischen tradierter Staatlichkeit und industrieller Klassengesellschaft durch soziale Integration zu überwinden« und zudem durch Vermeidung des Wortes »Wohlfahrt« sich politisch abzugrenzen gegen ältere wohlfahrtsstaatliche Regelungen, die noch den mit der Armenpflege verbundenen Deklassierungen und undemokratischen Entehrungen verhaftet waren (Bouvier 2002, 21; ebenso in der Begriffsrekonstruktion Ritter 1998, 4f. und Kaufmann 2003).

1.2.1. Sozialversicherungssystem

Die Alliierten hatten ursprünglich für das Nachkriegsdeutschland eine einheitliche Sozialversicherung vorgesehen (Frerich/Frey 1996b, 15-20). Im Gegensatz zur DDR (siehe Kap. 1.3.), die diese Vorgabe umsetzte und einen einheitlichen, d.h. nicht mehr nach Risiken aufgefächerten Beitrag von Arbeitnehmern und Arbeitgebern erhob, knüpfte die BRD hingegen an die Grundentscheidungen der Bismarckschen Sozialpolitik des ausgehenden 19. Jahrhunderts an. Das hatte »eine geradezu frappierende Kontinuität des Systems der sozialen Sicherheit« zur Folge (Ritter 1998, 8).

So war der Beginn des neuen Staates in Bezug auf die soziale Sicherheit geprägt von einem Sozialversicherungssystem, das nach Risiken und Berufsgruppen gegliedert war, an ein Arbeitsverhältnis anknüpfte und soziale Sicherheit vornehmlich auf Alte, Invalide und Kranke konzentrierte (siehe Kap. 1.4.).

1.2.2. Subsidiaritätsprinzip

Zu diesem System gehörte das ebenfalls seit der Weimarer Republik tradierte, aus der katholischen Soziallehre übernommene Subsidiaritätsprinzip. 1931 wurde es von Pius XI. in der Enzyklika »Quadragesimo anno« erneut bekräftigt. Das Subsidiaritätsprinzip betont die Verantwortung des Einzelnen für sich selbst. Im Notfall kann er zunächst von seinen Angehörigen Hilfe erwarten. Gesellschaftliche und auch staatliche Hilfe greift nur dann unterstützend ein, wenn die Kräfte zur Selbsthilfe nicht ausreichen (Becker 2000, 186). Allerdings müssen Gesellschaft und Staat die Voraussetzungen dafür schaffen, dass der Einzelne möglichst selten derartiger Hilfen bedarf (Stegmann/ Langhorst 2000, 610f.). Diese Orientierung wurde nicht ausschließlich von katholischen und/oder konservativen Milieus getragen. Sie war Teil etwa auch sozialdemokratischer Positionen, die sich von den katholischen zwar hinsichtlich der Gleichstellung nichtehelich und ehelich geborener Kinder und der Gleichberechtigung der Frau unterschieden und sich damit an einer individualistischen Rechtsauffassung orientierten, die jedoch auch »die Solidarfunktion der Familie sowie deren Bedeutung für das ›Gemeinschaftsleben‹ (betonten)«, um sich gegen die an der sowjetischen Familiengesetzgebung orientierte völlige Ablehnung der Familie in KPD-Positionen abzugrenzen (Heinemann 2004, 295).

Von bestimmten gesetzlichen Ansprüchen abgesehen, die vor allem die Sozialversicherung betreffen, bedeutet das Subsidiaritätsprinzip nicht nur ein Zurücktreten der staatlichen Organe auf dem restlichen Feld der sozialen Sicherheit, sondern sogar, dass die kleinsten sozialen Einheiten, d.h. Familie und Verwandtschaft für Hilfe und Unterstützung ihrer Angehörigen primär zuständig sind. Bereits das Jugendwohlfahrtsgesetz (RJWG) von 1922 formulierte für den Bereich der öffentlichen Kleinkindererziehung rechtlich verbindlich den bis heute geltendenVorrang der familialen Erziehung vor der Zuständigkeit anderer Träger. Erst wenn »der Anspruch des Kindes auf Erziehung von der Familie nicht erfüllt wird« (zit. nach Becker 2000, 179), dürfen freiwillig-private Kinder- und Jugendfürsorge und erst an dritter Stelle staatliche Institutionen eingreifen (Becker 2000, 179).[21] Diese seit den 1920er Jahren bestehende Tendenz wurde in den 1950er Jahren durch den damals starken Einfluss der katholischen Soziallehre auf die Familienpolitik noch verfestigt (Münch 1990, 207 u. 210; Niehuss 2001). Es liegt auf der Hand, dass das Subsidiaritätsprinzip eine starke Tendenz zu Transfers und Leistungen sozialer Sicherheit durch Familie und Verwandtschaft bedeutet. Die zunächst in den 1950er Jahren politisch auch erwünschte geringe Erwerbstätigkeit verheirateter Frauen und Mütter trug dazu erheblich bei.

Eine weitere Konsequenz des Subsidiaritätsprinzips ist in der Bundesrepublik Deutschland die Etablierung einer Ebene zwischen Familie und Staat in Gestalt der freien Wohlfahrtsverbände. Bereits im Kaiserreich begründet, waren sie von Anfang an für Westdeutschland charakteristisch. Im Vergleich mit anderen Staaten zeichnen sich die freien Wohlfahrtsverbände der Bundesrepublik Deutschland durch Zentralisierung, ein ausdifferenziertes Angebot und die Institutionalisierung im Recht wie im Prozess der politischen Willensbildung aus (Schmid 1996; Schmid 2002). Sie nehmen eine »›intermediäre‹ Stellung zwischen dem formellen (Markt und Staat) und dem informellen Sektor (Familie, Nachbarschaft, Selbsthilfe etc.)« ein (Schmid 2002, 350). Diese »Entstaatlichung jenseits des Marktes« (beispielsweise durch Stiftungen) im Zusammenhang mit dem aktuellen Rückbau wohlfahrtsstaatlicher Leistungen ist neuerdings untersucht worden (Sigmund 2004, 106). In den Fällen, in denen die Betroffenen auch mit Hilfe von Familie bzw. Verwandtschaft bedrohliche Situationen nicht aus eigener Kraft zu meistern in der Lage sind, haben die Leistungen der freien Wohlfahrtsverbände daher Vorrang vor staatlichen Leistungen. Mit anderen Worten: die Alternative zwischen Staat auf der einen und Familie bzw. Verwandtschaft auf der anderen Seite existiert in Deutschland in dieser Schärfe nicht.

Wie angedeutet gilt diese Verlagerung auf Familie und Verwandtschaft nicht uneingeschränkt, sondern wird in einigen Bereichen durch gesetzliche Ansprüche durchbrochen. Das betrifft im Wesentlichen den gesamten Bereich der gesetzlichen Sozialversicherung. Insbesondere durch die Rentenreform von 1957 wurde erstmals in Deutschland ein Alterseinkommen geschaffen, das durch seine Höhe und die Koppelung der Renten an die Entwicklung der Arbeitseinkommen die alten und nicht mehr erwerbstätigen Menschen

---

21 Zugleich jedoch kodifizierte das RJWG ein »Recht des Kindes auf Erziehung« und erweiterte so den Interventionsspielraum des Staates zugunsten der für die Modernisierung charakteristischen »Sozialdisziplinierung« (Peukert 1986, insbes. S. 15-26 u. 131-139).

von den Zuwendungen ihrer Verwandten weitgehend unabhängig machte. Der bis dahin geltende enge Konnex zwischen Alter und Armut wurde für große Teile der Bevölkerung durchbrochen. Das Bundessozialhilfegesetz (1961 bis 2004) hingegen, das gesetzliche Ansprüche auf Hilfe in besonderen Lebenslagen formulierte, leistete nur subsidiär (Kaufmann 2003). Das Subsidiaritätsprinzip war bzw. ist eng gebunden an die Existenz eines männlichen Familienernährers mit einer fordistischen Normalarbeitsbiographie. Aufgrund »der Individualisierung und Pluralisierung von Lebensformen und Arbeits- und Familienmustern« und bei Präferierung einer aktivierenden Arbeitsmarktpolitik wird jedoch die künftige sozialpolitische Umsetzbarkeit des Subsidaritätsprinzips bezweifelt (Heidenreich 2006, 112 u. 124), weil neben »Beschäftigungsfähigkeit« und »Eigenverantwortung« die »Verfügbarkeit« zu den »Dimensionen und Instrumenten der aktivierenden Arbeitsmarktpolitik« zählt (Marquardsen 2007, 264).

1.2.3. Familien und Familienpolitik

Nach dem Ende des Zweiten Weltkriegs und der Gründung der DDR befand sich die Familienpolitik in der Bundesrepublik Deutschland in einer doppelten Frontstellung: gegenüber dem nationalsozialistischen Regime und seinen Eingriffen in Familie und Erziehung wurde die Bedeutung der Familie als kleinster Einheit (»Keimzelle«) von Staat und Gesellschaft hervorgehoben. Gleichzeitig wurde die staatsfreie Privatsphäre Familie geradezu als ein Charakteristikum bzw. als notwendiger Bestandteil einer freien Gesellschaft angesehen (Schelsky 1967, 376f.). Zumindest rhetorisch wurde dadurch die Abgrenzung von der DDR vollzogen:

> »The reconstitution of a private family sphere was vital to reaching the ›end of ideology‹ in the fifties. It also embodied a critique of the ideological alternatives presented by Germany's recent past and by a communist (sic, d. Verf.) East Germany in the present. In the confused categories of totalitarian theory, it was possible to reject both at the same time; the family could serve as a vehicle for anti Nazi *and* anti-communist rhetoric.« (Moeller 1989, 162, Hervorhebung i. Orig.; vgl. auch Kuller 2007, 230f.).

Das Ideal der Kinderbetreuung durch die Mutter war ab 1945 die Grundlage für die Politik in diesem Sektor. Es bezog sich gleichermaßen auf Klein- und Vorschulkinder sowie, wegen der Halbtagsschule, auf Schulkinder. Die staatliche Zurückhaltung im Bereich der Betreuung erschien vor diesem Hintergrund nicht als fehlendes Angebot, sondern als Freiheit von staatlichem Eingriff in das Privatleben der Familien.

Die Stärkung der Familie war also gleichbedeutend mit einer Festigung der Freiheit. Mit »Familie« war jene gemeint, in der der Mann die alleinige Ernährerrolle innehatte und die Frau sich auf die Kindererziehung und Hausarbeit konzentrierte. Dies »Hausfrauenmodell der männlichen Versorgerehe« (Pfau-Effinger 2000, 111) wurde vom Bürgertum bereits Ende des 18. Jahrhunderts entworfen und setzte sich seit dem ausgehenden 19. Jahrhundert dort und später auch in anderen sozialen Schichten (Rosenbaum 1992, 1996) als »kulturell dominierendes Modell« bis heute durch (Pfau-Effinger 2000, 111). Hoecklin interpretiert dies Familienmodell auch als historisch entstandenes Spezifikum der deutschen Politik und Kultur, das eine bestimmte Geschlechterideologie mit Skepsis gegenüber ›Gesellschaft‹ zugunsten von ›Gemeinschaft‹ institutionalisierte:

> »This dichotomy between the ›natural‹ community of the family (Gemeinschaft) (dt. i. Orig., d. Verf.), characterized by love and morality, versus ›fictive‹, threatening social ties of Gesellschaft (dt. i. Orig., d. Verf.) is very much a part of the folklore of German self-consciousness (…). Dominant discourses of the family in West Germany have repeatedly reconstructed morality and personhood in these terms. The Hausfrauenehe family (dt. i. Orig., d. Verf.) as the natural Gemeinschaft (dt. i. Orig.) is conceived of as a place for social recovery and order, it is where one experiences being a person and being humane« (1998, 93).

Sowohl in der Reetablierung der »Hausfrauenehe« als auch der Einrichtung eines Familienministeriums nach der zweiten Wahl zum Bundestag 1953 zeigte sich ein starker Einfluss der katholischen Kirche und der katholischen Soziallehre auf die Familienpolitik (Niehuss 2001, 180), die bis in die Bundesfamilienberichte der 1980er Jahre identifizierbar ist (Kuller 2007, 231). Gerade für den Bereich der Familienpolitik wurden »sozialkatholische Vorstellungen« (Becker 2000, 294; Münch 1990) grundlegend:

> »Dies trug mit dazu bei, dass in Deutschland – gänzlich anders als in Frankreich – familienbezogene Politik im Gesamtensemble der deutschen Sozialpolitik bis heute eine gewisse Sonderstellung einnimmt, denn während sich alle anderen Bereiche der sozialen Sicherung als erwerbsarbeitbezogene, von Arbeitgebern und Arbeitnehmern gemeinsam finanzierte Versicherungssysteme konsolidierten, blieben familien- und kinderbezogene Risiken außerhalb dieser Struktur« (Becker 2000, 186).

Sie wurden lange Zeit zu einem »Stiefkind« der Sozialpolitik (Kaufmann 2003, 289; Ruhl 1991). Insbesondere die Aufzucht und Erziehung von Kindern wurde und wird daher überwiegend als »Privatsache« angesehen (Scheiwe 1994, 72).

Die Frontstellungen gegen den Nationalsozialismus und die DDR hatten die Konsequenz, dass

1) bis heute in der Bundesrepublik bewusst auf eine pronatalistische Familienpolitik verzichtet wurde, wie sie in anderen Ländern gang und gäbe war und ist – trotz sinkender Geburtenzahlen und schrumpfender Bevölkerung (Niehuss 2001, 172f.; Kaufmann 2007, 113);

2) Familie und Kindererziehung als reine Privatangelegenheit begriffen wurden und werden. Beide Bereiche existieren weitgehend außerhalb der staatlichen Regelungskompetenz. In sie darf der Staat nicht ohne gravierenden Grund eingreifen. Die Freiheit der Familie vor staatlichen Eingriffen ist ein zentraler Bestandteil des Freiheitsbegriffs;

3) auf den gezielten Ausbau außerfamilialer Kinderbetreuung verzichtet wurde, es sei denn als Notbehelf für Familien in schwierigen Situationen, beispielsweise bei Erwerbstätigkeit der Mutter. Die Einschätzung als sozialfürsorgerischer Eingriff oder als Notbehelf haftet der außerfamilialen Kinderbetreuung bis heute an, jedenfalls dort, wo sie Kleinkindbetreuung und/oder Ganztagsbetreuung ist.

Betrachtet man die soziale Sicherung in der Bundesrepublik insgesamt, so lässt sich ein eindeutiger Vorrang der Alterssicherung vor der Sicherung der Familie festhalten. Das Subsidiaritätsprinzip gibt rechtlich Dienstleistungen und Transfers innerhalb von Familie und Verwandtschaft den Vorrang. Die aktuelle Netzwerkforschung belegt, dass dies auch der Praxis in den Familien entspricht.

1.3.   Deutsche Demokratische Republik 1949-1990

1. Auf dem Gebiet der DDR fand hingegen eine vollkommen andere Entwicklung statt. Soziale Sicherheit wurde als staatliche Aufgabe interpretiert, die mit einer einheitlichen Sozialversicherung für alle Bürger gewährleistet wurde (Frerich/Frey, 1996b). Insgesamt existierte ein breitgefächertes System sozialer Leistungen. Das reichte von der Zuweisung eines Arbeitsplatzes über die Kinderbetreuung, die Altenbetreuung bis zur Gewährung von Krediten etc. Prinzipiell hatte der Staat seinem eigenen Anspruch nach umfassend für seine Bürger zu sorgen. Das war auch deshalb unumgänglich, weil eine sehr hohe Erwerbsquote von Frauen und Männern nur wenig zeitliche Ressourcen für Hilfe und Unterstützung übrig ließ.

Neben der staatlichen sozialen Sicherung wurde in der DDR auch der nicht-staatliche Bereich sozialer Sicherheit ausgebaut. Die »Volkssolidarität«, die an die Aktivitäten proletarischer Milieus in der Weimarer Republik anknüpfen sollte und sich in der Tradition der kommunistischen »Roten Hilfe« sah, unterhielt Kinderheime, organisierte Kinderspeisungen in Schulen, stellte Heizmaterial und Lebensmittel sowie Mittagessen für alte Menschen bereit, betreute Schulkinder in den Ferien und betrieb Heime für Wöchnerinnen, Alte und Menschen mit Behinderung (Frerich/Frey 1996b; Bouvier 2002, 234-243; Hering/Schilde 2003, 54f.). Daneben existierten in einem schmalen Bereich Caritas und Diakonie weiter, ohne dass es sich in der DDR wie in der BRD um ein »System ›dualer Wohlfahrtspflege‹« handelte (Rudloff 1998, 225).

2. Vornehmlich um die Frauen als Arbeitskräfte zu gewinnen, aber auch aus ideologischen Gründen sah sich die DDR veranlasst, den Bereich der Kinderbetreuung auszubauen. Dies geschah massiv ab den 1970er Jahren und zwar als Ganztagsbetreuung und auch für Kleinkinder. Nicht nur bei Kindergartenplätzen wurde ein hoher Versorgungsgrad von über 90 Prozent erreicht. Selbst bei Kinderkrippen und Hortplätzen lag er gegen Ende der DDR um die 80 Prozent (Ochs 1993, 59). Die Kleinkindbetreuung und -erziehung wurde dabei als Teil des staatlichen Schul- und Bildungssystems institutionalisiert (Erning u.a. 1987, 93) und damit eine Lösung gewählt, die der in der BRD diametral entgegengesetzt war.

3. Die Sicherung der alten Menschen in der DDR war hingegen unzureichend. Die durchschnittlichen Renten lagen so niedrig, dass für Rentnerinnen und Rentner die Erwerbstätigkeit parallel zum Rentenbezug typisch gewesen ist (Bouvier 2002, 236f; Conrad 1998, 109). Auch das war wegen des Arbeitskräftemangels durchaus erwünscht (Matthesius/Wdschmidt 1989, 139). Pflegebedürftige Alte und Menschen mit Behinderung sollten aus demselben Grund möglichst außerhalb der Familien versorgt werden. Auch wenn es an entsprechenden Einrichtungen mangelte und der größte Teil der Pflege in und von den Familien geleistet wurde, war doch die außerfamiliale Betreuung das angestrebte Ziel (Matthesius/Waldschmidt 1989).

Hinsichtlich des Verhältnisses von Familie bzw. Verwandtschaft und sozialer Sicherheit lässt sich für die DDR mithin ein starkes Bemühen um die Freistellung von Familie und Verwandtschaft von Leistungen und Transfers für soziale Sicherheit erkennen. Am stärksten ist dies zweifellos im Bereich der Kinderbetreuung gelungen, bei der Versorgung und Betreuung alter Menschen weniger.

Beide deutsche Staaten haben im Bereich der sozialen Sicherung also völlig konträre Modelle entwickelt und etabliert und gleichzeitig unterschiedliche Schwerpunkte gesetzt. Entstand in der BRD ein gestuftes System sozialer Sicherheit, in dem zwischen Familie bzw. Verwandtschaft und Staat eine klare Aufgabentrennung vorgenommen und eine intermediäre Ebene in Gestalt der freien Wohlfahrtsverbände dazwischen geschaltet wurde, so realisierte die DDR ein umfassendes System staatlicher Sozialpolitik, das, auch wenn es vielfach in den Betrieben ansetzte, die soziale Sicherung als Aufgabe der generellen Verantwortlichkeit des Staates zuwies. Während für die BRD die Sicherung der Alten zentral war und auch staatliche Leistungen sozialer Sicherheit vor allem zur Finanzierung der Altenversorgung dienten, betrachtete man die Belastung der Familien durch Kinderaufzucht und -erziehung überwiegend als reine Privatangelegenheit für die nur wenig Geld zur Verfügung gestellt wurde. Umgekehrt wurde in der DDR sehr viel Geld in die außerfamiliale Kinderbetreuung und vergleichsweise wenig für die Versorgung der alten Menschen ausgegeben. Setzte die BRD bei der Kinderbetreuung vor allem auf die Erziehungsleistungen durch die Mütter selbst und, falls diese erwerbstätig sein wollten oder mussten, auf den Einsatz der Großmütter, erleichterte die DDR die Erwerbstätigkeit der Mütter durch ein umfassendes Angebot an Kinderbetreuungseinrichtungen.

1.4. Bundesrepublik Deutschland nach 1990

Nach der Vereinigung beider deutschen Staaten im Jahre 1990 wurden die sozial- und familienpolitischen Strukturen und Regelungen der BRD auf das Gebiet der DDR ausgeweitet (zu den Konsequenzen siehe unten). Im Einzelnen bedeutete das:
- die Abschaffung der Einheitsversicherung und die Übernahme des westdeutschen Sozialversicherungssystems;
- die Geltung des Subsidiaritätsprinzips;
- die Ausdehnung der freien Wohlfahrtsverbände auf Ostdeutschland und die Einbindung der Volkssolidarität in das westdeutsche Verbandssystem.
Als Ergebnis dieses Transformationsprozesses in Ostdeutschland und der damit verbundenen hohen öffentlichen Ausgaben sowie der Umgestaltung der staatlichen sozialen Sicherheit nach marktwirtschaftlichen Prinzipien (Frerich/Frey 1996c, 642f.) lässt sich nunmehr auf dem gesamten Gebiet des wiedervereinigten Deutschlands eine massive Tendenz zur Übernahme von Leistungen und Transfers für soziale Sicherheit durch Familie und Verwandtschaft feststellen, die sich vor allem im Bereich der Kinderbetreuung sowie bei der Pflege und Betreuung von (hochbetagten) alten Menschen und zunehmend auch bei der von Menschen mit Behinderung zeigt.

Wegen des ausgebauten Sozialversicherungssystems bzw. des verbreiteten getrennten Wohnens der Generationen (vgl. dazu ausführlich Kap. 3.3.) wird die BRD im Vergleich mit anderen Staaten als »weak-family-society« (Reher 1998, 210, 217) klassifiziert. Getrenntes Wohnen ist jedoch kein verlässlicher Indikator für die Intensität der Beziehungen, wenn auch das Zusammenleben in einem Haushalt den Beziehungen fraglos eine besondere Qualität verleiht (Wagner 2002, 246). Dabei ist die räumliche Nähe die wichtigste Determinante für die Häufigkeit von Besuchen und Hilfeleistungen (ebd.). Die Untersuchungen berichten übereinstimmend von engen bis engsten Beziehungen sowie von Hilfeleistungen und Unterstützung zwischen den Generationen.

Die Relevanz der engen Kontakte zwischen Eltern und ihren erwachsenen Kindern zeigt sich u.a. sehr prägnant in zwei Feldern: Einmal in dem gesamten Bereich der Kindererziehung und -betreuung, der in Deutschland weitgehend allein bei den Familien liegt und mit vielfältiger Hilfe und Unterstützung der Verwandtschaft erfolgt. Bis heute sind die Großmütter unverändert wichtig für die Kinderbetreuung (Wagner 2002, 240). Zum anderen fließt auch finanzielle Unterstützung zwischen den Generationen. Vor allem die ältere Generation leistet erhebliche finanzielle Hilfe für die jüngere. Das gilt für West- wie Ostdeutschland gleichermaßen (siehe Kap. 2.4. u. 3.3.). Je bedürftiger die Kinder und je häufiger der Kontakt, desto umfangreicher werden sie unterstützt (Wagner 2002, 238).

Diese familiale Unterstützung ist jedoch kein Ersatz für fehlende staatliche Leistungen an sozialer Sicherheit, sondern steht mit diesen Leistungen in einem engen Bedingungsverhältnis: Im Gegensatz zum ersten oberflächlichen Eindruck erweist sich bei genauerer Betrachtung gerade die finanzielle Absicherung der Älteren durch die Sozialversicherung als Voraussetzung für deren ausgedehnte Leistungen sozialer Sicherheit in den familialen und verwandtschaftlichen Netzwerken. Zugleich ist das die Grundlage für die spätere Pflege der hochbetagten Alten durch die jüngeren Generationen (Künemund/ Motel 2000; Motel-Klingebiel 2000; Szydlik 2000). Es lässt sich deshalb konstatieren, dass in Deutschland familiale und verwandtschaftliche Netzwerke in Korrespondenz mit der Absicherung wichtiger Risiken durch die Sozialversicherungssysteme für das Funktionieren des gesellschaftlichen Zusammenhangs eine zentrale Bedeutung haben. Überdies lässt sich feststellen, dass das Solidaritätsprinzip des Systems staatlicher sozialer Sicherheit in Deutschland über die rechtlich festgelegten Unterhaltsregelungen hinaus auch eine moralische Orientierungsfunktion hat für die in Familie und Verwandtschaft praktizierte Solidarität (Szydlik 2000, 245f.). Ebenso belegt die Forschung, dass das Solidaritätsprinzip der gesetzlichen Sozialversicherung den Werthaltungen ihrer pflichtversicherten Mitglieder entspricht (Ullrich 2000 für die gesetzliche Krankenversicherung).

An diesem Bedingungsgefüge von staatlicher sozialer Sicherheit und Familie/Verwandtschaft hat auch die Zunahme von Freundschaftsnetzwerken nichts geändert, die in Westdeutschland seit 1970 und in Ostdeutschland seit 1990 nachgewiesen worden sind (Wagner 2002, 244). Sie substituieren Familie/Verwandtschaft nicht, sondern treten zu den bestehenden Netzwerken hinzu. Menschen mit vielen Verwandten haben auch viele Freunde und umgekehrt (Haug 2004, 182f.). Die jüngsten Versuche des Staates und der Wohlfahrtsverbände zur Mobilisierung von Ehrenamtlichen im Sektor der sozialen Sicherheit haben bislang keinen relevanten Erfolg gehabt. Aus diesem Grund ist für Deutschland weiterhin davon auszugehen, dass die vorliegenden, durch den bundesrepublikanischen Wohlfahrtsstaat garantierten Leistungen und Transfers von Familie und Verwandtschaft nicht substituierbar sind (es sei denn durch staatliche Leistungen), und dass sie ohne andere rechtliche Grundlage auch nicht ausgeweitet oder intensiviert werden.

2. Strukturelle Entwicklung

2.1. Demographische Trends

2.1.1. Geburtenrate und (Binnen-)Migration

Im 19. Jahrhundert hatte Deutschland ein enormes Bevölkerungswachstum zu verzeichnen, das sich zwischen 1865 und 1900 noch einmal beschleunigte. Waren in den ersten zwei Dritteln des 19. Jahrhunderts die hohen Geburtenziffern noch von (weniger) hohen Sterberaten begleitet, so setzte bis zum Ende des Jahrhunderts ein demographischer Wandel ein, bei dem sich unverändert hohe Geburtenziffern mit einem Rückgang der (Erwachsenen- und Kinder-)Sterblichkeit verbanden (Marschalck 1984, 41ff.). Ein noch schnelleres Wachstum der Bevölkerung war die Folge. Der hohe Bevölkerungsdruck veranlasste während des gesamten Jahrhunderts insgesamt rund 5 Millionen Menschen zur Auswanderung, v.a. nach Übersee (Ehmer 2004). Dessen ungeachtet hatte sich die Bevölkerung auf dem Gebiet des Deutschen Reiches seit 1816 (23,5 Millionen) mehr als verdoppelt und zählte im Jahre 1900 56 Millionen Menschen (Marschalck 1984, 145f.). 1914 hatte Deutschland nach Russland die größte Bevölkerung in Europa (Ehmer 2004,7).

Zu Beginn des 20. Jahrhunderts waren die Geburten- und Kinderzahlen nach Region, Gemeindegröße sowie Bildung bzw. Berufsqualifikation noch stark differenziert (Spree 1984). Seit der Jahrhundertwende sanken dann die Geburtenzahlen, die schon seit ca. 1880 leicht zurückgegangen waren, rapide (Knodel 1974). Kamen im Jahre 1900 auf 1000 verheiratete Frauen noch 280 geborene Kinder, waren es 30 Jahre später nur noch 131. Das ist ein Rückgang von mehr als 50 Prozent (Marschalck 1984, 53). Dieser Erste Geburtenrückgang in Deutschland während des 20. Jahrhunderts vollzog sich unterschiedlich stark entsprechend den o.g. Differenzierungskriterien. Vorreiter des Geburtenrückgangs waren die Angestellten, hoch qualifizierte Gruppen gewerblicher Arbeiter sowie Akademiker (Spree 1981; Spree 1984; Linde 1980). Die meisten Kinder hatten weiterhin die ländliche Bevölkerung und hier vor allem die Landarbeiter (Spree 1984). Dieser Geburtenrückgang führte hauptsächlich dazu, dass die großen Familien (mit mehr als drei Kindern) drastisch zurückgingen (Marschalck 1984, 54f.). Waren vor dem Ersten Weltkrieg noch drei bis fünf Kinder die Norm (Spree 1984, 55f; Höhn 1989), so realisierten danach vor allem Akademiker, gehobene und mittlere Angestellte sowie die Arbeiter im graphischen Gewerbe die Zwei-Kind-Familie.[22] Bis zum Ende der 1920er Jahre übernahmen immer mehr Bevölkerungsgruppen diese Norm (Spree 1984, 55f.). Selbst in den zwischen 1915 und 1919 geschlossenen großstädtischen Arbeiterehen wurden bis 1939, also in rund 20 Ehejahren, im Durchschnitt nicht mehr als 2,2 Kinder geboren (von Castell 1981, 384f.).

Trotz dieses massiven Rückgangs der Geburten wuchs die Bevölkerung weiter. Dazu trug in erster Linie der weitere Rückgang der Sterblichkeit bei, der nach der Jahrhundertwende nun auch die Säuglingssterblichkeit betraf, die zuvor noch zwischen 20 und 25 Prozent gelegen hatte (Marschalck 1984, 167f.; Spree 1979). Erst seit den 1930er Jahren konnten Eltern davon ausgehen, dass ihr neugeborenes Kind mit großer Wahrscheinlichkeit auch das Erwachsenenalter erreichen würde (Linde 1980; Marschalck 1984). Die Bevölkerung stieg zwischen 1900 und 1940 weiter an, allerdings langsamer als in den Jahrzehnten davor, von 56 Millionen auf rund 70 Millionen (Ehmer 2004, 10; Marschalck 1984, 146).

Gleichwohl wurde dieser Erste Geburtenrückgang von einer intensiven Debatte über quantitative und qualitative Bevölkerungspolitik begleitet (Usborne 1994). Ihre Befürworter gehörten einem breiten weltanschaulichen und politischen Spektrum an, zu dem vor allem sozialkatholische Positionen sowie nationalistische und konservative zählten, aber auch sozialistische und sozialdemokratische (Schwartz 1998; Heinemann 2004, 109-133 u. 213-293). Während der Weimarer Republik wurden daraus kaum praktische Konsequenzen gezogen. Erst das nationalsozialistische Regime ergriff pronatalistische Maßnahmen, die aber lediglich vorübergehend zu einem Anstieg der Eheschließungs- und Geburtenziffern führten (Marschalck 1984; Ehmer 2004; Mühlfeld/Schönweiss 1989; Kaupen-Haas 1986). Die von rassistischen Kriterien bestimmte qualitative Bevölkerungspolitik der Nationalsozialisten (Kaupen-Haas 1986; Klee/Dreßen 1992) sowie die Bevölkerungs- und Gebietsverluste im und nach dem Zweiten Weltkrieg hatten zur Folge, dass 1946 auf dem Gebiet Rest-Deutschlands (BRD und DDR) nur noch 63,4 Millionen Menschen lebten (Marschalck 1984, 147).

Für die Nachkriegszeit ab 1945 wurden in der Entwicklung der Geburtenrate drei Phasen beobachtet, wobei die Entwicklungstrends in der DDR und in der BRD (wenn auch auf unterschiedlichen Niveau) ähnlich waren (Kopp 2000, 86 u. 88). In den Jahrzehnten nach 1945 stieg die Zahl der Geburten zunächst auf den jeweiligen Nachkriegshöchststand an und betrug 17,7 (Westdeutschland, 1965) bzw. 17,0 (Ostdeutschland, 1960) Lebendgeborene

---

22 Frauen aus bürgerlichen Beamten- und Angestelltenmilieus waren bereits während der Industrialisierung im 19. Jahrhundert die ersten gewesen, die ihre Geburtenzahlen reduzierten – und zwar auch dann, wenn sie in andere Milieus einheirateten: »the social background of the woman was the decisive factor for the seize of her family« (Müller/Schraut 2007, 269 u. 265).

je 1000 Einwohner (Mittelbach 1994, 62f.). Danach setzte der Zweite Geburtenrückgang in Deutschland im 20. Jahrhundert ein: die Geburtenrate sank rapide (Marschalck 1984, 98ff.). Die niedrigste Geburtenrate bis 1990 gab es in der alten BRD im Jahr 1978 (9,4 Lebendgeborene je 1000 Einwohner) und in der DDR im Jahr 1975 (10,8 Lebendgeborene je 1000 Einwohner) (Mittelbach 1994, 62f.). Der in der DDR dann folgende Anstieg der Geburtenrate ab den 1970er Jahren wird auf deren Natalitätspolitik zurückgeführt (ebd.; Kopp 2000, 89). Insgesamt kam es jedoch auch in der DDR nicht zu einer Umkehr des auch dort bestehenden langfristigen Trends eines Rückgangs der Geburtenrate (Kopp 2000, 90).

Im Laufe des Transformationsprozesses fand in Ostdeutschland ein »dramatischer« (Mittelbach 1994, 65) Geburtenrückgang statt. Die Fruchtbarkeitsrate fiel um 60 Prozent von 1,56 Geburten pro Frau im Jahr 1989 auf 0,77 Geburten im Jahr 1994 und damit deutlich unter das Niveau der alten Bundesländer (Ehmer 2004, 45; Mau/Zapf 1998, 1).[23] Danach kam es zwar wieder zu einem Anstieg, das westdeutsche Niveau wurde jedoch bislang nicht erreicht (Ehmer 2004, 46): Im Jahr 2000 betrug die Geburtenziffer (durchschnittliche Geburtenzahl je Frau im Alter zwischen 15 und 45 Jahren) in Ostdeutschland 1,21 und in Westdeutschland 1,41[24]. Die Bundesrepublik zählt mit einer total fertility rate von 1,34 daher neben Italien (1,29) und Polen (1,24) heute zu den europäischen Ländern mit den niedrigsten Geburtenziffern (Zahlen für 2003). Die aktuelle Bevölkerungsbilanz in Deutschland ist daher sowie aufgrund der restriktiven Migrationspolitik negativ. Wegen der sinkenden Geburtenrate wird eine weitere deutliche Bevölkerungsabnahme prognostiziert von heute 82 Millionen auf 65 bis 70 Millionen im Jahr 2050 (Engstler/Menning 2003, 94; Kaufmann 2007, 109).

Für das (zunächst sehr starke) Absinken der Geburtenrate in Ostdeutschland im Transformationsprozess gibt es noch keine abschließende Interpretation (Mittelbach 1994, 70 u. 96; Franz/Herlyn 1995, 101; Klein u.a. 1996, 81; Grundmann 1998, 233; Kopp 2000, 99; Nauck/Schwenk 2001, 1864; Marbach 2003, 184; Niephaus 2003, 24). Einerseits weisen neue Forschungen auf den bekannten Zusammenhang zwischen höherer Bildung bzw. Qualifikation und Kinderzahl hin, der sich in Deutschland bereits beim Ersten Geburtenrückgang gezeigt hatte (für Westdeutschland vgl. hierzu Strohmeier/Schulze 1995a, 37). Ebenso wie in Westdeutschland korreliert höhere Bildung nun auch in Ostdeutschland mit einem Aufschub des Kinderwunsches (Huinink/Kreyenfeld 2004, 28) bzw. mit Kinderlosigkeit. Dort haben sich seit der Wende bildungsspezifische Unterschiede im Geburtenverhalten (vgl. z.B. das höhere Erstgeburtsalter bei Frauen mit Abitur) noch verstärkt (Kreyenfeld 2006, 20f.).

---

23 Die massive Dynamik dieser Entwicklung wird auch daran deutlich, dass parallel die Quote der Sterilisationen bei Frauen in den neuen Bundesländern anstieg (Hahn 1999).

24 http://www.bpb.de/wissen/0OBM9A,0,Entwicklung_der_Geburtenziffer.html [21.2.2006].

Tabelle: Zusammengefasste Geburtenziffer je Frau (= Summe der altersspezifischen Geburtenziffern der 15- bis 49-jährigen Frauen)

Jahr	Deutschland	DDR/ Neue Länder [3]	Alte BRD/ Früheres Bundesgebiet[2]
1950	-	-	2,10[1]
1960	-	2,33	2,37
1970	-	2,19	2,02
1980	-	1,94	1,44
1989	-	1,56	-
1990	-	-	1,45
1991	1,33	-	-
1995	1,25	0,84	1,34
1999	1,36	1,15	1,41
2000	1,38	1,21	1,41
2001	1,35	1,23	1,38
2002	1,34	1,24	1,37
2003	1,34	1,26	1,36
2004	1,36	1,31	1,37
2005	1,34	1,30	1,36
2006	1,33	1,30	1,34

Quellen: Engstler/Menning 2003, 71; Statistisches Bundesamt, URL: http://www.destatis.de [19.02.2008]. (1) ohne Saarland und Berlin-West; (2) ab 2001 ohne Berlin-West; (3) ab 2001 ohne Berlin-Ost.

Zum anderen werden die Verschlechterung der sozialpolitischen und ökonomischen Rahmenbedingungen (Zusammenbruch des Arbeitsmarkts mit Verlust von 45 Prozent der Arbeitsplätze in den ersten vier Jahren) (Mittelbach 1994, 70f.; Nauck/Schwenk 2001, 1864), öfter als eine Ursache für den Rückgang der Geburtenrate genannt (Mittelbach 1994, 70f.; Franz/Herlyn 1995, 101; Nauck/Schwenk 2001, 1864). Neue Untersuchungen belegen jedoch, dass es zwischen der Zunahme der Arbeitslosigkeit in Ostdeutschland und der Abnahme der Geburtenrate keinen Zusammenhang gibt. Arbeitslose Frauen bekommen eher Kinder als erwerbstätige Frauen (Huinink/Kreyenfeld 2004, 28; vgl. dazu auch Klein u.a. 1996, 70). Der nicht vorhandene Zusammenhang zwischen ökonomischer und sozialer Prekarität mit Familiengründung in Ostdeutschland unterstreicht diesen Befund (Bernardi/Klärner/von der Lippe 2006).

Charakteristische Unterschiede zwischen der DDR bzw. Ostdeutschland und der BRD bzw. Westdeutschland existieren nicht nur hinsichtlich der Geburtenrate, sondern auch bezüglich der Platzierung der Geburten im Lebenslauf, der Korrelation von Frauenerwerbsarbeit und Familiengründung bzw. Kinderlosigkeit: Charakteristisch für den Unterschied zwischen der

DDR und der BRD war das Alter der Frauen beim ersten Kind: In der DDR lag dies bei ca. 22 Jahren, in der BRD bei 28 Jahren (Kreyenfeld 2004a, 36). Insgesamt war die Erwerbstätigkeit von Frauen in der DDR positiv mit einer Familiengründung verbunden, während Erwerbstätigkeit von Frauen in der BRD negativ mit einer Familiengründung korrelierte (Kreyenfeld 2004a, 37).

Ein weiteres Spezifikum lag und liegt bei der Kinderlosigkeit: Gewünschte Kinderlosigkeit gab es in der DDR fast gar nicht (Hoffmann/Trappe 1990, 44; Wendt 1993, 258). Die meisten Familien hatten eines oder zwei Kinder (ebd.). Auch in der heutigen Bundesrepublik wachsen die meisten Kinder mit einem Geschwister auf; der Anteil der Kinder, die dauerhaft als Einzelkinder aufwachsen, beträgt etwa 19 Prozent (Engstler/Menning 2003, 28). Für den Geburtenrückgang in Westdeutschland spielt somit die Zunahme der Kinderlosigkeit eine zentrale Rolle:

»Blieben von den Geburtsjahrgängen 1936-1940 z.B. 17 Prozent Frauen kinderlos, waren es bereits 25 Prozent der Geburtsjahrgänge 1956-1960 (...). Schätzungen gehen sogar soweit, dass auf der Basis der Geburtskohorten 1951-1960 von einem Anteil endgültig kinderloser Frauen von bis zu 32 Prozent (...) ausgegangen werden kann« (Onnen-Isemann 2003, 99).

Im Jahr 2003 waren etwa 23 Prozent der 1960 geborenen Frauen in Westdeutschland und etwa 10 Prozent der 1960 geborenen Frauen in Ostdeutschland kinderlos[25]. Dieses auch im internationalen Vergleich »hohe Niveau langfristiger Kinderlosigkeit« gilt als »hervorstechendes Merkmal« der Lebensformen in Westdeutschland (Dornseiff/Sackmann 2003, 346) und wird seit einigen Jahren vermehrt untersucht (Lang 1994; Carl 2002; Onnen-Isemann 2003; Schneider/Ruckdeschel 2003; insbesondere zu Partnerschaften mit zwei Haushalten ohne Kinder: Schmitt/Winkelmann 2005). Für die BRD typisch ist zudem die soziale Spezifik der kinderlosen Frauen: Rund 40 Prozent der Frauen mit Abitur sind kinderlos und damit unter den Kinderlosen überdurchschnittlich repräsentiert (Kreyenfeld 2004a, 36). Dieser quantitative Befund nun wird von der bisherigen Forschung dadurch diskursiv verstärkt, dass vor allem die Kinderlosigkeit von Frauen mit hohen Bildungsabschlüssen und überdurchschnittlichem Einkommen in Fallstudien eingehender untersucht wurden (Carl 2002, 178). Die besondere Betonung der Kinderlosigkeit von hoch qualifizierten Frauen ist forschungsmethodischer Ausdruck einer historisch gewachsenen, sozialen Gespaltenheit von Bevölkerungsdiskursen (Pronatalismus für die oberen sozialen Milieus – Antinatalismus für die unteren sozialen Milieus)[26]. Farahat u.a. (2006, 989) interpretie-

---

25 URL: www.bpb.de/wissen/B17WEQ.html [17.8.2005].
26 Apologetisch in dieser Hinsicht etwa auch Jansen/Priddat/Stehr 2005b, 8: »Denn die 1,3 Kinder pro inländischer Frau in Deutschland wachsen zunehmend in bildungsfernen Schichten auf. Die Netto-Reproduktionsrate ist nicht nur negativ, sondern auch noch kritisch hinsichtlich des Talentpools zu diskutieren, weil insbesondere das Bildungssystem in

ren die intensive Diskussion und Skandalisierung der (im übrigen in quantitativen Studien auch umstrittenen) besonders hohen Kinderlosigkeit bei Akademikerinnen als Ausdruck sozialer Kämpfe und stellen fest, »dass es hier nicht zuletzt darum geht, die Umverteilung von unten nach oben zu legitimieren«, die etwa das Elterngeld ab 2007 familienpolitisch in Gang setzte (Farahat u.a. 2006, 989).

Neueste quantitative Studien zeigen, dass auch im Ländervergleich die für prekarisierte Beschäftigung typische Unsicherheit in unterschiedlichen postfordistischen wohlfahrtsstaatlichen Regulationen dazu führt, Partnerschaft bzw. Eheschließung und Geburten aufzuschieben: »Over and above, insecurity leads individuals to postpone the entry into first parenthood« (Golsch 2007, 201 aus einem Vergleich zwischen Deutschland, Großbritannien und Spanien). Im Ost-West-Vergleich zeigen sich für Deutschland dabei allerdings Unterschiede:

> »While job security is crucial to the western German's idea of achievement and as a foundation for family formation in a sequential pattern, in eastern Germany job security is only one of the parallel paths in one's life course and thus investments in the job and private life are conducted in parallel.« (Bernardi/Klärner/von der Lippe 2006/2007, 30)

Der Siebte Familienbericht empfiehlt daher, es sei notwendig, die Familiengründung » – wie in den USA – von dem Gedanken zu lösen, dass diese sich erst auf der Basis einer gesicherten Erwerbsverankerung mit Langzeitperspektive realisieren ließe« (BMFSFJ 2006, 87).

2.1.2. Alters- und Verwandtschaftsstruktur

Die Altersstruktur der deutschen Bevölkerung blieb im 19. Jahrhundert nahezu unverändert: »Mehr als ein Drittel machten die Kinder (bis zum 15. Lebensjahr) aus, der Anteil der älteren Menschen (60+) lag dagegen nur bei sechs bis acht Prozent« (Ehmer 2004, 53). Im 20. Jahrhundert änderte sich das grundlegend: In der ersten Hälfte des 20. Jahrhunderts vor allem durch das Absinken der Geburtenrate und seit 1950 vor allem durch den Anstieg der Lebenserwartung (ebd.). Für Deutschland wird eine weitere Erhöhung des Anteils der über 65jährigen Menschen an der Gesamtbevölkerung prognostiziert, und zwar von 16 Prozent (2000) auf 29 Prozent im Jahr 2050. Umgekehrt sinkt der voraussichtliche Anteil von Kindern und Jugendlichen von 21 Prozent (2000) auf 16 Prozent (2050) (Engstler/Menning 2003, 95;

Deutschland die höchste Abhängigkeit der Bildungsbiographie des Kindes von der Bildungsbiographie der Eltern aufweist«. Hier handelt es sich offensichtlich um eine politisch motivierte »Retorsion« (so definiert Taguieff (1992) die interessierte Verkehrung eines Arguments in sein Gegenteil) der bildungssoziologischen Befunde, die seit Jahrzehnten die soziale Ungleichheit des bundesdeutschen Bildungssystems dokumentieren.

ähnlich die Zahlen bei Schmid 2002, 297). Deutschland zählt mit 16,6 Prozent im europäischen Vergleich neben Italien (18,2 Prozent) und Schweden (17,2 Prozent) zu den Ländern mit dem höchsten Anteil der über 65jährigen (Zahlen für 2001). Der demographische Wandel führte also zu einer Spreizung der Altersstruktur in der Bevölkerung (Vaskovics u.a. 1994, 145; ebenso Bengtson/Martin 2001, 215).

Durch den Rückgang der Kinderzahlen pro Ehe seit dem frühen 20. Jahrhundert hat die Zahl der lateralen Verwandten abgenommen. Zusammen mit der parallel stattgefundenen Zunahme der Lebenserwartung ist zwar die Wahrscheinlichkeit gestiegen, dass drei Generationen und mehr gleichzeitig leben, von jeder Generation gibt es aber nur wenige Verwandte. Man spricht deshalb auch von einer »Vertikalisierung« der Verwandtschaftsstruktur (Bengtson/Schütze 1992, 503). Dies ist in Ostdeutschland besonders ausgeprägt, da in den neuen Bundesländern 76 Prozent der mittleren Altersgruppe (44 bis 55 Jahre), in den alten Bundesländern jedoch lediglich 52 Prozent Kinder und Enkel haben (Kohli u.a. 1997, 167f.; ebenso Vaskovics u.a. 1994, 144). In den neuen Bundesländern bestehen deshalb strukturell günstigere Chancen für Ältere, familial bzw. verwandtschaftlich integriert zu werden (Kohli u.a. 1997, 167). Für das Verhältnis von Familie/Verwandtschaft und sozialer Sicherheit ist das zentral. Durch die Zunahme der Wiederverheiratungen und/oder durch konsekutive Partnerschaften mit Kindern erweitert sich ferner die soziale Verwandtschaft (Hettlage 1992, 196; Vaskovics u.a. 1994, 145). Auch diese Entwicklung ist aufgrund des niedereren Heirats- und Erstgeburtsalters in der DDR bzw. in den neuen Bundesländern besonders ausgeprägt (Vaskovics u.a. 1994, 144).

Entscheidend ist, dass die Diskussion zur Altersstruktur ähnlich wie die Debatten um die Geburtenentwicklung in der Regel unter nationalem Vorzeichen geführt wird:[27] Ohne die nach wie vor nationalstaatlich regulierte und sozial gespaltene Regulation von Migration vorauszusetzen, würden Aussagen über die Folgen der Altersstruktur der Bevölkerung nämlich keinen Sinn machen.

---

27 Vgl. etwa folgende These zum »demographischen Altern« der deutschen Gesellschaft: »Hier wirken Jugendschwund wegen weitergehender Geburtenrückgänge und steigende Lebenserwartung zusammen. Ist dieser Komplex in eine bestimmte Negativspirale, einen Abwärtssog eingetreten, dann wird es schier unmöglich, ihn mit großzügiger Einwanderung zu kompensieren. Denn es handelt sich um postindustrielle, also Hochtechnologie-Gesellschaften, deren diffizile Arbeitsmärkte sich nicht für Masseneinwanderung eignen, zumal sie (die Migranten – d. Verf.) nur aus Regionen außerhalb Europas stammen würden.« (Henßler/Schmid 2007, 268)

2.1.3. Heiratsalter und Heiratshäufigkeit

Im 19. Jahrhundert dominierte in Deutschland weiterhin das »European Marriage Pattern« (Hajnal 1965), also ein hohes Heiratsalter (im Durchschnitt Frauen mit 27 Jahren, Männer mit 29/30 Jahren) verbunden mit einem hohen Anteil Lediger in der Bevölkerung (Ehmer 2004, 47). Seit der Reichsgründung sank das Heiratsalter bei Erstehen bis 1970 auf 25,5 Jahre bei Männern bzw. 23 Jahre bei Frauen in der BRD und 24 Jahre (Männer) bzw. knapp 22 Jahre (Frauen) in der DDR (Ehmer 2004, 47; Mertens 1998, 89). Fortan kehrte sich der Trend um und das Heiratsalter stieg wieder sehr deutlich an bis auf 31 Jahre (Männer) bzw. 28 Jahre (Frauen) im Jahr 2000 (Ehmer 2004, 47).

Die Zahl der Eheschließungen in der DDR und in der alten BRD entwickelte sich ähnlich (Mittelbach 1994, 61). Dies änderte sich nach der Vereinigung. Nunmehr ging die Zahl der Eheschließungen in den neuen Bundesländern ähnlich wie die Geburtenrate um mehr als die Hälfte zurück auf den Tiefstand von 3,1 Eheschließungen je 1000 Einwohner in den Jahren 1992 und 1993 (Westdeutschland 1992/1993: 6,2/6,0) (Mittelbach 1994, 61; Mau/Zapf 1998, 2; Engstler/Menning 2003, 65). Die Eheschließungsziffer stieg danach in Ostdeutschland wieder leicht an bis auf 3,5 im Jahr 1997, während sie in Westdeutschland weiter sank bis auf 5,5 im Jahr 1997 (Mau/Zapf 1998, 2). Diese gespaltene Entwicklung zwischen West und Ost setzte sich seither fort, so daß die Heiratsziffern in Ostdeutschland weiterhin leicht stiegen bis auf 3,9 (2000) und in Westdeutschland leicht fielen bis auf 5,4 (2000) (Statistisches Bundesamt 2004b).

Für den (zunächst sehr) starken Rückgang der Eheschließungen in Ostdeutschland im Transformationsprozess werden ebenso wie für die dort stark gesunkene Geburtenrate verschiedene Ursachen genannt: Während in der DDR Heirat und Familiengründung Voraussetzung und Garantie für die Zuweisung einer Wohnung waren, ist dieser Anreiz zur Eheschließung seit 1990 in Ostdeutschland entfallen (Klein u.a. 1996, 68). Ebenso wird die schlechte Situation auf dem ostdeutschen Arbeitsmarkt als Ursache genannt (Franz/Herlyn 1995, 101f.). Neue quantitative Studien zeigen allerdings, dass eine Partnerschaft oder eine Ehe vor allem von Frauen als eine Strategie eingesetzt wird, mit der Unsicherheit prekärer Erwerbsarbeit umzugehen (»women in insecure positions are more prone to enter a union« Golsch 2005, 201; diese Dynamik ist auch bei den Fällen in Rudd 2006 beschrieben). So ergibt sich aus dem Zusammenspiel von Familie und sozialer Sicherheit unter den Bedingungen eines prekarisierten Arbeitsmarktes ein Retraditionalisierungseffekt für die privaten Geschlechterbeziehungen.

Tabelle: Heiratsziffern (Eheschließungen auf 1000 Einwohner)

Jahr	Deutschland	DDR/ Neue Länder	Alte BRD/ Früheres Bundesgebiet
1950	10,8	11,7	10,7
1960	9,4	9,7	9,4
1970	7,4	7,7	7,3
1980	6,3	8,0	5,9
1989	6,7	7,9	6,4
1991	5,7	3,2	6,3
1995	5,3	3,5	5,7
2000	5,1	3,9	5,4
2004	4,8		
2005	4,7		
2006	4,5		

Quellen: Statistisches Bundesamt 2004b; Statistisches Bundesamt o.J.

2.1.4. Scheidungen

Im 19. Jahrhundert war Ehescheidung in Deutschland ein zahlenmäßig unbedeutendes Phänomen gewesen; die meisten Ehen endeten durch den Tod eines der Ehegatten (Ehmer 2004, 49). Bis zum zweiten Weltkrieg stieg die allgemeine Scheidungsziffer (d.h. die Zahl der Ehescheidungen pro 10.000 Einwohner) an (Wagner 1997, 117; Blasius 1987, 157f.). Nach den beiden Weltkriegen waren die Scheidungsraten vorübergehend jeweils besonders stark in die Höhe geschnellt (Wagner 1997, 116f.; Ehmer 2004, 50).[28] Obwohl in der BRD die restriktiven Scheidungsregelungen des BGB bis zur Eherechtsreform 1977 in Kraft blieben, kam es im 20. Jahrhundert zu einer nahezu kontinuierlichen und in der zweiten Jahrhunderthälfte sehr starken Zunahme der Ehescheidungen (Ehmer 2004, 49).

Ebenso wie die Zahl der Geburten und der Eheschließungen entwickelten sich die Scheidungsraten in der DDR und in der alten BRD parallel, nämlich ansteigend. Dabei lag das Niveau der Scheidungsrate in der DDR höher als in der alten Bundesrepublik. Das änderte sich mit der Wiedervereinigung: Im Transformationsprozess sank die Scheidungsrate in Ostdeutschland bis Mitte der 1990er Jahre um etwa zehn Prozentpunkte, während sie in Westdeutschland weiterhin anstieg. In den letzten Jahren erhöhte sie sich auch in Ostdeutschland wieder.

---

28 Für die Jahre 1942 bis 1945 sind Scheidungszahlungen in Deutschland nicht dokumentiert (Wagner 1997, 117).

Tabelle: Scheidungsrate (= Scheidungen pro 100 bestehenden Ehen)

Jahr	DDR/ Neue Länder	Alte BRD/ Früheres Bundesgebiet
1970	20,7	15,1
1980	32,0	21,5
1990	22,3	29,2
1995	19,3	34,1
2000	32,3	38,5
2003	37,1	43,6

Quelle: http://www.bpb.de/wissen/NHXRDM.html [18.8.2005] (Statistisches Bundesamt).

Die Unterschiede in den Scheidungsraten zwischen der DDR und der BRD erklären sich aus mehreren Faktoren. Entscheidend ist, dass die deutlich höheren Scheidungsraten in der DDR nicht aus »einer geringeren Familienorientierung« resultierten (Klein 1995, 88; ebenso Wagner 1997, 302). Ausschlaggebend sind vielmehr demographische und sozialstrukturelle Unterschiede gewesen (ebd.), nämlich die höhere Frauenerwerbsbeteiligung, die frühere Familiengründung, die Konfessionslosigkeit sowie die geringe Verbreitung von Wohneigentum in der DDR (Klein 1995, 88; Wagner 1997, 303ff.; Mertens 1998, 109). Eine differenzierte Analyse zeigt jedoch, dass zwar in der BRD wie in der DDR »die Erwerbstätigkeit der Frau mit einem höheren Scheidungsrisiko verbunden« gewesen ist, »der Effekt war in der BRD jedoch stärker als in der DDR«. Das wird interpretiert als Hinweis auf

»einen schwächeren negativen Zusammenhang von Frauenerwerbsarbeit und Ehestabilität in Gesellschaften, in denen egalitäre anstelle von traditionellen Rollenerwartungen dominieren« (Böttcher 2006).

Gemeinsam ist Ost- und Westdeutschland hingegen ein Stadt-Land-Gefälle bei der Scheidungen (Wagner 1997, 121 u. 305).

2.1.5. Differenzierung[29] privater Lebensformen

Die Forschung konstatiert für Westdeutschland wie für Ostdeutschland ab den 1980er Jahren eine »Zunahme der Heterogenität der partnerschaftlichen Lebensformen«, mithin eine »Pluralisierung« in der zweiten Hälfte des 20. Jahrhunderts (Vaskovics u.a. 1994, 89; Brüderl/Klein 2003, 213f.; Kohli 2003, 534). Die Zahl der Kernfamilien ist zugunsten von anderen Lebens-

---

29 Zur Abgrenzung gegen die Debatte um ›Pluralisierung‹ wird hier der neutralere Begriff der ›Differenzierung‹ verwendet. Der Begriff der ›Pluralisierung‹ wird in der deutschen Soziologie seit Ende der 1980er Jahre verwendet. Er bezeichnet nicht lediglich neue Lebensformen, sondern beinhaltet auch die (umstrittene) Annahme einer zunehmenden Autonomie der Individuen in der Wahl ihrer Lebensformen und Lebenswege.

formen mit Kindern (Alleinerziehende, Stief- bzw.Patchworkfamilien) gesunken und neue Lebensformen ohne Kinder (nichteheliche Lebensgemeinschaften, kinderlose Ehepaare, Alleinlebende) haben zugenommen (Vaskovics u.a. 1994, 89; Engstler/Menning 2003, 23). Die Differenzierung der Lebensformen ist durch das Auseinandertreten von Ehe und Familie (Meulders-Klein/Théry 1998; Alt 2003, 241; Marbach 2003, 183), durch das Auseinandertreten von Nuptialität und Fertilität (Napp-Peters 1985; Rauchfleisch 1997), durch das Auseinandertreten von (ehelicher) Partnerschaft und Koresidenz (Vaskovics u.a. 1994, 151; Schneider/Ruckdeschel 2003) sowie durch (allerdings seltene) Formen homosexueller Elternschaft in Familien charakterisiert (Rauchfleisch 1997; Wegener 2005). Wegen der Ausbreitung kinderloser Lebensformen haben die Haushalte ohne Kinder stark zugenommen (Höhn 1998, 103f.). Nur noch in rund einem Drittel aller Haushalte leben heute Kinder (Engstler/Menning 2003, 34). Die Differenzierung privater Lebensformen ist in den Städten ausgeprägter als auf dem Land und korreliert zudem mit dem Bildungsniveau der betroffenen Personen, ist aber nicht auf bestimmte Milieus beschränkt, sondern betrifft alle (Brüderl/Klein 2003, 213). Dabei gibt es bedeutende Unterschiede zwischen Ost- und Westdeutschland: In Ostdeutschland werden auch heute nicht nur mehr Kinder nichtehelich als ehelich geboren (Alt 2003, 40; Engstler/Menning 2003, 77), auch die Differenzierung familialer Lebensformen ist verbreiteter (Dornseiff/ Sackmann 2003, 345).

Insgesamt ist in Deutschland jedoch die Ehe nach wie vor die häufigste Form des partnerschaftlichen Zusammenlebens; »1999 bestanden in Deutschland 19,5 Millionen Ehen und 2,1 Millionen Lebensgemeinschaften« (Ehmer 2004, 51). In Ostdeutschland ist der Anteil der nichtehelichen Lebensgemeinschaften an der Bevölkerung höher als in Westdeutschland (Engstler/Menning 2003, 45). Die Mehrheit der Kinder in Deutschland lebt bei ihren verheirateten Eltern (Engstler/Menning 2003, 24; ebenso Pfau-Effinger 2000, 142), wobei hier ein Ost-West-Unterschied festzustellen ist: In Westdeutschland waren dies im Jahr 2000 82,4 Prozent und in Ostdeutschland 69 Prozent der unter 18-jährigen (Engstler/Menning 2003, 213). Fast die Hälfte der Kinder in Ostdeutschland wächst in nichtehelichen Lebensgemeinschaften oder mit einem alleinerziehenden Elternteil auf (Alt 2003, 242). Alleinerziehende und ihre Kinder machen in der BRD rund zehn Prozent der Bevölkerung aus[30], die überwiegende Mehrheit der Alleinerziehenden sind »Mutter-Kind-Familien« (Engstler/Menning 2003, 40). Die meisten Alleinerziehenden in Deutschland sind geschieden, der Anteil der ledigen Alleinerziehenden ist in Ostdeutschland höher als in Westdeutschland (Engstler/Menning 2003, 41).

---

30   URL: http://www.bpb.de/wissen/2MCCQW.html [10.5.2005].

Die Differenzierung privater Lebensformen ersetzt demnach weniger tradierte Familienformen, sondern betrifft vor allem die Lebensführung »vor der Heirat (…) und nach der Scheidung« (Pfau-Effinger 2000, 142).

2.2. Institutionalisierung des Lebenslaufs

Im Laufe des 20. Jahrhunderts bildete sich in Deutschland wie in anderen bürgerlichen Gesellschaften eine »Institutionalisierung des Lebenslaufs« heraus, womit gemeint ist, »dass Lebenslauf und Lebensalter als eine eigenständige gesellschaftliche Strukturdimension« berücksichtigt werden müssen (Kohli 1985, 1). Dieses am männlichen Lebenslauf entwickelte Modell (Ecarius 1995, 184) bedeutet »eine temporale Ordnung für die Abfolge und Dauer von Lebensereignissen bzw. -phasen«, die »im Wesentlichen auf empirischen Verhaltensregelmäßigkeiten, institutionellen Regulierungen und normativen Orientierungen« basiert (Brose 2003, 583).

In der alten BRD bzw. in Westdeutschland bestand der modellhafte Lebenslauf für Männer aus einer »›Normalarbeitsbiographie‹ mit dauerhafter voller Beschäftigung«. Für die Frauen beinhaltete er keine Erwerbstätigkeit oder lediglich eine (meist noch mehrfach unterbrochene) Teilzeiterwerbstätigkeit (Kohli 2003, 529 u. 531f.). Der weibliche Lebenslauf wurde als »Dreiphasenmodell« konzipiert und beschrieben (Myrdal/Klein 1971): »Erwerbsarbeit bis zur Geburt des ersten Kindes; Erwerbsunterbrechung (bis zum Schulalter des Kindes) und Wiedereinstieg in das Erwerbsleben« (Schäfgen/Spellerberg 1998, 78). Zeiten der Nichterwerbstätigkeit werden als »Familienphase« bezeichnet (Schulz/Kirner 1992). Der daran anschließende Wiedereinstieg der Mütter in die Erwerbsarbeit ist durch Teilzeiterwerbstätigkeit charakterisiert (von Oertzen 1999).

In der DDR waren die Lebensläufe im Vergleich zur BRD homogener und standardisierter (Vaskovics u.a. 1994, 149). Abgesehen von der Notwendigkeit für ältere Menschen in der DDR, auch nach ihrer Verrentung noch arbeiten zu müssen, um ihre niedrige Rente aufzubessern, bestand die zentrale Differenz zu den Lebensläufen in der BRD in der weitgehenden Angleichung des männlichen und weiblichen Lebenslaufs hinsichtlich der Erwerbsarbeit (Matthesius/Waldschmidt 1989; Conrad 1998, 109; Bouvier 2002, 236f.). Auch in der DDR hatte es mit dem nur für Frauen möglichen »Babyjahr« (ab 1972 für alleinerziehende Mütter bei Fehlen eines Krippenplatzes, ab 1986 für alle Mütter (Kreyenfeld 2004, 7)), eine Regelung für die Freistellung von Müttern von der Erwerbsarbeit gegeben. Im Unterschied zur BRD jedoch war in der DDR für Frauen zwischen Ausbildung und Rente die Vollerwerbstätigkeit die Regel; die Unterbrechungen bei der Geburt eines Kindes waren deutlich kürzer und stattdessen gab es temporäre Arbeitszeitreduzierungen für Mütter (Kreyenfeld 2004, 7), so dass es nicht zu einer sogenannten ›Familienphase‹ wie in der BRD kam, und zwar auch nicht dann, wenn eine Frau mehrere Kinder hatte (Schneider 1994; Ecarius 1995, 184; Niephaus 2003, 50). Das Ergebnis war eine einmalig hohe Frauenerwerbsquote.

Tabelle: Frauenerwerbsquote in der DDR

Jahr	Frauenerwerbsquote
1970	82 %
1980	87 %
1989	91,3 %

Quellen: Ochs 1993, 48; Mittelbach 1994, 58; Steiner 2004, 172.

Aus diesem Grund wurde die DDR als die »weiblichste Arbeitsgesellschaft Europas« charakterisiert (Niethammer 1993, 135). Die Spezifik des weiblichen Lebenslaufs in der DDR zeigt sich zudem daran, dass die hohe Erwerbsbeteiligung der Frauen bzw. Mütter nicht zu einem höheren Gebäralter und auch nicht zu einer Zunahme der Quote kinderloser Frauen führte (Trappe 1995, 208).

Trotz der insgesamt steigenden Erwerbsbeteiligung von Frauen und Müttern in der BRD bzw. in Westdeutschland (Ochs 1993; Schäfgen/Spellerberg 1998) und trotz der besonders schlechten Arbeitsmarktlage in Ostdeutschland und der im Transformationsprozess stark gesunkenen Frauenerwerbsquote in Ostdeutschland (Jasper 1993; Dornseiff/Sackmann 2003, 346) bestehen West-Ost-Unterschiede im weiblichen Lebenslauf nach wie vor. Das zeigt deutlich der Vergleich der aktiven Erwerbstätigkeit von Frauen und von Müttern in Deutschland.

Gleichwohl hat sich beim weiblichen Lebenslauf im Transformationsprozess eine Annäherung der ostdeutschen an die westdeutschen Frauen ergeben. Die Geburt eines Kindes führt inzwischen in den ostdeutschen Bundesländern zu einer längeren Erwerbsunterbrechung als zu Zeiten der DDR (Beckmann 2001; Beckmann/Kurtz 2001; Falk/Schaper 2001). Ursächlich dafür ist offenbar die bisherige Elternzeitregelung, die die weiblichen Lebensläufe nun auch in Ostdeutschland strukturiert (Falk/Schaeper 2001, 206). Nach wie vor jedoch nehmen mehr ostdeutsche Mütter als westdeutsche Mütter nach der Erwerbsunterbrechung wieder eine Vollerwerbstätigkeit auf (Meyer/Crow 1995, 187; Engstler/Menning 2003, 110). Dennoch kam es in Ostdeutschland durch den Wegfall vieler Arbeitsplätze im Transformationsprozess zu einer Verschlechterung der finanziellen Situation in den privaten Haushalten. Sie verfügen im Normalfall nun nicht mehr über zwei Einkommen, sondern nur noch über eines (Meyer/Crow 1995, 187; ebenso Manz 1992, 113).

Tabelle: Aktive Erwerbstätigkeit[1] der 15- bis 64-jährigen Frauen mit und ohne Kindern im Haushalt, 2000

Bevölkerungsgruppe	Deutschland	Früheres Bundesgebiet	Neue Länder
Frauen ohne Kinder	53,6 %	55,2 %	46,7 %
Frauen mit Kindern	59,4 %	56,8 %	69,8 %
Frauen mit jüngstem Kind unter 3 Jahren	30,5 %	29,0 %	40,4 %

Quelle: Engstler/Menning 2003, 107. (1) Aktive Erwerbstätige = Erwerbstätige ohne vorübergehend Beurlaubte, z.B. wegen Elternzeit.

Dabei zeigen neueste qualitative ethnologische Forschungen, dass es gerade aufgrund der Anforderungen des flexibilisierten Arbeitsmarkts zu

»einer deutlichen Verschiebung der Werte bis hin zur Traditionalisierung der familiären Beziehungen und geschlechterbezogenen Erwerbsanteile und Haushaltsrollen«

gekommen ist (Thelen/Baerwolf/Grätz 2006, 18). Diese werden in den Familien und Paarbeziehungen vor allem in Bezug auf die Arbeitsmarktsituation neu ausgehandelt, wobei die Re-Traditionalisierung individuell unterschiedlich wahrgenommen und erlebt wird – Einzelfallanalysen zeigen ein breites Spektrum von Akzeptanz, Befürwortung und Ablehnung oder auch Erleiden dieser Entwicklung (Rudd 2006, 206ff.). Hierbei wirken, durchaus widersprüchlich, »Relativierung und Radikalisierung von Geschlecht« zusammen:

»Den Erwerbschancen ostdeutscher Frauen angesichts ihrer ›Hausmacht‹ im Dienstleistungsbereich und ihrem Statuszuwachs als immer häufiger ökonomische Familienernährerin im Sinne der Relativierung von Geschlecht stehen Prozesse der Externalisierung und vergeschlechtlichten Privatisierung des Reproduktionsbereichs sowie der geschlechtsdifferenten Kanalisierungen der Erwerbsintegration als spezifisch konfigurierte Radikalisierungen von Geschlecht gegenüber.« (Völker 2004, 280f.)

Im europäischen Vergleich liegt die (gesamt-)deutsche Frauenerwerbsquote (59 Prozent) gegenwärtig im Mittelfeld mit Frankreich (57,2 Prozent) und Österreich (62,8 Prozent) hinter Schweden (71,5 Prozent) und vor den ost- und südeuropäischen Ländern wie Polen (46 Prozent) oder Italien (42,7 Prozent) (Zahlen für 2003). Dabei ist zu berücksichtigen, daß in Deutschland fast die Hälfte der erwerbstätigen Frauen einer Teilzeiterwerbstätigkeit nachgeht.[31] Im internationalen Vergleich zeigt sich des Weiteren, dass in Deutschland die »Rush-Hour des Lebens« (Zeit im Alter zwischen 27 und 35 Jahren) stärker ausgeprägt ist als in anderen Ländern:

> »In dieser kurzen Altersspanne von etwa fünf bis sieben Jahren (müssen) Entscheidungen getroffen und realisiert werden (…), die mehr oder minder das ganze Leben bestimmen«, während in andern Ländern wie etwa Dänemark, Finnland oder den Niederlanden Ausbildungsabschluss, Berufsstart, Partnerschaft und Reproduktion »nicht auf so einen kurzen Zeitraum konzentriert« sind (BMFSFJ 2006, 33f.).

In allen drei Dimensionen der »Institution Lebenslauf« (Verhaltensregelmäßigkeiten, institutionelle Regulierung, normative Orientierung, siehe oben) fanden in Deutschland im letzten Viertel des 20. Jahrhunderts eine »Destandardisierung« (Kohli 1985, 24; Allmendinger 1994, 279; Scherger 2007, 93ff. u. 119-122) bzw. »De-Institutionalisierungsprozesse« statt (Brose 2003, 600; ebenso Sackmann 2003). Diese Veränderungen des Lebenslaufs als Institution im Allgemeinen sowie im einzelnen Lebenslauf im Besonderen seit den 1980er Jahren sind das Ergebnis politischer und ökonomischer Entwicklungen in Deutschland, und zwar insbesondere der sukzessiven Aufkündigung der Sozialpartnerschaft als Kernelement des fordistischen Klassenkompromisses (Vester u.a. 2001, 84f.). Das Ergebnis sind »diskontinuierliche« und »entstandardisierte Lebensläufe«, die durch »häufige Umstellungen zwischen Phasen des Jobbens, der Berufsarbeit, der Arbeitslosigkeit, der Weiterbildung, der Kinderversorgung« charakterisiert sind, und zwar »nicht nur unten, sondern auch in der Mitte der Gesellschaft« (Vester u.a. 2001, 83ff.). Ab den 1990er Jahren haben sich diese »unstetigen Biographien« verfestigt zu »›Wohlstand auf Widerruf‹ oder ›prekäre(m) Wohlstand‹« (ebd.). Die Planbarkeit der Biographien hat abgenommen, und die Lebensläufe sind zunehmend durch Unsicherheitserfahrungen charakterisiert (Scherger 2007, 280). Die empirischen Studien zu »Prekarisierung« betonen, »dass die Wiederkehr der Unsicherheit keineswegs nur die Ränder der Arbeitsgesellschaft betrifft« (Dörre 2007, 290).[32] Die daraus resultierende »Zerstörung der Mittelschichten« (Bologna 2006) ist ein internationales Phänomen. Quantitative

---

31 URL: http://www.bpb.de/wissen/QCAFMP,,0,Entwicklung_der_Teilzeitbesch%E4ftigung_ nach_Geschlecht.html [22.2.2006].
32 Allerdings sind gering Qualifizierte und Beschäftigte mit einfachen Tätigkeiten von den Unsicherheitseffekten der Prekarisierung am stärksten betroffen (Golsch 2005, 265).

Befunde belegen daher das »Schrumpfen der Mittelschicht« für die Bundesrepublik (Deutsches Institut für Wirtschaftsforschung 2008). Bei diesem Prozess der Polarisierung der Einkommen dominiert Abwärtsmobilität (ebd., 101).

Frauen sind in prekären Beschäftigungsverhältnissen überrepräsentiert und in diesem Sektor »zunehmend mit männlicher Konkurrenz konfrontiert« (Dörre 2007, 295f.). Bezüglich des Geschlechterverhältnisses führt das »im sozialen Nahbereich (zu) eine(r) Vielzahl symbolischer Kämpfe und Grenzziehungen« (ebd., 296).[33] Die beschriebenen Destandardisierungsprozesse des Lebenslaufs führen schließlich zu einer Entkoppelung zwischen bestimmten Lebensaltersphasen und Tätigkeitsformen (Lange 2003, 5; ebenso Vester u.a. 2001, 84). Das gilt auch für den Übergang in den Ruhestand: Bislang hatte Deutschland (mit Ausnahme der DDR, siehe oben) im internationalen Vergleich eine sehr niedrige Erwerbsbeteiligung bei den über 60-Jährigen (Koller u.a. 2003, 24). 2001 lag der Anteil der erwerbstätigen 60- bis 65-Jährigen zwischen neun Prozent (Frauen in Ostdeutschland) und 35 Prozent (Männer in Westdeutschland) (ebd.; ähnlich die Quote bei Hoffmann 2005). Durch die Übernahme der Rentenregelungen der BRD und spezifischer Vorruhestandsregelungen (u.a. Altersübergangsgeld), die die Möglichkeit des Ausscheidens aus der Erwerbsarbeit bereits im Alter von 55 Jahren vorsehen, erfolgt in Ostdeutschland mittlerweile »fast jeder zweite Eintritt in den Ruhestand vorzeitig« (Bellmann u.a. 2004b, abstract; vgl. auch Koller 1997, 113 u. Lehmann 1997). Insgesamt jedoch zeichnet sich eine Umkehr dieses Trends zum vorzeitigen Ruhestand ab. Der Anteil der Erwerbstätigen, der bereits mit 60 Jahren in Rente geht, sank zwischen 1996 bis 2005 von 40,1 auf 24,4 Prozent (Menning/Hoffmann/Engstler 2007, 24). Zwischen 2000 und 2005 verschob sich der durchschnittliche Beginn der Altersrenten um fast ein Jahr auf 63,2 Jahre (ebd., 23). Neuere Studien zeigen auch, dass die Planungssicherheit für den in Deutschland zum Massenphänomen gewordenen Vorruhestand abgenommen hat und es zu »einer gestiegenen Ungewissheit über den Zeitpunkt des eigenen Übergangs in den Ruhestand« gekommen ist (Engstler 2004, 2).

Der im Fordismus institutionalisierte Normallebenslauf befindet sich also in einem grundlegenden Wandel. Gleichwohl war er vor allem in der zweiten Hälfte des 20. Jahrhunderts zu einer historischen Massenerfahrung geworden. Sie beinhaltete soziale und kulturelle Erfahrungen, Wertorientierungen und Praktiken, die in Familie und Verwandtschaft tradiert wurden und werden. Wie historisch-soziologische Längsschnittanalysen über mehrere Generatio-

---

33 Im Kontext dieser realen Dynamik der zugleich in Bewegung geratenen wie erneut gefestigten Hierarchien von Geschlecht und Erwerbsarbeit/Reproduktionsarbeit sind die aktuell intensivierten populären, oftmals restaurativen oder sozial selektiven Debatten um das Geschlechterverhältnis zu verstehen (z.B. Bolz 2006; Dinklage 2005; Gaschke 2005; Schirrmacher 2006).

nen einer Familie ergeben haben, bleibt die fordistische Normalbiographie in ihrer jeweils milieutypischen Ausprägung auch über institutionelle und rechtliche Wandlungsprozesse hinweg ein Bezugspunkt bei der Wahrnehmung der eigenen gesellschaftlichen Lage wie bei der Gestaltung von Alltagsstrategien in Leben und Arbeit (Lange-Vester 2007). Zudem verweist die Biographieforschung auf eine historisch lange sich entwickelnde und dann ab den 1960er Jahren massenhafte Verbreitung bestimmter Praktiken und Techniken der Rückschau, Reflexion, Bilanzierung und Planung des eigenen Lebens ab den 1960er Jahren – die »innere Institutionalisierung des Lebenslaufs« (Schmeiser 2006, 51). Daraus, also aus der Diskrepanz zwischen der historisch erfahrenen, nach wie vor erhofften bzw. als Wertorientierung vorhandenen Normalbiographie und den deregulierten Lebens- und Arbeitsbedingungen resultieren spezifische Konflikt- und Belastungsdynamiken für die Subjekte (Schultheis/Schulz 2005).

Diese Veränderungen werden als »Entgrenzung von Arbeit und Leben« (Gottschall/Voß 2003) charakterisiert. Aus feministischer Perspektive und von der Geschlechterforschung ist darauf hingewiesen worden, dass die damit verbundene »Subjektivierung der Arbeit« nicht nur (wie die Herangehensweise einiger industrie- und arbeitssoziologischen Studien impliziert) die Erwerbsarbeit betrifft, sondern auch die Reproduktionsarbeit (Becker-Schmidt 2007, 256ff.). Die Folgen der Subjektivierung und die Zunahme von Arbeitsverhältnissen, deren Zeitstruktur vom Normalarbeitstag deutlich abweicht (Bauer/Munz 2005)[34], für das Zusammenspiel von Familie/Verwandtschaft und sozialer Sicherheit wurde bislang wenig untersucht (ebd., 695; jetzt aber die Beiträge in Szydlik 2007 zur Flexibilisierung). Dabei ist zu vermuten, dass destandardisierte Beschäftigung Auswirkungen auf die Einbindung der Familie in soziale Netzwerke haben dürfte (Diewald/Eberle 2003). Sicher ist, dass die Flexibilisierung der Arbeitszeit auf allen Qualifikationsniveaus zugunsten der Unternehmen realisiert wird und die Interessen der Erwerbstätigen stets an zweiter Stelle rangieren (Eberling u.a. 2004). Hinzu kommt die Tendenz zur Verlängerung der Arbeitszeiten (Kratzer/Sauer 2007, 241). Der Siebte Familienbericht beschreibt die Folgen der Flexibilisierung für Erwerbstätige mit Familien bzw. Kindern sogar noch drastischer:

> »Beschäftigte sehen sich insbesondere in Zeiten knapper Arbeitsplätze genötigt, fast jede Erwerbsarbeit zu akzeptieren, um ungeachtet ihrer konkreten familialen Situation am Arbeitsmarkt teilzunehmen und Einkommen zu erzielen. Forciert wird dies durch eine Arbeitsmarktpolitik, die, in Verbindung mit aktivierender Sozialpolitik, Leistungen von der Bereitschaft zur Erwerbsarbeit ›fast um jeden Preis‹ abhängig macht und auf Integration in den Arbeitsmarkt setzt, ohne entsprechende

---

34   Der fordistische Arbeitstag wurde mit dem Anglizismus »nine to five« charakterisiert; für die entgrenzte Arbeit im Postfordismus gibt es die Charakterisierung »24/7 economy«, die den »move toward a 24-hour, 7-days-a-week economy« meint (Presser 2006, 35).

Rahmenbedingungen – wie etwa Betreuungsplätze – für Beschäftigte mit Sorge-verpflichtungen zu gewährleisten.« (BMFSFJ 2006, 253; Scherger 2007, 283).

»Rundumverfügbarkeit als Leistungskriterium« führt dazu, dass vermehrt unbezahlte und unkompensierte Mehrarbeit geleistet wird (Klenner 2007, 21). Erste Forschungsergebnisse dazu und zur »Intensivierung von Erwerbs-arbeit« (ebd.) deuten darauf hin, dass »entgrenzte Arbeit« zu »gestressten Familien« führt (Voß 2003). Die übermäßige Ausnutzung der Arbeitskraft hat destruktive Auswirkungen auf deren Reproduktionsbedingungen (Krat-zer/Sauer 2007, 246f.). Ursächlich dafür ist die Diskrepanz zwischen den fle-xibilisierten Arbeitszeiten und dem an dem klassischen Normalarbeitsver-hältnis orientierten Rhythmus gesellschaftlicher Institutionen wie Bildungs-einrichtungen und öffentliche Dienstleistungen (Hielscher 2005, 296). Diese neue Situation und die damit verbundenen Praktiken werden mit Begriffen wie »Gesellschaftliche Arbeitsteilung als Leistung der Person« (Jürgens/Voß 2007) und »Familie als Herstellungsleistung« (Schier/Jurczyk 2007) zu erfas-sen versucht. Zugleich wird darauf hingewiesen, dass die Hauptlast für die Anpassung der Subjekte an die unterschiedlichen Zeitrhythmen bei den Frau-en liegt und prognostiziert,

> »dass Entgrenzung ein erhöhtes Ausmaß an Eigenstrukturierung durch die Famili-en und ihre Subjekte forciert und dass diese Eigenstrukturierung neuer Formen ge-sellschaftlicher Unterstützung bedarf« (Jurczyk 2005, 90f., 95f.).

2.3. Wohnen und Haushaltsstrukturen

Charakteristisch für Deutschland ist eine »dezentrale Siedlungsstruktur (...) mit einer Vielzahl von Städten und Stadtregionen, die relativ gleichmäßig über das ganze Gebiet verteilt sind« (Gatzweiler/Irmen 1997, 47). Rund 80 Prozent der Bevölkerung lebt in Städten mit mehr als 100.000 Einwohnern und in deren urbanisiertem Umland (ebd.). In den neuen Bundesländern zeigt sich ein etwas anderes Bild. Ein höherer Anteil der Bevölkerung lebt sowohl in großen Städten als auch in kleinen Orten mit weniger als 10.000 Einwoh-nern, was mit der hohen Zahl der in der landwirtschaftlichen Produktion beschäftigten Arbeitskräfte in der DDR zusammenhing. Hier haben sich vor allem keine suburbanen Siedlungsstrukturen entwickelt (ebd., 48):

> »Das Gebiet der ehemaligen DDR war (und ist) also erheblich stärker ländlich strukturiert und auch im Bereich der kleinen und mittleren Städte bedeutend schwächer ›verstädtert‹« als Westdeutschland (Rietdorf 1996, 305; ebenso Häu-ßermann 1997, 93).

Da die Innenstädte in der DDR kaum gewerblich genutzt wurden, blieb in der DDR »die Wohnfunktion in den Innenstädten nicht nur erhalten«, sondern sie wurde »durch Wohnungsneubau sogar ausgedehnt« (Häußermann 1997, 93). Flankiert wurde diese Entwicklung durch Stadterweiterung mit dem »Bau von Großsiedlungen« als Plattenbauten an den Stadträndern (ebd., 93f.), aber auch im ländlichen Raum (Hannemann 1996, 102). Das führte zu einer alterssegregierten Wohnstruktur mit jungen Familien in den Neubauten und alten Menschen in den (verfallenden) Altbauten. Eine charakteristische, durch den Transformationsprozess hervorgerufene Erscheinung für Ostdeutschland sind »schrumpfende Städte« und eine sehr hohe Quote leerstehender Wohnungen (Hannemann 2003) sowie die »nachholende Suburbanisierung« (Keller 2005, 46).

Für ganz Deutschland bedeutsam ist die »wachsende soziale und ethnische Heterogenität und Segregation in den Städten« (Häußermann 2003). Da die Wohnungsbaupolitik seit einigen Jahrzehnten darauf ausgerichtet ist, die marktförmige Organisation der Wohnungsversorgung zu verstärken, wird mit einer Fortsetzung dieser Segregationsdynamiken gerechnet (ebd., 350). Empirische Detailanalysen von Quartieren, deren Bevölkerung von Armut und Arbeitslosigkeit besonders betroffen sind, zeigen, dass diese räumliche Segregation »sowohl zur Verschärfung als auch zur Abschwächung der Erfahrung von Ausgrenzungsbedrohung« beitragen kann (Kronauer/Vogel 2004, 257):

Während »die auf Sozialhilfe angewiesenen Frauen mit Kindern in diesen Großsiedlungen mehr Möglichkeiten vorfanden, die ihrer Lebenssituation entgegenkamen« (sie also von ihrer minimalen familialen Vernetzung profitierten), »verliert dieses soziale und physische Arrangement dagegen für die erwerbslosen Männer völlig seinen Sinn«; die »räumliche Abspaltung von Wohnen und Arbeiten unterminiert zudem die Möglichkeit, dass sich über regelmäßige Sozialkontakte in einer informellen Ökonomie ein quartiersgestütztes Milieu herausbildet« (ebd., 256f.).

Die Wohnsituation in der BRD war nach dem Zweiten Weltkrieg durch Wohnungsmangel, kleine Wohnflächen und sehr schlechte Ausstattung der Wohnungen gekennzeichnet (Schildt 1998, 166). Im Zusammenhang mit dem wirtschaftlichen Aufschwung kam es dann, forciert durch das Erste Wohnungsbaugesetz von 1950 (Schildt 1998, 169) und durch den sozialen Wohnungsbau, zu einer quantitativen wie qualitativen Verbesserung der Wohnverhältnisse (Herlyn 1985, 107). Dies gilt insbesondere für Familien mit Kindern, deren Wohnungsgröße und -ausstattung über dem Durchschnitt liegen (ebd.). Sie sind außerdem überdurchschnittlich häufig selbst Eigenheimbesitzer (Kurz 2004a, 23). Durch die starke Förderung des Eigenheimbaus in der Wohnungsbaupolitik der BRD ab Mitte der 1950er Jahre – Ende der 1970er Jahre waren 91 Prozent des Wohnungsneubaus Ein- und Zweifamilienhäuser (de Temple 2006, 137) – hatte sich der Anteil der Haushalte in der BRD, die über ein Eigenheim verfügten, stark erhöht von 24 Prozent (1950) auf ca. 40 Prozent (1987) (Kind/Ronneberger 1996, 72f.; vgl. auch

Nienhaus 1994; Häußermann/Siebel 1996; Schildt 1998; Kurz 2004a). Das kann jedoch nicht als eindeutiges Indiz für eine Nivellierung sozialer Ungleichheit angesehen werden, da sich die Eigentumsquote bezogen auf die Einkommen sozial ungleich entwickelte (Häußermann/Siebel 1996, 257). Zudem basiert der Erwerb von Wohneigentum in den unteren Milieus meist auf einer »›marktfernen‹ Strategie« (Häußermann/Siebel 1996, 258), die insbesondere »die Mithilfe der Verwandten und engen Bekannten beim Auf- oder Ausbau des Hauses« und mithin »die Zugehörigkeit zu einem produktiven Netz von sozialen Beziehungen« beinhaltet (ebd., 259; ebenso Norman 1991, 85f.). In allen westdeutschen Milieus wurde jedoch die Verbindung von Familiengründung und Wohnen in einem Eigenheim am Stadtrand »zu einem zentralen Bestandteil der Normalbiographie« (Häußermann/Siebel 2004, 74). Infolgedessen ist für die westdeutschen Städte eine Ausdifferenzierung zwischen zentrumsnahen Wohngebieten mit Menschen ohne Kindern und Peripheriegebieten mit Familien mit Kindern in Eigenheimen typisch (Schmidt 2002, 133). Aufgrund des demographischen Wandels und des Wandels der privaten Lebensformen verändert sich nun die Nutzung dieses »ersten Ring(s) der Wohnsuburbanisierung«: Die in den 1960er und 1970er Jahren fertiggestellten Ein- und Zweifamilienhäuser werden vermehrt von Ehepaaren ohne Kinder sowie von Migranten bezogen (de Temple 2006, 137f.). Das beinhaltet durchaus widersprüchliche Prozesse: Gemessen an der bisher dominierenden Praxis des »kleinfamilialen Wohnens« verlieren diese Gebäude massiv an Wert (und zwar kulturell wie finanziell). Für die neuen Nutzungsgruppen bedeuten sie hingegen einen sozialen Aufstieg in eine erschwingliche Wohnsituation mit mehr Platz und/oder eine Binnenmigration in Richtung der städtischen Zentren (de Temple 2006).

In der DDR war der Wohnungsbau mit industriellen Fertigbauteilen (»Plattenbauten«) stark forciert worden, so dass heute etwa ein Drittel des Wohnungsbestandes in den neuen Bundesländern auf diese Bauprogramme zurückgeht (Zerche/Schönig 1994, 211). Quantitativ blieb der Wohnungsbau in der DDR dennoch stets unzureichend (Manz 1992, 57-60; Frick/Lahmann 1996). Zurückgestellt wurde die Renovierung bzw. Sanierung von Altbauten, was zum Verfall der Innenstädte führte (Zerche/Schönig 1994, 212). Charakteristisch für die DDR und heute für Ostdeutschland sind die niedrigere Eigentümerquote sowie die geringere Wohnfläche pro Person im Vergleich zu Westdeutschland (Frick/Lahmann 1996, 252). Ebenso wie in der BRD war in der DDR – wenn auch auf andere Weise – die Wohnungspolitik mit der Familienpolitik eng verknüpft: So waren Familiengründung und Heirat sowohl Voraussetzung als auch Garantie für die Zuweisung einer Wohnung (Klein u.a. 1996, 68; Häußermann/Siebel 1996, 174). Die Neubauten (Plattenbauten) waren »auf den Typus der Kleinfamilie zugeschnitten und wurden auch so bewohnt« (Häußermann/Siebel 1996, 171). Aufgrund der mit den Neubauten verbundenen Infrastruktur (Kinderkrippen) entmischte sich die Wohnbevölkerung hinsichtlich des Alters, da vor allem junge Familien in den Neubauten angesiedelt wurden (Klein u.a. 1996, 212; ebenso Häußermann/Siebel 1996, 171; Hannemann 1996, 102; Häußermann 1997, 94). Für die DDR (und mithin für Ostdeutschland) gilt dennoch,

> »dass aufgrund der geringeren Mobilität größere Familienverbände in erreichbarer Nähe wohnen und über kürzere Distanzen schnell erreichbar sind«, was Netzwerke von Familie/Verwandtschaft förderte (Ecarius 1995, 182; ebenso Gysi 1990, 37).

Das Siedlungsmuster der Familien bzw. Generationen in nahe beieinander liegenden Haushalten entspricht also dem Wohnen der Generationen in der BRD (Grunow 1985; Kohli u.a. 1997). Alleinlebende, die dem Phänomen der ›Singles‹ in der BRD vergleichbar wären, gab es in der DDR sehr selten; Verwitwung und Scheidung waren die beiden Hauptursachen dafür (Vaskovics u.a. 1994, 89 u. 151; Dennis 1998, 41). Wohngemeinschaften junger Menschen wie sie als transitorische Wohnform während des Studiums in der BRD entstehen, existierten in der DDR selten oder gar nicht (Häußermann/Siebel 2000, 327). Aufgrund der geringen Binnenmobilität in der DDR und aufgrund der vergleichsweise geringen sozialen Ausdifferenzierung der Lebenslagen hatten zudem nachbarschaftliche Netzwerke eine besondere Bedeutung (Harth/Herlyn 1996, 147 u. 157f.; Völker/Flap 2001). Die qualitative Verbesserung der Wohnungen im Transformationsprozess bedeutet eine Erleichterung bei den familialen Hilfeleistungen für die ältere Generation, die vornehmlich in den unsanierten Altbauten wohnte (Scharf 1998, 202; vgl. auch Frick/Lahmann 1996; Angerhausen u.a. 1998, 126). In den nachbarschaftlichen Netzwerken hingegen kam es im Transformationsprozess zu »Erosionserscheinungen und Distanzierungen« sowie zur »sozialen Entmischung« insbesondere in den Plattenbausiedlungen und damit zur sozialen Segregation des Wohnens (Harth/Herlyn 1996; Neef/Schäfer 1996, 82; Keller 2005, 48).

Die Haushaltsstrukturen in West- wie in Ostdeutschland korrelieren mit Stadt-Land-Unterschieden:

> »Großhaushalte mit sechs Personen gibt es hauptsächlich in den katholisch-ländlichen Regionen, den reichen Vororten der großen urbanen Zentren, den protestantisch-ländlichen Regionen, sowie in den städtischen Regionen im Norden von Mecklenburg-Vorpommern und Brandenburg« (Bertram 1995, 135).

Dreigenerationenhaushalte gab es in der DDR ebenso wie in der BRD sehr selten (Gysi 1990, 37; Kohli u.a. 1997, 157; Dennis 1998, 40; vgl. dazu auch die Ausführungen zur Problematik der Haushaltsstatistik in Kap. 3.1.). Bezüglich der Wohnformen zählt die Bundesrepublik (35,36 Prozent) neben Schweden (38,24 Prozent) und Österreich (30,15 Prozent) zu den Ländern mit dem höchsten Anteil Alleinlebender (Zahlen für 1999). Entgegen den Skandalisierungen in den Medien (und teilweise auch in der Politik) lebt in

Deutschland die große Mehrheit der Alten nicht in Altersheimen oder Pflege-heimen, sondern in Privathaushalten (Grunow 1985, 147; Engstler/Menning 2003, 29). Dabei ist der Anteil der Menschen, »die im Alter bei den Familien der Kinder wohnen und mitversorgt werden« auf dem Land höher als in der Stadt (Schmidt 2002, 131). Die Mehrheit der alten Menschen lebt mit Ehe-partner/in in einem gemeinsamen Privathaushalt (Hoff 2003, 4):

Tabelle: Wohnformen der wohnberechtigten Bevölkerung im Alter ab 60 Jahren, 2000

Alter in Jahren	Privathaushalt	Hauptwohnsitz Gemeinschaftsunterkunft
60-64	99,4 %	0,6 %
65-69	99,2 %	0,8 %
70-74	98,9 %	1,1 %
80 und älter	88,0 %	11,9 %

Quelle: Engstler/Menning 2003, 29.

Entscheidend ist, dass von der Haushaltsstatistik nicht auf das Fehlen von Netzwerkbeziehungen geschlossen werden kann. Mit der Haushaltsstatistik nicht erfasst wird beispielsweise, ob die Generationen in Haushalten (bzw. Wohnungen) leben, die nahe beieinander oder sogar im selben Haus liegen (Kohli u.a. 1997, 169ff.; Engstler/Menning 2003, 143). Bertram betont,

> »dass die Kinder insgesamt im Durchschnitt zu 70 Prozent in relativ großer räum-licher Nähe zu den befragten Eltern wohnen; in keiner Region der Bundesrepublik, auch nicht in den neuen Bundesländern, geben mehr als 30 Prozent an, dass die ei-genen Kinder außerhalb des eigenen Ortes wohnen.« (1995, 137).[35]

Das wird als Hinweis darauf interpretiert, »dass die Möglichkeit zu Kommu-nikation, Unterstützung und Pflege der Eltern seitens der Kinder in einem er-staunlich hohen Umfang gegeben ist« (ebd.; ebenso Kohli u.a. 1997, 172).

---

35 Dieser Befund lässt sich bereits in der qualitativen ethnologischen Dorfstudie von Norman nachlesen (1991, 83f. u. 86); ebenso die ethnologische Arbeit von Juel Jensen 2006, 22.

Kohli u.a. nennen dies »Beinahe-Koresidenz« (1997, 161 u. 170). Diesen Befund bestätigen auch neuere Untersuchungen zum Wohnen der Generationen in Deutschland (Hoff 2003, 5). Es ist zudem sozial strukturiert. Die Wohnentfernung zwischen Eltern und Kindern steigt mit dem Bildungsgrad der Kinder stark an (BMFSFJ 2006, 138f.).

Tabelle: Haushaltsform der Bevölkerung im Alter ab 65 Jahren, 2000

Haushaltsform	Anteil in Prozent
als lediges Kind bei Eltern oder bei einem Elternteil	-[1]
alleinlebend, ledig	3,6
alleinlebend, nicht mehr ledig	34,1
mit Ehepartner/in	49,9
nichteheliche Lebensgemeinschaft	1,8
mit Ehepartner/in und Kind(ern)	3,5
nichteheliche Lebensgemeinschaft mit Kind(ern)	-[1]
Alleinerziehend	2,4
gemeinsam mit anderen verwandten oder nicht verwandten Personen	4,5

Quelle: Engstler/Menning 2003, 212. (1) keine Angaben, da Zahlenwert nicht sicher; aus diesem Grund beträgt die Summe der Wohnformen nicht 100 Prozent.

Aufgrund »der zunehmenden Flexibilitätsanforderungen auf dem Arbeitsmarkt« wird allerdings von einer Zunahme der Wohnentfernung zwischen den Generationen ausgegangen (BMFSFJ 2006, 138). Das nahe, beinahekoresidente Siedlungsmuster der Generationen in Deutschland ist demjenigen in Österreich und auch in Polen sehr ähnlich, während die Wohnentfernung zwischen den Generationen in Frankreich größer und in Italien deutlich geringer ist. Gleichwohl hat die Wohnentfernung Bedeutung: Die emotionale Nähe wie die Chance auf Hilfeleistungen zwischen den Generationen ist umso höher, je näher die Haushalte beieinander liegen (Marbach 1994a, Marbach 1994b; Szydlik 1995; Szydlik 1997, 195; Kohli u.a. 1997, 160). Lediglich die finanzielle Unterstützung in Familie/Verwandtschaft wird von der Wohnentfernung nicht beeinflusst (Motel/Spieß 1995).

In den letzten Jahrzehnten sind neue Praktiken und Wünsche für das Wohnen in Partnerschaft/Ehe, Familie und Verwandtschaft sowie für das Wohnen der Generationen entstanden. Die »Partnerschaften mit zwei Haushalten werden vorwiegend von jungen, ledigen und kinderlosen Personen gebildet« (Schneider/Ruckdeschel 2003, 257f.). Hierbei handelt es sich eher um eine beruflich bedingte, transitorische Wohnform, die später von einer koresidenten Wohnform abgelöst wird (Vaskovics u.a. 1994, 151). Dasselbe gilt für die Wohngemeinschaften junger Menschen, die ebenfalls als transitorische Wohnform eingeschätzt werden (Häußermann/Siebel 2000, 327). Eine kleinere, ältere Gruppe der Partnerschaften mit zwei (meist nahe beieinander liegenden) Haushalten dagegen bestehen eher auf Dauer, sie ähneln somit der Wohnform der »Beinahe-Koresidenz« (Kohli u.a. 1997, 170) und indizieren somit eine neue Lebens- und Wohnform des (Ehe-)Paars. Für alte Menschen wurde (zunächst lediglich in der alten BRD) als Alternative zum Wohnen mit Familienangehörigen oder in deren Nähe bzw. zum Wohnen im Alten- oder Pflegeheim die Form des »betreuten Wohnens« diskutiert und entwickelt (Schnieder 1991; Kuratorium Deutsche Altershilfe 1993). Zentral in dieser Debatte und bei diesem Ideal ist die Kombination von Autonomie, Assistenz und Schutz in der Lebensführung mit einem eigenen Haushalt (meist in einer speziell eingerichteten Wohnanlage) so lange dies für Alte und Hochbetagte möglich ist. Als neuere Modelle für das Wohnen im Alter werden Haus- oder Nachbarschaftsgemeinschaften mit getrennten Haushalten genannt und entwickelt (Rühm 2003; BMFSFJ 2004; Gerngroß-Haas 2005). Im Unterschied zum Familienhaushalt werden dabei jedoch weniger Funktionsräume wie beispielsweise die Küche gemeinsam genutzt, sondern Räume für Freizeitaktivitäten (z.B. Sauna, Festraum) (Häußermann 1999, 18). Diese Wohnformen sind »trotz eines reichhaltigen Nachfragepotenzials quantitativ noch wenig ausgeprägt« (Menning 2007, 22); es wird jedoch davon ausgegangen, dass es sich um einen Trend handelt, der zu einer strukturellen Veränderung des Wohnens im Alter führen kann (Häußermann 1999; Rühm 2003). Diese Debatten um neue Formen indizieren aktuell jedoch erst den Beginn eines Wandels und/oder Defizite der bestehenden Wohnformen, da sie bislang lediglich vereinzelt und als Pilotprojekte realisiert wurden.

2.4. Einkommen und Vermögen

Die Einkommens- und Vermögensverteilung ist eine entscheidende Größe der Sozialstruktur einer Gesellschaft. Es ist strittig, wie deren Entwicklung in der BRD beurteilt werden muß. Auch in der Soziologie, die sich mit der Analyse der Sozialstruktur beschäftigt, gibt es dazu keine einheitliche Position. Aus modernisierungstheoretischer Perspektive wird im Anschluss an Individualisierungs- und Entstrukturierungstheoreme (Ulrich Beck, Gerhard Schulze) nach wie vor von einer »Steigerung individueller Zurechenbarkeit von Handeln« (Leisering 1998, 75) und von einem »Bedeutungsrückgang der ›alten‹ sozialen Ungleichheitsdimensionen (Klasse/Schicht)« ausgegangen. Dabei wird eine im Vergleich zur alten sozialen Frage relativ größere Bedeutung »›neuer‹ Dimensionen wie Alter und Generation oder auch Geschlecht« konstatiert (Kohli 2003, 539; in der Wohlfahrtsstaatsforschung z.B. Schmid 2002, 428ff.). Klassentheoretisch orientierte Untersuchungen sehen in den neuen sozialen Ungleichheiten kein Indiz für eine Überwindung des Klassenwiderspruchs, sondern interpretieren sie als Element und Ausdruck eines »Gestaltwandels der sozialen Frage« (Vester u.a. 2001, 84; ähnlich auch Otte 1998, 213f.; Kronauer 2007, 369; Scherger 2007, 287f.). Vester u.a. definieren die Bundesrepublik aus diesem Grund als »pluralisierte Klassengesellschaft« (2001, 135-149).

Bei der Betrachtung von Gesellschaftsform und Sozialstruktur der DDR ist es wichtig, nicht von der politischen Programmatik auf gesellschaftliche Realität zu schließen. In der Forschung hat sich für die Charakterisierung der Sozialstruktur der DDR der Begriff der »staatssozialistischen Klassengesellschaft« durchgesetzt (Solga 1996, zit. nach Schmidt 2001, 763; ebenso Kohli 1994, 53f.). So werden für die DDR bzw. für Ostdeutschland eine der BRD im Grunde ähnliche Gesellschaftsstruktur und ähnliche kulturelle und soziale Dynamiken nachgewiesen:

> »Die ostdeutsche Gesellschaft zeigt einerseits eine ähnliche Grundstruktur wie die anderen hochentwickelten Gesellschaften, nämlich drei Stufen und deren horizontale Unterteilung nach jeweils etwa drei Traditionslinien.« (Vester u.a. 2001, 526).[36]

Allerdings waren in der DDR die auf Vermögen, Wohnverhältnissen, Bildung und Einkommen fußenden sozialen Unterschiede geringer als in der

---

36 Zudem bildeten sich in der DDR nach Systemloyalität strukturierte Ungleichheiten heraus, die zur Herausbildung einer »sozialistischen Dienstklasse« führten (Schmidt 2001, 762f.).

BRD (Schmidt 2001, 759-761). Dies gilt auch für die »Lebenslagen von Frauen und Familien«, wobei jedoch wiederum ähnlich wie in der BRD »kinderreiche Familien und Alleinerziehende strukturell benachteiligt« waren (Vaskovics u.a. 1994, 149). Spezifisch für die DDR war die Benachteiligung der nicht erwerbstätigen Bevölkerungsteile und insbesondere der Rentnerinnen und Rentner, die überdurchschnittlich häufig von Armut betroffen waren (Manz 1992, 86; vgl. Kap. 1.3.). Die in Ostdeutschland insgesamt geringere soziale Differenzierung änderte sich auch im Transformationsprozess nicht (Nauck 1995, 112).

Aufgrund der politischen Vorgaben (vgl. Kap. 4.) und bedingt durch den Transformationsprozess existieren zwischen Ost- und Westdeutschland auch gegenwärtig noch erhebliche Unterschiede in Bezug auf Einkommen und Vermögen: 1991 betrug das Haushaltsnettoeinkommen einer Familie mit zwei Kindern in den neuen Bundesländern lediglich knapp 69 Prozent des Einkommens einer Familie derselben Größe in den alten Bundesländern (Mittelbach 1994, 72). Bezogen auf das Jahr 1995 nennt Kohli (2004, 18) für den Unterschied bei »mean household wealth« im Ost-West-Vergleich das Verhältnis 1:3,5. 1998 verfügte der durchschnittliche ostdeutsche Haushalt über rund 57 Prozent geringere Ersparnisse als der westdeutsche (Engstler/ Menning (2003, 161). Neben der Tatsache, dass es in der DDR weniger Möglichkeiten zum Aufbau von Privatvermögen gab (Szydlik/Schupp 2004, 625) liegt eine weitere Ursache für die signifikant niedrigeren Einkommen in der deutlich geringeren Tarifbindung der Betriebe in Ostdeutschland (26 Prozent) als in Westdeutschland (46 Prozent) (Bellmann u.a. 2004c), mit dem Ergebnis, dass 2003 nur 43 Prozent aller ostdeutschen Beschäftigten tarifgebunden beschäftigt waren im Vergleich zu 62 Prozent der westdeutschen (Andreß/ Seeck 2007,465). Schließlich ist die Arbeitsmarktlage in Ostdeutschland durch einen kontinuierlichen Rückgang der Beschäftigten (Bellmann u.a. 2004b) und durch eine kontinuierliche Zunahme der Arbeitslosen gekennzeichnet. Die Arbeitslosenquote befindet sich auf fast doppelt so hohem Niveau wie in den westdeutschen Bundesländern. Nicht zuletzt schränkte in der DDR das Erbrecht den Aufbau privater Vermögen und die Verfügungsgewalt über private Vermögen ein. So gab es in der DDR (ab 1976) ein Staatserbrecht (Erben wurden nur bis zur 3. Ordnung ermittelt) (Lingelbach 1995, 161; André 2002, 56). Charakteristisch für das Erbrecht in der DDR war zudem die Einschränkung der Testierfreiheit durch die Heraufsetzung des Pflichtteils (bei gleichzeitiger Einschränkung des Kreises der Pflichtteilsberechtigten) (Schröder 1995, 183f.).

Zusätzlich beeinflussen familiale Situation und Generations- bzw. Kohortenzugehörigkeit die Verteilung von Einkommen und Vermögen: Mit großem Abstand überdurchschnittlich häufig betroffen von Armut sind Alleinerziehende, die einen hohen Anteil der Sozialhilfeempfänger/innen stellen (Mädje/ Neusüß 1996; Engstler/Menning 2003, 156). Über 40 Prozent der Alleinerziehenden in der BRD sind arm (im Vergleich zu jedem achten Haushalt im Bundesdurchschnitt)[37]. Umgekehrt strukturieren Partnerwahl und Familienbildungsprozesse aber auch die Verteilung des gesellschaftlichen Reichtums: Zum einen spielt hier die »Bildungshomogamie« (Wirth 2000) eine Rolle, die Prozesse der Milieuformierung stützt; zum anderen trägt dazu die sozial strukturierte Kombination von Familie und Erwerbsarbeit bei,

> weil »das Doppelernährer-Modell der Familie (...) in der wachsenden Gruppe bildungshomogam hoch qualifizierter Paare am weitesten verbreitet« ist: »Die Folgen sind eine verstärkte Konzentration von ökonomischen Ressourcen und eine erhöhte soziale Ungleichheit zwischen Haushalten und Familien« (Kreyenfeld u.a. 2007).

Beobachtet wird daher eine sich verstärkende »Polarisierung des Einkommens und der Wohlfahrtssituation zwischen Haushalten« (ebd., 47). Dazu trägt auch bei, dass im Zuge der Deregulierung des Arbeitsmarktes der Anteil der Armen bei den unbefristeten Vollzeitbeschäftigten gestiegen ist. Das gilt besonders für Ostdeutschland. Ein Normalarbeitsverhältnis gewährleistet vor allem bei jüngeren und gering qualifizierten Vollzeitbeschäftigten nicht mehr ein Leben jenseits der Armutsgrenzen (Andreß/Seeck 2007, 459f.): »Vollzeiterwerbstätigkeit (hat) ihr Potential zur Existenzsicherung für einen kleinen, aber nicht unerheblichen Anteil von Arbeitnehmern eingebüßt« (ebd., 489). Die Deregulierungspolitik hat einen Niedriglohnsektor geschaffen und ausgebaut, so dass mittlerweile in Deutschland über 17 Prozent der Vollzeit-Erwerbstätigen diese Entlohnung erhalten (ebd., 466).[38] Das bedeutet,

> »dass ein kleiner, aber zunehmender Teil der unbefristet Vollzeitbeschäftigten sich allein von seinem Nettolohn kaum finanzieren kann«; »2,5 Prozent oder jeder vierzigste westdeutsche bzw. 8,2 Prozent oder jeder zwölfte ostdeutsche Vollzeiterwerbstätige verdiente im Jahr 2004 einen monatlichen Nettolohn unter 700,56 €« (ebd., 466).

Diese Lücke wird durch staatliche Transferleistungen nur zum Teil ausgeglichen (ebd., 488). Selbst bei Berücksichtigung des Einkommens anderer Haushaltsmitglieder erhöhen sich die Armutsquoten sogar noch (ebd.). Das unterstreicht die These einer Polarisierung der Einkommenssituation zwischen den Haushalten nochmals. Neue quantitative Untersuchung bestätigen das, weil der Anteil der Haushalte mit mittlerem Einkommen in der Bevölkerung vom Jahr 2000 bis zum Jahr 2006 um fast zehn Prozent (von 62 Prozent

---

37 URL: http://www.bpb.de/wissen/AAPZ12.html [10.5.2005].
38 Regulationstheoretisch wird das interpretiert als Effekt der »Privatisierung der menschlichen Versorgung« in der postfordistischen Ökonomie, die das »›doppelte Produktivitätsdilemma‹« des Fordismus wandelt durch »die nunmehr vollständige Kostenauslagerung der zur individuellen Reproduktion notwendigen Tätigkeiten aus der Produktion«, »Familienernährerlohnbestandteile existieren in solchen Arbeitsverhältnissen de facto nicht und die fordistische Hausfrau verschwindet aus den Lohnbestandteilen.« (Chorus 2007, 211f.)

auf 54 Prozent) zurückging (Deutsches Institut für Wirtschaftsforschung 2008, 101). Diese Entwicklung wird charakterisiert als »Schrumpfen der Mittelschicht« (ebd.; vgl. dazu auch Bologna 2006).

Spezifisch für Deutschland ist der durch die Rentenreform von 1957 gesicherte Statuserhalt nach dem Übergang in den Ruhestand. In Deutschland ist die staatlich geregelte Umverteilung zwischen den Generationen bereits seit der Weimarer Republik weitaus umfangreicher als die Umverteilung innerhalb einer Generation (Conrad 1990, 323). Dieses Ziel wird (trotz einer Trendwende in der Rentenpolitik, vgl. Kap. 4.2.3.) nach wie vor erreicht und charakterisiert die Einkommenssituation alter Menschen in Deutschland auch im Vergleich mit anderen Ländern, in denen der Ruhestand eine Abnahme des Lebensstandards mit sich bringt, wie beispielsweise in den USA (Hungerford 2003). Die Rentenregelungen wurden 1990 für Ostdeutschland übernommen, so dass die ostdeutsche Ruhestandsgeneration eine sehr deutliche Verbesserung ihrer finanziellen Situation im Vergleich zu ihrer sehr schlechten Absicherung in der DDR erfahren hat. Schließlich gibt es bei der Rentenhöhe bedeutende Unterschiede zwischen den Geschlechtern. Da sich das Sozialversicherungssystem bei der Rentenversicherung am Modell des männlichen Familienernährers orientiert, führt das Gefüge von »Lebenslauf und Sozialpolitik« »im Alter zu erheblicher finanzieller Ungleichheit zwischen Männern und Frauen« (Allmendinger 1994, 25). Das ist in Ostdeutschland nicht so ausgeprägt: Ostdeutsche Frauen können aufgrund ihrer kontinuierlichen Vollerwerbstätigkeit eine höhere Rente erwarten als westdeutsche Frauen, deren Lebenslauf in der Regel durch mehrfach unterbrochene Teilzeiterwerbstätigkeit charakterisiert ist (vgl. dazu Kap. 1.2.3. u. 3.2.2.).

Charakteristisch für Deutschland ist, dass Vermögen »sehr viel ungleicher verteilt als Einkommen« sind (Beckert 2003, 793). Dies resultiert daraus, dass in Deutschland (mit Ausnahme der DDR) der staatliche Zugriff auf Vermögen – das ja im Wesentlichen über Familie/Verwandtschaft vererbt wird[39] – stets sehr viel geringer ausfiel als der Zugriff auf Arbeit und Einkommen, da »Vermögenserträge gegenüber dem Arbeitseinkommen privilegiert« sind (Zacher 2001, 658f.). Diese ungleiche Vermögensverteilung wird ganz wesentlich über finanzielle Transfers sowie über Erbschaften in Familie/Verwandtschaft reproduziert und verstärkt (Kosmann 1998, 50-55; Szydlik 2000, 238; Kohli 2004, 21; Kurz 2004b, 156). Neue Studien prognostizieren daher eine Vergrößerung sozialer Ungleichheit (Szydlik 1999, 101; Kurz 2004b, 156; Szydlik/Schupp 2004, 625f.). Entscheidend ist, dass die privaten Transfers der Erbschaften zwischen den Generationen nicht komplementär zu

---

39 In Deutschland gibt und gab es (mit Ausnahme der DDR, siehe oben) kein Staatserbrecht (Wischermann 2003; Willutzki 2003). Charakteristisch für Deutschland ist die niedrige Besteuerung von Erbschaften (Szydlik/Schupp 2004, 625) sowie die Privilegierung von Familie (Ehegatte und Kinder des Erblassers) gegenüber Verwandtschaft (z.B. Geschwister des Erblassers) im Erbrecht (Lauterbach 1998, 257).

den öffentlichen Generationentransfers – beispielsweise des Rentensystems – laufen, sondern diese verstärken:

> »Erbschaften kommen vor allem solchen Personen zugute, die bereits über eine bessere gesetzliche Alterssicherung verfügen (...). Wer im Erwerbsleben geringere Chancen hat und entsprechend niedrige Renteneinkommen erreicht, kann in der Regel nicht mit einem Ausgleich durch höhere Erbschaften rechnen.« (Szydlik/ Schupp 2004, 626).

Besonders bedeutsam für die Erbschaften in Deutschland ist das Wohneigentum,[40]

> »das bundesweit den größten Teil des Vermögens der privaten Haushalte ausmacht«, »fast regelmäßig entschuldet vererbt« und »nur in Krisensituationen« verkauft wird, »etwa wenn hohe Pflegekosten zu finanzieren sind« (Braun 2003, 113).

Die Bedeutung des Wohneigentums beim Erben führt bei dieser Form der Vermögensbildung in Deutschland zudem zu einem Gefälle zwischen West- und Ostdeutschland, da die Erblasser in Ostdeutschland seltener über Wohneigentum verfügen (Frick/Lahmann 1996, 252). Für die zweite Hälfte des 20. Jahrhunderts wurde beobachtet, dass der Erwerb von Wohneigentum später im Lebenslauf stattfand und dabei die Unterstützung durch die älteste Generation (z.B. durch finanzielle Transfers) wichtiger wurde (Kurz 2004b, 156). Kohli nennt (bezogen auf das Jahr 1995) für das Wohneigentum ein Verhältnis von 1:2 für Ost- und Westdeutschland (2004, 18 u. 21). Obwohl man davon ausgehen kann, dass auch in Ostdeutschland die Relevanz von Erbschaften zunehmen wird, dürften sich die Unterschiede zu Westdeutschland noch vergrößern, da die nachhaltig schlechte Arbeitsmarktlage in Ostdeutschland einer Angleichung der Einkommens- und Vermögensverhältnisse entgegensteht (Szydlik 2000, 239 u. 242). Insgesamt hat sich die Sozialstruktur des Erbens – trotz nach wie vor bestehender Geschlechterdifferenz – zugunsten von Töchtern entwickelt (Kosmann 1998, 278; Szydlik 1999, 101). Szydlik/ Schupp weisen in dem von ihnen untersuchten Sample inzwischen sogar eine Gleichbehandlung der Töchter und Söhne beim Erben nach (2004, 626).[41] Zudem ist das Erben in der Bundesrepublik gegenwärtig bestimmt durch

---

40 Auch dies ist letztlich Effekt der Wohnungspolitik der BRD seit den 1950er Jahren, bei der das »Eigenheim im Sinne einer konservativen Gesellschafts- und Familienpolitik« gefördert wurde und »dann immer stärker als Vermögensbildung durch Wohneigentum« Bedeutung erhielt (Häußermann/Siebel 1996, 165).

41 Für die agrarische Ökonomie wird jedoch festgestellt, »dass Töchter tendenziell eher abgefunden werden als Söhne und Brüder häufiger ein Hoferbe antreten als Schwestern«. Allerdings haben diese Praktiken keine rechtliche Grundlage mehr, da alle anderslautenden Höfeordnungen mit dem Gleichberechtigungsgrundsatz des Grundgesetzes nicht vereinbar sind (Mielke 2005, 125). Ebenso gilt für die Nachfolge in Familienunternehmen, dass hier Männer trotz anderer politischer Bemühungen (etwa des Verbands deutscher Unternehmerinnen) weitaus häufiger zum Zuge kommen als Frauen (Eifert 2007).

»eine Entwicklung zu mehr Partnerschaftlichkeit, eine zunehmende Egalität in Richtung der Kinder, höhere zusätzliche ausserfamiliale Orientierungen und eine stärkere Verständigung über das in Aussicht stehende Erbe« (Kosmann 1998, 278).

Willutzki (2003, 71) beobachtet bei der Testierpraxis – etwa beim Berliner Testament, in dem die Kinder zu Nacherben des überlebenden Ehegatten werden (Kosmann 2003, 192; Willenbacher 2003, 210 u. 221) – und auch in der aktuellen Debatte zum Erbrecht eine Entwicklung von der Generationensolidarität zur Partnersolidarität.

3. Kulturelle und soziale Ideale und Praktiken

3.1. Leben in Familie und Verwandtschaft

Sowohl in den Köpfen der Menschen als auch im wissenschaftlichen und politischen Diskurs der BRD stark verhaftet ist die Vorstellung, vor der Industrialisierung, d.h. vor der Mitte des 19. Jahrhunderts, hätten in Deutschland die Menschen überwiegend in Großfamilien gelebt. Mit dem unscharfen Begriff ›Großfamilie‹ ist sowohl das Zusammenleben von mindestens drei Generationen gemeint als auch das Vorhandensein von vielen Kindern. Zugleich verbindet sich damit die Vorstellung einträchtigen harmonischen Zusammenlebens in »der ehemals normalen Dreigenerationen-Familie« (Schenda 1972, 16), in der die Kinder gemeinsam aufgezogen, die Kranken gepflegt und die Alten bis an ihr Lebensende versorgt worden wären.

Erst durch die Industrialisierung sei diese Form des Zusammenlebens aufgebrochen worden. Statt großfamilialer hätten sich kleinfamiliale Formen entwickelt, die zentrale familiale Aufgaben nicht mehr erfüllen könnten. Im wissenschaftlichen Diskurs ist daraus die These vom »Funktionsverlust der Familie« entstanden (König 1974; Neidhardt 1975; Mitterauer 1977). An diesem Bild der vorindustriellen Großfamilie haben volkskundliche und soziologische Familienforschung kräftig mitgearbeitet (Möser 1858; Riehl 1855; Le Play 1878/79). Schon in der Mitte des 19. Jahrhunderts findet sich bei dem im bürgerlichen und kleinbürgerlichen Milieu breit rezipierten Riehl die Perspektive des Verfalls, mit der er bereits die Familie seiner Zeit schilderte, weil er sie an einer unrealistischen und romantisch verklärten Vorstellung von Großfamilie maß (Weber-Kellermann 1969).

Dieser ›Mythos‹ der vorindustriellen Großfamilie ist seit gut 30 Jahren von der historischen Familienforschung widerlegt worden. Sie hat nachweisen können, dass das Zusammenleben von mehr als zwei Generationen in West- und Mitteleuropa in den letzten Jahrhunderten (die Nachweise reichen bis ins 16. Jahrhundert zurück, Laslett/Wall 1972) nie das dominante Muster des Zusammenlebens gewesen ist (Berkner 1972; Mitterauer 1977). Vorwiegend haben die Menschen, und das gilt auch für Deutschland, in Zweigenerationenfamilien gelebt und alte Menschen häufig einen eigenen Haushalt geführt. Nur in einigen agrarischen Gebieten mit sehr wohlhabender Bauernschaft lebten zeitweise unter bestimmten Bedingungen drei Generationen zusammen, wobei die Autoritätsposition und die Verfügung über die ökonomischen Mittel normalerweise bei der mittleren Generation lagen. Die Ursa-

chen für diese spezifische Variante des Zusammenlebens von mehr als zwei Generationen bestanden in der Kombination mehrerer Faktoren:
- einer spezifischen Wirtschaftsweise: jede ökonomische Stelle reichte nur für eine Familie (Eltern und Kinder) aus;
- einem infolgedessen relativ hohen Heiratsalter der Eheleute und verbreiteter Neolokalität;
- der geringen Lebenserwartung der Menschen (Mitterauer 1978, Rosenbaum 1982).

Es gibt Hinweise darauf, dass selbst dort, wo die ökonomischen Bedingungen es erlaubt hätten, das Zusammenleben von mehr als zwei Generationen bewusst vermieden wurde (Rosenbaum 1982, 63; Ehmer 1990). Dort, wo tatsächlich drei Generationen zusammen wohnten, war das Zusammenleben häufig mit Konflikten verbunden (Gaunt 1982). Auch von Kinderreichtum kann bis zum ausgehenden 19. Jahrhundert keine Rede sein. Aufgrund hoher Säuglings- und Kindersterblichkeit hatten die Familien in der vorindustriellen Gesellschaft trotz vieler Schwangerschaften und Geburten selten mehr als drei bis vier Kinder (Imhof 1981; Schlumbohm 1983, 29-41; Rosenbaum 1994).

Erst in der zweiten Hälfte des 19. Jahrhundert gab es in Deutschland – und nicht nur dort – in ländlichen Gebieten einen höheren Anteil an Mehrgenerationenfamilien im Sinne des Zusammenlebens von drei Generationen und vielen Kindern aufgrund veränderter demographischer (Rückgang der Erwachsenen- und Kindersterblichkeit, Zunahme der Lebenserwartung) und ökonomischer Bedingungen. Diese relativ junge und kurze Entwicklung ist die – sehr schmale – empirische Basis des Bildes von der Großfamilie der Vergangenheit. Selbst in Teilen der wissenschaftlichen Diskussion sind diese Ergebnisse der historischen Familienforschung nicht rezipiert worden. Die Vorstellung von der Großfamilie bestimmt immer noch die aktuellen familien- und sozialpolitischen Diskussionen. Vor diesem Hintergrund einer ›heilen Vergangenheit‹ erscheint dann die Gegenwart besonders problematisch. Die Perspektive von Krise und Verfall der Familie existiert also weiter.

Tatsächlich wird man davon ausgehen müssen, dass, wie angedeutet, das Zusammenleben von drei Generationen und mehr in einem Haushalt als Massenphänomen nur eine kurze Blütezeit erlebt hat. Das lässt sich statistisch nicht nachweisen, weil die Frage nach der generativen Zusammensetzung der Haushalte von den Statistikern erst seit 1961 gestellt wird. Zuvor wurde lediglich die Anzahl der im Haushalt lebenden Personen erfasst. Aber auch der Anteil der großen Haushalte mit fünf und mehr Personen sank zwischen 1900 und 1950 bereits von 44,4 Prozent auf 16,1 Prozent und lag 1992 bei 4,9 Prozent (Statistisches Bundesamt 1994, 31). Der hohe Anteil für 1900 erklärt sich mit großer Wahrscheinlichkeit weniger aus vielen Drei-Generationen-Familien als aus der Tatsache, dass man für viele um diese Zeit geschlossenen Ehen noch von vier Kindern ausgehen kann (Höhn 1989, 202). Seit 1961 ist der Anteil der Haushalte, in denen drei und mehr Generationen zusammen leben jedenfalls kräftig gesunken, von 6,8 Prozent aller Haushalte (1961) auf 0,8 Prozent im Jahre 2000 (Engstler/Menning 2003, 33). Wie die Netzwerkforschung belegt, ist dieses Wohnmuster aber weniger ein Nachweis abnehmender Kontakte und unverbindlicherer Beziehungen, sondern vielmehr Ausdruck steigenden Wohlstandes (vgl. dazu Kap. 3.3.).

Das Leben in Kleinfamilien, die aus Eltern bzw. Elternteil und Kind(ern) bestehen, hat in Deutschland mithin eine lange Tradition und ist für die zweite Hälfte des 20. Jahrhunderts jedenfalls die dominante Form. In besonders starkem Maße galt das für die 1950er und 1960er Jahre, die auch als »The Golden Age of Marriage« (Nave-Herz 1998, 294) bezeichnet werden. Nie zuvor und nie mehr danach heirateten so viele Angehörige der in Frage kommenden Jahrgänge. Auch dieser ›Familienboom‹, der von einem ›Geburtenboom‹ begleitet wurde, dauerte nur kurze Zeit, prägte aber die Erfahrungen der älteren Generation nachhaltig und wurde zum zweiten Bezugspunkt bei der Beurteilung für die seither erlebten Veränderungen bei Geburtenzahlen, Eheschließungen, Scheidungen und nichtehelichem Zusammenleben (Kuijsten 2002, 21). Vor allem das Aufschieben bzw. der Verzicht auf Heirat und Familiengründung bei den jungen Erwachsenen haben seit den 1980er Jahren dazu geführt, dass in der BRD heute Haushalte mit Kindern (bezogen auf alle Haushalte) nur noch etwa ein Drittel der Haushalte ausmachen (Engstler/Menning 2003, 34). Wo aber Kinder leben, wachsen sie in der ganz überwiegenden Mehrzahl bei ihren leiblichen Eltern und zusammen mit Geschwistern auf (Engstler/Menning 2003, 33ff., 72f.; Nauck 1991).

Weder der grundsätzliche Befund (Leben in Kleinfamilien als dominante Form) noch die Entwicklungen der letzten drei Jahrzehnte sagen für sich allein genommen etwas aus über Kontakte mit Verwandten, die Existenz von und Einbezogenheit in verwandtschaftliche und andere Netzwerke, die Bedeutung von verwandtschaftlicher Hilfe und Unterstützung. Wie bereits erwähnt erfasst das in der Statistik verwendete Haushaltskonzept nur die tatsächlich in einem gemeinsamen Haushalt zusammenlebenden Personen, nicht die Beziehungen zwischen Haushalten (siehe Einleitung sowie Kap. 2.3. u. 3.3.). Diese wurden als »multilokale Mehrgenerationenfamilie« (Bertram 2000) charakterisiert und stellen die quantitativ überwiegende Form des Zusammenlebens der Generationen dar. Diese Begrifflichkeit, d.h. die in Teilen der Forschung übliche Verwendung des Begriffs ›Familie‹ ist unangemessen. Es wurde bereits darauf verwiesen, dass das Zusammenleben in einem Haushalt eine eigene Qualität hat (siehe Kap. 1.4.). Das schließt Vertrautheit und vielfältige Beziehungen zwischen Haushalten nicht aus, macht es aber notwendig, die Differenzierungen in der Realität auch begrifflich aufzunehmen. Insofern ist es sinnvoll, statt von »multilokaler Mehrgenerationenfamilie« von multilokalem Verwandtschafts- oder auch Generationenzusammenhang zu sprechen. Jedenfalls leben die Deutschen im mittleren und höheren Erwachsenenalter überwiegend in derartigen multilokalen Verwandtschaftszu-sammenhängen: 2002 praktizierten 61 Prozent der 40-54-jährigen einen Drei-Generationen-Verband, bei den 55-60-jährigen waren es 50 Prozent, bei den 70-85-jährigen 53 Prozent. Angesichts der gestiegenen Lebenserwartung sind Verwandtschaftzusammenhänge von vier Generationen keine Seltenheit mehr. 2002 lebten 23 Prozent der über 55 Jahre alten Befragten diese Form (Menning 2007, 20f.).

3.2. Geschlechterbeziehungen

Die Geschlechterbeziehungen sind ein grundlegendes Strukturelement und eine grundlegende Dynamik im Verhältnis von Familie/Verwandtschaft und sozialer Sicherheit. Für die Entwicklung in Deutschland ist hier seit dem 19. Jahrhundert das bürgerliche Ideal der »Geschlechtscharaktere« zentral, die durch eine »Dissoziation von Erwerbs- und Familienleben« bestimmt sind (Hausen 1976). Die Aufgaben und Interessen der Frau werden in Familie und Haushalt gesehen, diejenigen des Mannes in der Erwerbsarbeit. Das hat sich durch die zunehmende Frauenerwerbsarbeit geändert. Neben ihrer Zustän-digkeit für Haushalt und Kindererziehung müssen Frauen sich auch im Beruf bewähren. Sie unterliegen somit einer »doppelte(n) Vergesellschaftung« (Becker-Schmidt 2004).

3.2.1. Mutterideologie

Eine für Deutschland (mit Ausnahme der DDR, siehe unten) charakteristische Facette des kulturellen Ideals der »Geschlechtscharaktere« ist die Präferie-rung der Betreuung und der Erziehung von Kindern (insbesondere von Kleinkindern) durch die Mutter. Letablier/Jönsson (2003, 96) nennen dieses »Betreuungsregime« im europäischen Vergleich »Kinderbetreuung als Ver-antwortung der Mutter«:

> »Die Sozialisation von Kindern findet primär in der Familie statt, und die Bezie-hung zwischen Mutter und Kind nimmt in den Auffassungen über eine gute Erzie-hung einen privilegierten Platz ein.«

Dabei geht es nicht ausschließlich um die Naturalisierung und Emotionalisie-rung der Mutter-Kind-Beziehung, wie sie Badinter (1981) für die Zeit vom 18. bis zum 20. Jahrhundert im Lichte der Natur-Kultur-Debatte rekonstruiert hat (und die als Teil der »Ordnung der Familie« (Donzelot 1979) vermutlich für alle modernen, bürgerlichen Gesellschaften gilt), sondern um eine spezi-fisch deutsche Variante einer Mutterideologie.[42]

---

42 Vinken (2001) rekonstruierte vor allem anhand literarischer Quellen die Geschichte und Gegenwart dieses »Mythos« der »deutschen Mutter«. Reagin (2007, 10) formuliert auf

Diese Mutterideologie konnte nicht zuletzt deshalb zu einer hegemonialen kulturellen Praxis und Orientierung werden, weil sie – im Gegensatz beispielsweise zu Frankreich (Schultheis 1999) – in Deutschland (mit Ausnahme der DDR) politisch außerordentlich konsequent bis heute umgesetzt wird. Zwar gibt es auch in Deutschland seit langem durch den Staat, durch die Kirche und andere zivilgesellschaftliche/intermediäre Organisationen institutionalisierte Formen und Angebote der Kinder- und auch der Kleinkindbetreuung. Entscheidend ist jedoch, dass diese Angebote, wie oben bereits beschrieben, einerseits quantitativ nicht ausreichen und andererseits insbesondere die Ganztagsbetreuung für alle Kinder und die Betreuung von Kleinkindern eher als Notbehelf bei Familienkrisen begriffen und/oder kulturell abgewertet wurden (Oberhuemer/Ulich 1997, 85). Dabei verstärkt gerade das mangelnde Angebot an Ganztagsplätzen und an Plätzen für unter drei- und über sechsjährige Kinder diese Interpretation, da die wenigen Plätze vor allem an Familien und insbesondere an Alleinerziehende in sozialen Notlagen vergeben werden (Binder 1995, 107; Oberhuemer/Ulich 1997, 91; Riedel u.a. 2005).

Spezifische historische Entwicklungen und Konstellationen trugen in Deutschland über den Wandel der Familienstrukturen und Familienbeziehungen hinweg zu einer Tradierung und Verstärkung der Mutterideologie vor allem in der zweiten Hälfte des Jahrhunderts bei: Sie kann jedoch nicht allein auf konservative oder restaurative Bestrebungen zurückgeführt werden. Das Ideal der nicht erwerbstätigen Mutter hatte bereits die Emanzipationsbestrebungen der bürgerlichen Frauenbewegung des ausgehenden 19. Jahrhunderts in Deutschland geprägt, die Erwerbstätigkeit nur für unverheiratete Frauen und nicht für Ehefrauen oder gar für Mütter akzeptierte (Gerhard 1997). Die diskursive Verknüpfung von Weiblichkeit und »domesticity« mit nationalen und nationalistischen Orientierungen (Reagin 2007) trug zudem dazu bei, die Häuslichkeit der Frau als Mutter zu stärken. Auch in der sozialdemokratischen und gewerkschaftlichen Politik bzw. Basis (Rosenbaum 1992) und in verschiedenen sozialreformerischen Bestrebungen des 19. und frühen 20. Jahrhunderts hatte die Aufmerksamkeit weniger der »Lohnungleichheit zwischen Mann und Frau«, sondern vor allem der »Beschränkung der Frauenarbeit« zugunsten ihrer »Zuständigkeit (...) für Haus und Familie« gegolten

---

breiter Quellengrundlage die These eines sich seit Mitte des 19. Jahrhunderts herausbildenden spezifisch deutschen Hausfrauenideals, da »a specific style of housekeeping became bound up with German national identity«. Sie begründet dies mit der These eines deutschen Sonderwegs: Zwar waren Ideale dieser »domesticity« auch in anderen Nationen »markers of class identity« des Bürgertums, in Deutschland jedoch sei diese Idealisierung einer Hausfraulichkeit als eine Form des »banal nationalism« politisch besonders relevant gewesen: »practices and rituals used to define the nation within the public sphere (e.g., a national flag, holiday, or patriotic songs) were only partially successful«, weil sie in der ersten Hälfte des 20. Jahrhunderts mehrfach geändert wurden oder nicht existierten (ebd., 219f.).

(Gerhard 2003, 76).[43] Das betrifft auch Wortmeldungen von Frauen aus unterschiedlichen politischen Lagern in den 1950er Jahren der Bundesrepublik (Moeller 1989, 160).

Während in der Diskussion oft auf den NS-Staat (»Mutterkreuz«) als Generator und Transformator der Mutterideologie verwiesen wird, beurteilt die historische Forschung dies differenzierter: Die Praxis und Ideologie des NS-Staates bezüglich der hier interessierenden Politikfelder und gesellschaftlichen Bereiche (Frauenerwerbstätigkeit, Familie, Kinderbetreuung) wird als widersprüchlich charakterisiert:

> »Nazis approaches to prescribe women's roles in society were essentially confused: they tried to recruit women into industry and at the same time to persuade them to become full-time mothers. On both counts, successes were limited« (Kolinsky 1998a, 221; ebenso Voegeli 2003, 142; sowie Konrad 2004, 173ff., zum Ausbau der Kindergärten).[44]

Neben diesem Widerspruch sind zudem die schon im 19. Jahrhundert einsetzende (Reyer 1991), in der Weimarer Republik formierte (Usborne 1994) und im NS-Staat fortgeführte rassistisch und sozialdarwinistisch verschärfte Spaltung der Familien- und Sozialpolitik (Bock 1986; Mühlfeld/Schönweiss 1989; Sachse 1990; Czarnowski 1997; Kannappel 1999) und weitere Widersprüche zu nennen: Geburtenförderung und Mutterschutz nur für deutsche Frauen; Gleichzeitigkeit von »Pronatalismus« mit Abtreibungsverbot für deutsche Frauen und »Antinatalismus« mit massenhaften Zwangsabtreibungen bei ausländischen Zwangsarbeiterinnen (Bock 1986); Ausweitung der Frauenerwerbstätigkeit wegen des Rüstungsaufschwungs; Überhöhung der »deutschen Mutter« (vgl. auch Vinken 2001) bei gleichzeitiger Intensivierung der von Staat und NSDAP angebotenen bzw. obligatorischen Kinder- und Jugendbetreuung und -arbeit; Ehestandsdarlehen bis 1937 nur für Ehen mit einem männlichen Familienernährer (König 1988; Czarnowski 1991; Niehuss 1997; Voegeli 2001) bei oft jahrelanger Abwesenheit des Ehemannes und somit ausschließlicher Autorität und Verantwortung der Frau und Mutter für die Familie.[45] Insofern lassen sich keine eindeutigen Auswirkun-

---

43 Auf die Fraktionierungen und insbesondere auf die eher abweichende Position beispielsweise der linkssozialistischen Gruppen kann hier nicht weiter eingegangen werden. Zu den unterschiedlichen Positionen innerhalb der Sozialdemokratie zu familienpolitischen Agenden (nichtehelich geborene Kinder, Frauenerwerbsarbeit, Geburtenförderung/Geburtenbeschränkung) vgl. Heinemann 2004.

44 Da im Zuge der Aufrüstung ein starker Mangel an Arbeitskräften bestand, war der Einsatz von Zwangsarbeitern und Zwangsarbeiterinnen in den Auseinandersetzungen innerhalb des NS-Regimes politisch als Mittel der Wahl gerade gegen die Forcierung der Frauenerwerbsarbeit durchgesetzt worden (Herbert 1999, 11 u. 53-56).

45 Reagin (2007, 110-142 u. 181-216) betont die innergesellschaftliche Popularisierung eines Ideals von »domesticity« – Hausfraulichkeit – durch zahlreiche Frauenorganisationen von Staat und NSDAP sowie dessen imperialistische Installierung in den besetzten Gebieten im Rahmen der Germanisierungspolitik (ebenso Harvey 2003) in der NS-Zeit und interpretiert

gen der NS-Zeit auf die Mutterideologie nachweisen, weder auf politisch-ideologischer Ebene noch auf der Ebene der sozialpolitischen Vorgaben und Institutionen oder hinsichtlich der Alltagserfahrungen.

Eine entscheidende Verstärkung der Mutterideologie in Deutschland bzw. in der alten Bundesrepublik fand dagegen in den Jahren und Jahrzehnten nach dem Zweiten Weltkrieg statt. Während die Verheerungen des Krieges, die gefallenen Männer und Väter und die daraus resultierenden sozialen Notlagen in allen europäischen Ländern zu verzeichnen sind, gilt der »Autoritätsverlust des Vaters« im Zusammenhang mit dem verlorenen Krieg und den begangenen NS- und Kriegsverbrechen der Deutschen als Spezifikum der Nachkriegssituation in Deutschland (Gerhard 2003, 76; van Rahden 2007; kritisch zu Mitscherlichs (1963) »vaterloser Gesellschaft« und deren Rezeption: Schultheis 1997, 59f.). Die daraus resultierende Erschütterung patriarchaler Strukturen in den Familien hatte vor dem Hintergrund der bis dahin relevanten »mythical conception of patriarchal principle« besonderes Gewicht (Schultheis 1997, 56f.). Als Reaktion auf diese Situation kam es zur Betonung und erneuten Überhöhung von »aufopferungsvoller Mütterlichkeit, die (…) wieder Geborgenheit und Normalität herstellen sollte« (Gerhard 2003, 76). Für diese Phase wird von einem »Refamilialisierungsdiskurs« in Deutschland gesprochen (Kuhn 1991). Ihm korrespondierte auf der institutionellen Ebene bis in die Mitte der 1960er Jahre ein Rückgang der Versorgung mit Kindergartenplätzen (Konrad 2004, 205f.). Weiterhin trugen in dieser Phase nicht nur die Reaktion auf die NS-Zeit und den Zweiten Weltkrieg zur Mutterideologie bei, sondern auch die Frontstellung der Bundesrepublik im Kalten Krieg:

> Dem »Schreckbild der kollektivistischen Erziehung, die in der DDR zur Unterstützung der erwerbstätigen Mütter, aber auch mit dem Ziel der Erziehung zur sozialistischen Persönlichkeit (…) institutionalisiert wurde«,

hielt man in der jungen Bundesrepublik die Familie mit der für die Kinderbetreuung und Kindererziehung freigestellten Ehefrau als Garant »einer freiheitlichen Grundordnung« entgegen (Gerhard 2003, 77). Dadurch wurde die bereits bestehende Ablehnung institutionalisierter Kindererziehung und -betreuung aufgrund der Kritik an der Erfassung und Indoktrination von Kindern und Jugendlichen im NS-Staat weiter verstärkt.

In der BRD wurden (beispielsweise im Unterschied zu Schweden) in der Öffentlichkeit wie in der Politik (etwa in den Familienberichten der Bundesregierung vor 1986 (1968, 1975, 1979) (Haines 2000, 53ff.) bzw. in der medizinischen und sozialwissenschaftlichen Forschung vor allem jene Arbeiten rezipiert und diskutiert, »die nachzuweisen versuchten, dass die Erwerbstätig-

---

dies als Verstärkung eines spezifisch deutschen nationalen Geschlechterideals, das in der zweiten Hälfte des 19. Jahrhunderts entstanden war.

keit von Müttern Entwicklungsstörungen bei Kleinkindern verursache« (Kolbe 2002, 409). In Politik und Medien wurde in dieser Hinsicht beispielsweise die Wortschöpfung »Schlüsselkinder« von Speck (1956) und die damit verbundene Sicht auf »Kinder erwerbstätiger Mütter« als »Gegenwartsproblem« popularisiert (Kolbe 2002, 66, Anm. 138). In der Familienpolitik löste in der BRD sehr viel später als beispielsweise in Schweden der Begriff »Eltern« den Begriff »Mutter« ab (Kolbe 2002, 406-413). Der letzte (Siebte) Familienbericht der Bundesregierung von 2006 wird von Jurczyk in dieser Hinsicht als ambivalent analysiert. Einerseits als

> »eine kleine Revolution (…), wird doch endlich mit dem kulturell lange gültigen Muster der guten verhäuslichten Mutter gebrochen«.»… der größte Gewinn des Familienberichts (liegt) darin, dass er zur Akzeptanz der kulturellen Sozialfigur der erwerbstätigen Mutter beiträgt und hierfür fundierte strukturelle Vorschläge unterbreitet« (Jurczyk 2007, 535f.).

Andererseits weist sie auf »die Grenzen des emanzipatorischen Ansatzes des Familienberichts« hin, unter anderem weil

> »die Vielfalt weiblicher Lebensentwürfe verengt auf ein Leben in Fürsorgebeziehungen, wenn auch nicht mehr ausschließlich auf die sogenannte Normalfamilie fokussiert« bleibt, und weil ein »Zweiverdiener-Fürsorgemodell« mit »einer latenten Mittelschichtorientierung« hypostasiert werde (ebd., 536).[46]

Zusätzlich trug in Westdeutschland in der zweiten Hälfte des 20. Jahrhunderts die Frauenbewegung zur Tradierung der Mutterideologie bei: Trotz der Bemühungen um die Akzeptanz der Berufstätigkeit von Frauen und Müttern in den ersten Nachkriegsjahrzehnten (Ruhl 1994; Moeller 1997) standen im politischen Programm eines Teils der bundesdeutschen Frauenbewegung das Mutter-Sein und die Forderung nach z.B. für Männer und Frauen gleichen Bedingungen der Erwerbsarbeit stets auf verschiedenen Agenden (Pfau-Effinger 2000, 143f.; vgl. auch Gerhard 1997 u. Kuller 2007). Die Isolierung und Idealisierung der Elternfunktion von Frauen als »neue Mütterlichkeit« ist also nicht ausschließlich ein Ergebnis der Interessen von Männern aus dem christlich-konservativen politischen Lager (so aber Beck-Gernsheim 1984, 153-158 u. 169-175). Diese Stütze der Mutterideologie ist auch für bestimmte Gruppen des linksliberalen Milieus bzw. der neuen sozialen Bewegungen

---

46 Aus feministischer Perspektive wird zudem kritisiert, dass der Siebte Familienbericht die Kategorie Geschlecht zu isoliert betrachtet (d.h. ohne Berücksichtigung der Intersektionen zu class und race) und daher allenfals partikular emanzipativ ist (Jurczyk 2007, 535f.). Bereits für das 2007 eingeführte Elterngeld (siehe Kap. 4.2.2.) wurde die Koppelung der Zahlung an das Einkommen als Unterstützung einer ökonomischen Unabhängigkeit der Frauen begrüßt, aber deutlich kritisiert, »dass dieser Fortschritt auf Kosten der sozial Schwächeren zustande kommt« (Farahat u.a. 2006, 988).

nachgewiesen worden.[47] Sie kann interpretiert werden als eine Facette der Gemeinschafts- und Authentizitätsideale dieses Milieus, welche in der historischen Forschung erst in Ansätzen beschrieben und untersucht wurden (Reichardt 2005; Siegfried 2007). In der Bundesrepublik bekam vor allem nach dem Zweiten Weltkrieg bei der differenztheoretischen Fraktion innerhalb der feministischen Bewegung (Pfau-Effinger 2000, 143) die »Psychologisierung der Mutter-Kind-Beziehung« (bzw. deren Vulgärformen) besonderes Gewicht (Gerhard 2003, 76; vgl. auch Schütze 1986, Landweer 1989 und Schenk 1996, 198-220). Exemplarisch zeigte diese »Überhöhung und Mystifizierung von Mutterschaft« das »Müttermanifest« von 1986, das Frauen bei einer Bundesversammlung der GRÜNEN präsentierten (Raschke 1993, 422; kritisch dazu: Ebbinghaus 1987, 5; Chamberlayne 1990; Chamberlayne 1991). Diese Orientierung manifestierte sich auch darin, dass die zweite Frauenbewegung »zunächst vergleichsweise wenige Kontakte zu Parteien, Gewerkschaften oder anderen politischen Organisationen knüpfte«, weil nämlich für einen Teil der Bewegung »das Ziel (...) auch nicht die Unabhängigkeit durch Erwerbstätigkeit, sondern die Anerkennung der häuslichen Arbeit durch den Staat gewesen« war (Kuller 2007, 224). Bezeichnenderweise hatte sich im Kontext des Sozialistischen Deutschen Studentenbundes (SDS) der »Aktionsrat zur Befreiung der Frau« gespalten »im Zuge der Debatte,[48] ob es vorrangig darauf ankomme, die Praxis der Kinderläden mit theoretischen Reflexionen anderer Arbeitskreise zu verbinden oder ob es wichtiger sei, Arbeiterinnen zu organisieren«, wodurch er »seine anfängliche Schubkraft (...) verlor« (Schulz 2002, 94ff.). Das Ergebnis war der Ausstieg der sogenannten »Mütterfraktion« (ebd., 95). Dieser Spaltungsprozess wiederholte sich mit denselben Koordinaten innerhalb der GRÜNEN im sogenannten »Mütterkonflikt« ab Mitte der 1980er Jahre, der in der Selbstbeschreibung der Partei als Konflikt zwischen Müttern und feministischen Frauen (sic!) interpretiert wird (Raschke 1993, 80, 84 u. 421-424).

Das zeigt, dass die spezifisch deutsche Mutterideologie, die eine bis ins 19. Jahrhundert zurückreichende Tradition hat, im Laufe der Geschichte von unterschiedlichen gesellschaftlichen Gruppen und keineswegs immer unter

---

47 Das gilt für Westeuropa insgesamt: vgl. Taylor Allens (2005) Studie zum von ihr sogenannten »maternal dilemma« der feministischen Bewegungen, die allerdings die Positionen in den deutschen Frauenbewegungen nicht differenziert herausarbeitet und modernisierungstheoretisch argumentiert.

48 Dies war die Debatte darum, ob das Geschlechterverhältnis eine eigene Dynamik aufweist, oder als sogenannter Nebenwiderspruch des Klassenverhältnisses anzusehen ist (diese Frage ist aktuell unter der Überschrift »intersectionality« in der Geschlechterforschung wieder aufgegriffen und neu perspektiviert worden (vgl. Knapp 2005): »Die ideologischen Fronten verliefen zwischen denjenigen Frauen – häufig Müttern –, welche die Erziehungsproblematik als zentral ansahen und damit der antiautoritären Position nahe standen, und jenen Studentinnen, die sich als Vertreterinnen einer studentischen Avantgarde der sozialistischen Revolution verstanden und aus klassisch-sozialistischer Perspektive die Frauenproblematik als Teil der Klassenproblematik betrachteten.« (Schulz 2002, 94).

denselben politischen Vorzeichen oder gar nur von Männern befördert wurde. Hierauf und auf die aktuelle Virulenz dieses Phänomens weist die neuere soziologische Forschung zum Thema hin: Im Westdeutschland besteht (immer noch) mehrheitlich die Ansicht, dass »die Kinderbetreuung und -erziehung in erster Linie eine Aufgabe der Familie sei«, dass »die ganztägige Unterbringung von Kindern außer Haus nach wie vor als wenig wünschenswert gilt« und die Erwerbstätigkeit von Müttern nachteilig insbesondere für Kleinkinder sei (Zitate: Pfau-Effinger 2000, 124; ebenso Wendt/Maucher 2000, 84; Kolbe 2002, 417f.; Dornseiff/Sackmann 2003, 344; Dorbritz u.a. 2005, 11).[49]

Aus diesem Grund wird die für Westdeutschland spezifische »Teilzeitorientierung von Müttern« bei der Erwerbsarbeit nicht ausschließlich als Folge, sondern auch als Ursache dafür gesehen, dass die außerhäusliche Kinderbetreuung in Deutschland so wenig ausgebaut wurde bzw. wird (Pfau-Effinger 2000, 125f.). Neben der fehlenden politischen und institutionellen Unterstützung trägt hierzu auch die übliche Arbeitsteilung in den Familien bei, die trotz »neuer Ansprüche« »alten Muster(n)« folgt (Becker-Schmidt 2002): Der Ehemann hilft zwar im Haushalt »vermehrt, wenn auch die Frau erwerbstätig ist«, »nach der Geburt des ersten Kindes jedoch verringert sich seine Mithilfe«, und dieser Prozess verstärkt sich mit jedem weiteren Kind (Griebel 1991, 47f.; ebenso Wendt/Maucher 2000, 84), so dass für berufstätige Mütter in Deutschland nicht die Doppel-, sondern die Dreifachbelastung (Kind(er), Haushalt, Erwerbsarbeit) die Regel ist (so auch Künzler 1995, Rüling u.a. 2004). Zwar belegen Zeitverwendungsstudien, dass Männer 2001/02 täglich etwas mehr Zeit in Hausarbeit investierten als zu Beginn der 1990er Jahre. Betreuungs- und Pflegearbeit jedoch wird im selben Zeitraum wieder zu einer überwiegend von Müttern erbrachten Leistung mit weniger Unterstützung durch den Partner, so dass hier von einer »Retraditionalisierung« gesprochen wird (BMFSFJ 2006, 215). Daher gilt nach wie vor, »dass die Lebensgestaltung von Frauen durch die Familiengründung wesentlich stärker verändert wird als die der Männer« (BMFSFJ 2006, 110):

> »Das traditionelle Rollenarrangement, das sich mit der Familiengründung etabliert, erweist sich als relativ resistent gegenüber Veränderungen«, »so dass auch berufstätige Mütter den Löwenanteil an der Hausarbeit und der Kinderbetreuung tragen« (ebd.).

---

49 Als Komplement der Mutterideologie sind Diskurse um Kinder und Kindheit zu verstehen, die in den letzten beiden Jahrzehnten fassbar wurden vor allem anlässlich von intensivierten medialen und parlamentarischen Debatten zu Familie im Allgemeinen und zu Gewalt von oder an Kinder/n und Jugendlichen im Besonderen. Das wurde diskursanalytisch als »Vernatürlichung von Politik« bestimmt, bei der mit der »Macht der Unschuld« (des Kindes) gesellschaftliche Verhältnisse naturalisiert werden (Bühler-Niederberger 2005, 254 (Hervorhebung i. Orig.)).

Von der Migrationsforschung wird dazu beobachtet und festgestellt,

>dass die quantitativ bedeutsamste Umschichtung von Familienarbeit, die heute stattfindet, nicht die zwischen Frauen und Männern ist, sondern zwischen unterschiedlichen Gruppen von Frauen« (BMFSFJ 2006, 92),

nämlich hin zu illegalisierten Migrantinnen (Rerrich 2002). Es findet eine »Ethnisierung der Versorgungsarbeiten« statt (Hess 2003):

»Reproduktionsarbeit wird (...) verstärkt zum Trennungsmerkmal, das entlang der Strukturkategorien Klasse, Geschlecht und Ethnie verläuft.« (Winkler/Carstensen 2007, 286; ebenso Chorus 2007, 213).

Darüber hinaus zeigt die stärkere Heranziehung von Mädchen als von Jungen im Haushalt, insbesondere beim Einkaufen und Kochen, dass die traditionelle Aufgabenverteilung in den Familien weiterhin tradiert wird (BMFSFJ 2006, 217). Spezifisch für Westdeutschland bzw. nach dem Abbau entsprechender Angebote auch für Ostdeutschland ist zudem, dass das unzureichende Angebot an (Klein-)Kinderbetreuung aufwendige Organisations- und Integrationsleistungen zur Organisation des Familienalltags und der Erwerbsarbeit erfordert, die in den Familien überwiegend von den erwerbstätigen Frauen erbracht werden (Ludwig u.a. 2002). Winkler/Carstensen (2007, 277) kritisieren daher den Begriff des »Arbeitskraftunternehmers« (Voß/Pongratz 1998), mit dem Erwerbstätige angesichts der Entgrenzung von Arbeit und Leben charakterisiert werden sollen, da er auf den Bereich der Erwerbsarbeit begrenzt bleibt. Sie schlagen stattdessen den Begriff der »ArbeitskraftmanagerIn« vor, um (gerade auch für Frauen) typische Organisations- und Integrationsleistungen einzubeziehen.

Die Mutterideologie hält den Vater hinsichtlich der Erziehung und Betreuung der Kinder für nachrangig. Das galt lange auch für die Familiensoziologie, deren Hauptaugenmerk nahezu ausschließlich auf den Frauen und Müttern lag.[50] Zwar werden unter der Überschrift »neue Väter« partnerschaftliche bzw. geschlechteregalitäre Orientierungen von Vätern >entdeckt< und inzwischen auch untersucht (Kaufmann 1990, 103; Fthenakis u.a. 1999; Matzner 1998; Pfau-Effinger 2000, 128; Gumbinger/Bambey 2007). Hinsichtlich der innerfamilialen geschlechtlichen Arbeitsteilung haben sich die >neuen< Orientierungen jedoch weitgehend als Lippenbekenntnis herausgestellt (Griebel 1991, 47f.; Oberndorfer/Rost 2005, 53ff.; Burkart 2007). Sie führen in der Regel nicht zu einer grundlegend veränderten sozialen Praxis.

---

50 Zur Soziologie vgl. Sandhop 1987, 10f.; Ostner 2005, 46; Tölke/Hank 2005; zum Vater im Familienrecht vgl. Schwab 1997, 823-825; Schumann 1998; Amendt 2004; das Gleiche galt auch für die Familienforschung in der DDR und wurde dort auch kritisiert: Runge 1985, 124.

Da die Ursprünge der Mutterideologie älter sind als die beiden deutschen Staaten, war sie in der DDR zunächst auch eine bedeutende Dynamik gewesen. So wurden in den ersten beiden Jahrzehnten der DDR die Kinderkrippen für Kleinkinder weniger akzeptiert als der Kindergarten (Niebsch 1989, 88; Cromm 1998, 421). Dies gilt gleichermaßen für die Vollzeiterwerbstätigkeit von Frauen und Müttern, die – ähnlich wie in der Bundesrepublik – vor allem bei den erschöpften und überlasteten Frauen und Müttern im ersten Nachkriegsjahrzehnt auf Ablehnung stieß und gegen diese durchgesetzt wurde (Schneider 2004, 348-351). Da die DDR aus politischen und aus ökonomischen Gründen die Erwerbsarbeit von Müttern sehr forcierte und unterstützte, änderte sich dort – parallel zum sehr starken Ausbau der Kinderbetreuungseinrichtungen ab Beginn der 1970er Jahre (Niebsch 1989, 84) – die Einstellung zur Kinderbetreuung und insbesondere zur Betreuung von Kleinkindern jedoch umfassend, tiefgreifend und nachhaltig. Im letzten Jahr des Bestehens der DDR war dort sogar trotz des sehr hohen Versorgungsgsgrades mit Kinderkrippen (ca. 80 Prozent) die Nachfrage nach der ausserfamilialen Betreuung von Kleinkindern größer als das Angebot (Cromm 1998, 421). Auch die Untersuchungen zur gewünschten Betreuungsform ergeben nach wie vor eine andere Haltung der ostdeutschen Mütter. Sie präferieren nämlich die ganztägige außerfamiliale Betreuung von Kindern und von Kleinkindern wegen ihrer Vollzeiterwerbsorientierung, aber auch aus sozialisationstheoretischen Erwägungen (Kolinsky 1998c, 119; Scheller 2003, 863f.; Dornseiff/Sackmann 2003, 346; Knijn u.a. 2003, 179; Dorbritz u.a. 2005, 11).

Das zunächst sehr starke Festhalten der ostdeutschen Mütter an der Erwerbsorientierung bzw. an der Vollzeiterwerbsorientierung[51] ist vor allem deshalb bemerkenswert, weil sich im Laufe des Transformationsprozesses in Ostdeutschland die im Staatssozialismus ideologisch geforderte Orientierung am Kollektiv nicht gehalten, sondern eine Hinwendung zur Familie stattgefunden hat (Scheller 2004, 37f.). Es kam also in Ostdeutschland aufgrund der Transformationskrise zwar zu einer Aufwertung[52] der Familie, nicht jedoch zu einer Ablehnung institutionalisierter, ganztägiger Betreuung von (Klein-) Kindern. Hier stellt sich die Frage, ob es sich dabei um eine anhaltende Orientierung an sozialen Erfahrungen und Idealen der DDR-Gesellschaft handelt, oder ob darin ein Indiz für einen Modernisierungsvorsprung der DDR gesehen werden kann (Geißler 1993), da die Verbindung von Mutterschaft und Erwerbstätigkeit sich stärker in den europäischen Trend einfügt als die Verhältnisse in Westdeutschland (Grundmann 1998, 231). Jüngste ethnologi-

---

51 Völker (2004, 283) hat Beschäftigte der Deutschen Bahn AG untersucht und betont: »Im Ostteil des Unternehmens (...) ist der Anspruch auf die Parallelität von Familie und Beruf(skarriere) für Frauen ungleich stärker akzeptiert.« Allerdings führt das selbst dort »kaum zu einer Umgewichtung der reproduktiven Arbeitsteilung«.

52 Es müsste allerdings geklärt werden, ob es sich tatsächlich um eine Aufwertung handelt oder ob die Familie nicht schon zuvor einen prominenten Platz innehatte, der nur durch die ideologisch begründete Position des Kollektivs nicht deutlich erkennbar gewesen ist.

sche Forschungen zeigen allerdings, dass die Menschen auf die Flexibilisierung des Arbeitsmarktes in Ostdeutschland mit einer »Traditionalisierung in Familien- und Geschlechterbeziehungen« reagieren, die etwa bei der Kinderbetreuung eine

> »›Rückbesinnung‹ auf familiäre Bindungen (Verwandte, vor allem Großeltern) (…) oder, wenn das nicht möglich ist, (…) (einen) Rückgriff auf das ›familiäre Modell‹ der Tagesmutter« bedeutet (Thelen/Baerwolf/Grätz 2006, 18).

Das bestätigen auch quantitative Studien, die zeigen, dass in Ostdeutschland ungeachtet eines besseren Angebots institutioneller Kinderbetreuung der Einsatz von Verwandten und Freunden sogar höher ist als in Westdeutschland (Ette/Ruckdeschel 2007, 67).

Die für die BRD bzw. für Westdeutschland beschriebene Entwicklung bedeutet nicht, dass es hier bei Frauen und Müttern keine Kritik am solcherart »halbierten Leben« (Beck-Gernsheim 1980), keine politische Formierung und keine soziale Praxis der Entwicklung vom »›Dasein für andere‹ zum Anspruch auf ›ein Stück eigenes Leben‹« (Beck-Gernsheim 1983) gegeben hätte, und dass es nicht gelungen wäre, diese Bestrebungen – mit gewissen Unterschieden in den politischen Lagern – politisch zu vertreten und rechtlich zu verankern sowie auch zu einer sozialen Praxis werden zu lassen. Für Kinder im Vorschulalter (drei bis sechs Jahren) wurde mittlerweile die ausserfamiliale Kinderbetreuung nicht nur akzeptiert, sondern im Jahr 1996 als Rechtsanspruch auf einen Kindergartenplatz kodifiziert. Der Begründungszusammenhang hierfür war jedoch weniger ein grundsätzlicher Wandel in der Mutterideologie als eine eher bildungspolitische Argumentation auf der Grundlage pädagogischer Studien. Die Veränderungen beschränkten sich auf Vorschulkinder und auf deren Halbtagsbetreuung. Dementsprechend weist auch die Forschung darauf hin, dass in der BRD

> »(b)isher (…), und das spricht für die weitgehende kulturelle Verankerung dieses Modells, noch keine größere politische Bewegung für Ganztagskindergärten und -schulen entstanden« ist (Pfau-Effinger 2000, 134; vgl. dazu auch Kneuper 2004, 276ff.; ebenso Kuller 2007, 224f.).[53]

---

53 Juel Jensen (2006, 138) postuliert auf der Grundlage ihrer ethnologischen Forschung, dass die »Vereinbarkeit von Familie und Beruf für Frauen zum Alltagsdiskurs geworden« ist, »der Mythos der guten Mutter ist im Umbruch«. Knijn u.a. (2003, 189) schreiben ähnlich, dass es »mehr Mütter bevorzugen (würden), ihre Kinder in einer Krippe unterzubringen« (ebenso BMFSFJ 2005c). – Das sind jedoch eher Aussagen zugunsten der politischen Forderung nach dem Ausbau der Kinderbetreuung als die Beschreibung eines dominierenden Interesses der (erwerbstätigen) Mütter in Westdeutschland. Das gilt auch für die vom BMFSFJ publizierte Zahl zur Erwerbsorientierung von Müttern: »70 Prozent (…) wünschen sich die Aufnahme einer Erwerbstätigkeit«, was jedoch wegen des mangelnden Betreuungsangebots nicht umgesetzt werden könne (BMFSFJ 2002, 7). Neueste quantitative Studien dagegen bestätigen nach wie vor die Teilzeitorientierung der Mütter (Dorbritz u.a. 2005, 11; Kreyenfeld u.a. 2007).

Einschlägige Studien zeigen hierzu, dass diese Orientierung wiederum durch das mangelnde Angebot gestützt und gestärkt wird (Merkle 1994, 206; Pfau-Effinger 2000, 145; Spieß/Büchel 2002). Das Interesse an einer Vereinbarung von Mutterschaft und Vollerwerbstätigkeit und mithin an einer ganztägigen Betreuung von Kindern und Kleinkindern ist in der BRD bis heute das Interesse einer Minderheit bzw. auf Ostdeutschland begrenzt. Die Hegemonie der bürgerlichen bzw. kleinbürgerlichen Vorstellung der Mutter-Kind-Beziehung zeigt sich auch daran, dass sie in Westdeutschland auch von sozioökonomisch anders organisierten Teilen der Gesellschaft übernommen wurde. So entwickelte sich beispielsweise in Bauernfamilien eine »Kinderorientiertheit« (Fliege 1998, 182f.) sowie ein Wandel der »Bäuerinnen (...) (zu) ländliche(n) Hausfrauen und Mütter(n)« (Albers 1997, 194; Albers 2001). Die Konfrontation der bäuerlichen Ökonomie und Familie mit der Mutterideologie führt zu einer strukturtypischen Konflikt- und Krisendynamik in Land bewirtschaftenden Familien (Herrmann 1993, 155-158). Die jüngste Entwicklung geht von dieser Verbürgerlichung der Bauernfamilie wieder weg – unter neoliberalen Vorzeichen werden Frauen in der Landwirtschaft nun als »ländliche Unternehmerinnen« angesprochen (Prugl 2004, 366).

Im internationalen Vergleich hat die Bundesrepublik nach wie vor den höchsten Anteil nicht erwerbstätiger Mütter (Jurczyk 2007, 533). Hinzu kommt, dass in einigen Regionen (nicht nur, aber vor allem in Ostdeutschland) Abwanderung und der starke Geburtenrückgang sehr kleine (Geburts-) Kohorten zur Folge hatten. Das Ergebnis war ein »Überangebot (...) bei Kindergärten und Kindertageseinrichtungen« (BMFSFJ 2006, 257f.). Diese Situation stand der Forderung nach einem bundesweiten Ausbau der Ganztagsbetreuung ebenfalls entgegen.

Insgesamt ergibt sich hinsichtlich des Zusammenspiels von Familie/Verwandtschaft und sozialer Sicherheit aufgrund des in Westdeutschland kulturell tief verankerten Mutterideals für den Sektor der Kinderbetreuung eine stark ausgeprägte Tendenz zur Übernahme dieser Leistung durch die Mütter, durch Familie und durch Verwandtschaft. Die Situation in Ostdeutschland kann aufgrund der tiefgreifenden Veränderungen in den letzten 15 Jahren nicht eindeutig bestimmt werden: Die in der DDR praktizierte (erzwungene) Freistellung der Mütter von der Kinderbetreuung zugunsten der Erwerbsarbeit wurde von diesen als Ideal für den eigenen Lebenslauf und die Familienorganisation übernommen. Diese Orientierung blieb im Transformationsprozess zunächst erhalten. Sie ist jedoch aufgrund der anhaltend schlechten Situation auf dem ostdeutschen Arbeitsmarkt,[54] nach dem massiven Abbau der Kinderbetreuungsplätze in Ostdeutschland und aufgrund der von der alten BRD übernommenen familienpolitischen Regelungen nur noch begrenzt

---

54 Ebenso ist aber auch die Erwerbstätigkeit von westdeutschen Müttern mit Kindern im Alter zwischen einem und drei Jahren konjunkturreagibel (Bothfeld u.a. 2005).

lebbar (Franz/Herlyn 1995, 101; Niephaus 2003, 25; Konrad 2004, 258). Zwar betont der Siebte Familienbericht, dass

>»in Ostdeutschland die vollerwerbstätige Mutter mit mehreren Kindern, die Beruf und Familie aufgrund gesicherter Kinderbetreuung ohne größere innere und äußere Konflikte vereinbaren kann, nach wie vor Leitbildung und Praxis vieler ostdeutscher Frauen« ist (BMFSFJ 2006, 224 u.56).

Diesem Befund widersprechen jedoch neue ethnologische Arbeiten, die inzwischen eine »Traditionalisierung in Familien- und Geschlechterbeziehungen« entsprechend dem westdeutschen Vorbild der Mittelschichten feststellen, und zwar sowohl in der Stadt als auch im ländlichen Raum (Thelen/ Baerwolf/Grätz 2006).

3.2.2. Zuverdienerehe als dominantes Muster

Die Geschichte und Gegenwart des Zusammenspiels von Familie/Verwandtschaft und sozialer Sicherheit in Deutschland ist charakterisiert durch die Dominanz des Ideals und der Praxis des männlichen Ernährer-Modells, auch »Hausfrauenmodell der männlichen Versorgerehe« (Pfau-Effinger 2000, 111) genannt. Es entstand in den bürgerlichen Mittelschichten in Deutschland im ausgehenden 18. Jahrhundert (Rosenbaum 1996) und setzte sich »als kulturell dominierendes Modell« bis heute durch (Pfau-Effinger 2000, 111).

Die für die aktuellen kulturellen Orientierungen entscheidende historische Phase, in der dieses Ideal politisch und kulturell festgeschrieben wurde, waren die Jahre nach dem Ende des Zweiten Weltkriegs. Durch die Auswirkungen des Kriegs und der Niederlage war das Geschlechterverhältnis in Deutschland erschüttert worden. Um es zu stabilisieren und die Kriegsheimkehrer rasch in den Arbeitsmarkt integrieren zu können, wurden erwerbstätige Frauen und hier besonders die Ehefrauen durch Verwaltungsmaßnahmen und politischen Druck massiv aus der Erwerbsarbeit gedrängt (Jurczyk 1978; Pfau-Effinger 2000, 134f.). Es gilt inzwischen als gesichert, dass diese Politik den Vorstellungen vieler Frauen entgegen kam. Sie waren zum Teil jahrelang unter schwierigsten Bedingungen für den Unterhalt ihrer Angehörigen allein verantwortlich gewesen und hatten dies als durchaus belastend erfahren. Den Rückzug in die Familie mit der ausschließlichen Konzentration auf die häusliche Tätigkeit als Ehefrau und Mutter konnten viele daher als Entlastung empfinden (Niethammer 1983, 48 u. 54; Moeller 1989, 161; Pfau-Effinger 2000, 118f.). Diese Absetzbewegung der Frauen aus der Erwerbsarbeit hatte sich nach der Wiederaufbau- und Übergangsphase der ersten Nachkriegsjahre »aber erst in den fünfziger Jahren auch in der sozialen Praxis von Frauen und Männern in der Familie weit verbreitet« (Pfau-Effinger 2000, 111). Sie war also auch ein Element bei der Entfaltung der wirtschaftlichen Prosperität der jungen Bundesrepublik sowie der damit verbundenen, als ›Fordismus‹ charakterisierten Gestaltung und Organisation von Arbeitsbeziehungen und Gesellschaft: Hohes Lohnniveau, Bindung der Löhne an die Produktivität, Massennachfrage und hohes Konsumniveau bei Prestigegütern (weiße Ware für den Haushalt, Auto), starke Gewerkschaften, Sozialpartnerschaft zwischen Arbeitgebern und Gewerkschaften, Finanzierung des Wohlfahrtsstaats mit (relativ hoher) Besteuerung der Verdienste (Lutz 1984; Kind/Ronneberger 1996). Die nicht berufstätige Ehefrau wurde in dieser historischen Phase (wie bereits für die Facharbeiter des Kaiserreichs und der Weimarer Republik, vgl. Rosenbaum 1988b; Rosenbaum 1992, S. 233; Heinemann 2004, 136ff.) zum Ausweis der Respektabilität des männlichen Familienernährers wie der jeweiligen Familie überhaupt (Pfau-Effinger 2000, 117); Garant dafür war ein Lohnniveau, das »für die Ernährung einer Ehefrau und zweier Kinder ausreichen« sollte (Kuller 2007, 212). Dabei ist zu betonen, dass aufgrund der hohen Wochenarbeitszeiten – die 40-Stunden-Woche wurde in der Druckindustrie 1965 und in der Metallindustrie erst 1967 eingeführt – diese Hausfrauenehe sich zeitlich und räumlich in zwei Welten inner- bzw. außerhalb des Hauses realisierte:[55]

> »Arbeit und Leben konstituieren sich in dieser Phase als eigenständige, institutionell gegeneinander abgegrenzte Lebensbereiche.« (Kratzer/Sauer 2007, 240).[56]

In den 1960er Jahren wurde dieses Ideal des männlichen Familienernährers auch durch einige Vertreter der deutschen Soziologie gestützt, die mehrfach empirisch »die schädlichen Auswirkungen von Müttererwerbstätigkeit« nachzuweisen suchten und hierdurch »einen nicht unerheblichen Einfluss auf die Meinungsbildung« (Gerhard 2003, 77) wie auf die Familienpolitik in der frühen BRD hatten (Moeller 1989; Lüscher 2000, 34; Kolbe 2002, 66; Kuller 2004, 60-75).

Dies führte dazu, dass in Westdeutschland Erwerbstätigkeit nicht zum selbstverständlichen Teil des weiblichen Lebenslaufs wurde, sondern eine Praxis, die allenfalls als Notbehelf aus wirtschaftlichen Gründen zu rechtfertigen war (Kuller 2004, 62). Das änderte sich erst in den 1960er Jahren, als Teilzeitarbeit für Mütter propagiert wurde (von Oertzen 1999; Kuller 2004, 74). Ihr lag nicht ein Wandel des Ideals vom männlichen Familienernährer zugrunde, sondern ein anhaltender Arbeitskräftemangel in der BRD. Neben

---

55 Der Deutsche Gewerkschaftsbund hatte 1956 mit der Kampagne »Samstags gehört Vati mir« begonnen; bei gleichbleibender Wochenarbeitszeit wurde die Fünf-Tage-Woche schließlich 1959 im Steinkohlenbergbau, 1960 bei den Versicherungen, 1961 bei den Banken, 1963 in der Holzverarbeitenden Industrie und 1969 in der Druckindustrie erreicht.

56 Allerdings galt diese Trennung für Frauen insgesamt nur eingeschränkt und insbesondere für erwerbstätige Frauen der unteren sozialen Gruppen nicht: »Seit ihrer Integration in die Lohnarbeit pendeln sie zwischen privaten und öffentlichen Arbeitsstätten.« (Becker-Schmidt 2007, 258)

der forcierten Zuwanderung (»Gastarbeiter«, vgl. Herbert 2001) wurden nun auch Frauen und selbst Mütter umworbene Arbeitskräfte (Kuller 2004, 74). Als weitere Ursache für die veränderte Perspektive auf weibliche Erwerbsarbeit wird zudem auf den nach dem Zweiten Weltkrieg sehr hohen Frauenanteil in der Bevölkerung hingewiesen: Das zahlenmäßige Geschlechterverhältnis führte zu einer im historischen Vergleich hohen Zahl ledig bleibender Frauen, deren Erwerbtätigkeit im Laufe der Jahrzehnte zu einer gewandelten Sicht auf die Frauenerwerbstätigkeit in der BRD insgesamt beitrug (Pfau-Effinger 2000, 123). Hingegen resultierte der dann nochmals deutlichere Wandel ab den 1970er Jahren aus

> »einer Vertiefung des Widerspruchs zwischen allgemeinen Bürgerschaftsrechten einerseits und der kulturellen Konstruktion von Ehe andererseits« (ebd., 121).

Weiterhin wird auf Individualisierungstendenzen (ebd., 122) und/oder auf den »Wertewandel« (Klages/Gensicke 1999) verwiesen. Gleichwohl wurden Ideal und Praxis des Modells vom männlichen Familienernährer aufrechterhalten. Erwerbsarbeit für verheiratete Frauen und insbesondere Mütter wurde vor allem als Teilzeitarbeit praktiziert und akzeptiert, während für männliche Arbeitskräfte unverändert Vollzeiterwerbsarbeit den Normalfall darstellte. Durch die geschlechtsspezifische Konnotation der Teilzeitarbeit wurde »die traditionelle Rollenverteilung in der Familie letztlich (…) stabilisiert« (Kuller 2004, 78; ebenso Pfau-Effinger 2000, 124).

Dieser Entwicklung entspricht die Teilzeiterwerbsorientierung westdeutscher Frauen und Mütter, die als »Lust am Zuverdienen« (von Oertzen 1999) charakterisiert wurde, quantitativ nach wie vor belegt ist (Kreyenfeld u.a. 2007, 47) und die im internationalen Vergleich[57] als typisch für Westdeutschland (Drobnič/Blossfeld 2001, 372; zu Ostdeutschland vgl. Konietzka/Kreyenfeld 2005a, 36) bzw. für Gesamtdeutschland gilt. Norman (1991, 88) charakterisiert dieses Phänomen in ihrer ethnologischen Dorfstudie folgendermaßen:

> »Idealerweise sollte die Mutter zuhause sein und für die kleinen Kinder sorgen, doch die meisten Mütter sind auf irgendeine Weise erwerbstätig«.

Diese Diskrepanz zwischen Ideal und Wirklichkeit zeigt sich auch in quantitativen Daten. Sie weisen von

> »1976 bis 2004 (…) einen Anstieg der Anteile Teilzeit und marginal erwerbstätiger und zuglcih einen Rückgang der Anteile Vollzeit erwerbstätiger Mütter« nach (Kreyenfeld u.a. 2007; ebenso für den Zeitraum 1996 bis 2004 BMFSFJ 2006, 224).

---

57 Z.B. Kurz 1998 zum Vergleich BRD-USA und Kolbe 2002 zum Vergleich BRD-Schweden.

In der Forschung wird hier vom »Vereinbarkeitsmodell der männlichen Versorgerehe« (Pfau-Effinger 2000, 145), von der »modernisierten Hausfrauenfamilie« (Becker 2000, 294) oder vom Modell der »Zuverdienerin-Ehe« gesprochen (Engstler/Menning 2003, 113 u. 124; Dorbritz u.a. 2005, 11). Das gilt in Deutschland bzw. Westdeutschland gleichermaßen für alle Milieus – mit kleinen Unterschieden: Im internationalen Vergleich ist das Interesse der Ehemänner »with higher occupational resources to suppress spouse's participation in paid employment« am deutlichsten für Westdeutschland nachgewiesen worden (Drobnič/Blossfeld 2001, 377). Lediglich für Ehefrauen von Selbständigen wurde eine überdurchschnittlich häufige Erwerbstätigkeit auch als Mutter festgestellt (Kurz 1998, 247). In Kritik des ökonomischen Ansatzes von Becker (1981) wurde darauf hingewiesen, dass diesen Entscheidungen nicht die Orientierung an der Erzielung eines maximalen Einkommens für die Familie oder den Haushalt zugrunde liegt, sondern dass sich westdeutsche Paare auch dann für eine Vollererwerbstätigkeit des Ehemannes und eine Teilzeiterwerbstätigkeit der Ehefrau entscheiden, in denen die Ehefrau mehr verdienen könnten als ihre Ehemänner (Blossfeld u.a. 2001, 60). Das wird interpretiert als Effekt von

»pervasive gender-specific norms in the German society (…) that assign the responsibility and recognition for family provision to husbands and not to wives (…) (and which) are so strong that they make comparative advantages in human capital investments meaningless for the division of work« (ebd.).

Allerdings zeigt ein sozial differenzierender, quantitativer Vergleich,

dass in Deutschland »Hochschulabsolventinnen mit Kindern (…) am häufigsten Vollzeit erwerbstätig« sind, »und das Doppelernährer-Modell der Familie (…) in der wachsendenGruppe bildungshomogamer hoch qualifizierter Paare am weitesten verbreitet« ist (Kreyenfeld u.a. 2007).

Dieses Profil wird vor allem auch auf die Verschlechterung der Arbeitsmarktsituation seit den 1980er Jahren zurückgeführt, die eine Vollererwerbstätigkeit für gering oder nicht qualifizierte Mütter erschwert bzw. unattraktiv macht (ebd., 47). Allerdings hat sich auch die Quote der vollerwerbstätigen Hochschulabsolventinnen mit Kindern im Krippenalter seit den 1970er Jahren halbiert (ebd., 46).

So lässt sich bei den Müttern in Westdeutschland seit einigen Jahrzehnten ein Trend zur Wiederaufnahme zumindest einer Teilzeiterwerbstätigkeit beobachten. Das hängt mit der veränderten ökonomische Lage zusammen, bei der für den gewünschten Lebensstandard ein Einkommen nicht mehr ausreicht (Blossfeld u.a. 2001, 72). Auch Pfau-Effinger weist darauf hin, dass die Gleichzeitigkeit von gestiegenen Konsumansprüchen und Verschlechterung der Einkommens- und Vermögenslage der Arbeitnehmer in der BRD insgesamt den Trend zu einem zweiten Einkommen in den Familien stärkten

(2000, 122).[58] Der Siebte Familienbericht schließlich erörtert das Zweiverdienermodell im Kontext der Prekarisierung von Erwerbsarbeit, da »die familiale Existenzabsicherung am besten durch zwei im Arbeitsmarkt verankerte Personen gesichert ist, die sich zugleich die Familienarbeit teilen und untereinander koordinieren« (BMFSFJ 2006, 87). Nach wie vor belegen jedoch quantitative Studien, dass

> »die Doppelernährer-Familie (…) in Westdeutschland in den letzten drei Jahrzehnten entgegen anders lautender Vermutungen nicht an Bedeutung gewonnen (hat) – das Gegenteil trifft zu. Stattdessen haben Mütter zunehmend die Rolle des Hinzuverdieners angenommen« (Kreyenfeld u.a. 2007, 47).

Demographische und volkswirtschaftliche Zukunftsszenarien machen allerdings auf den kommenden Arbeitskräftemangel aufmerksam, wodurch dann – unter den geltenden politischen Orientierungen – neben der Zuwanderung und der Erhöhung der Arbeitszeit bzw. der Verlängerung der Lebensarbeitszeit auch die Steigerung der Frauenerwerbsquote notwendig wird (Fuchs 1999, 83ff.).

Der Wandel von der »Versorger-Ehe« hin zur »Zuverdienerin-Ehe« ist eine europaweit zu beobachtende Entwicklung (Engstler/Menning 2003, 113 u. 124). Sie differenziert sich jedoch entsprechend der Typologie der Wohlfahrtsstaaten von Esping-Andersen aus, so dass gerade in einem konservativen Wohlfahrtsstaat wie Deutschland, »where the middle-class male breadwinner is still able to earn a family wage« (vgl. dazu aber oben) und wo durch die Besteuerung ein zweites volles Einkommen in einer Ehe stark minimiert wird (vgl. Kap. 4.2.2.), das Modell des männlichen Familienernährers nach wie vor handlungsleitend ist (Drobnič/Blossfeld 2001, 379f.).

Die Dominanz des männlichen Familienernährers als Ideal wie als soziale Praxis in (West-)Deutschland relativiert auch die in verschiedenen Studien formulierte These von der ›Pluralisierung der Lebensformen‹, denn:

> »In Deutschland (West) endet die Pluralisierung der Lebensformen spätestens beim zweiten Kind. Die Gesellschaft spaltet sich in einen wachsenden Sektor pluraler nicht-familialer Lebensformen und einen schrumpfenden, in sich relativ strukturstarren Familiensektor von Familien, die im übrigen mehrheitlich zwei Kinder haben, deren Mütter Hausfrauen sind.« (Strohmeier/Schulze 1995b, 8; ebenso Huinink/Wagner 1998, 103).

---

58 Da mehr Arbeitsplätze jedoch nicht zur Verfügung stehen, bildete sich diese veränderte Erwerbsorientierung von Frauen auch im steigenden Anteil weiblicher Arbeitsloser ab (Pfau-Effinger 2000, 136f.). Dies gilt bis heute, so dass »ein Teil der Frauen entgegen ihren Vorstellungen noch immer einen traditionellen Drei-Phasen-Verlauf des Erwerbslebens realisieren statt eines modernisierten, der auf einer größeren Kontinuität und temporärer Teilzeitbeschäftigung beruht« (ebd., 145). Ursache hierfür ist, dass »bisher kaum institutionalisierte Wege der Vereinbarkeit von Familie und Beruf für Mütter geschaffen« wurden (ebd.).

Im Unterschied zur Bundesrepublik hatten in der DDR, wie erwähnt, staatssozialistische Ideale und ökonomische Notwendigkeit (Arbeitskräftemangel) zu einer Forcierung der Vollerwerbstätigkeit von Frauen und auch von Müttern geführt. Für die Geschlechterbeziehungen im Gefüge der sozialen Sicherheit entwickelte sich das Verhältnis zwischen politischen Maximen und gesetzlichen Regelungen auf der einen Seite und kulturellen Idealen auf der anderen Seite in der DDR genau entgegengesetzt wie in der BRD: In der DDR bedeutete das diktatorisch vorgegebene und rechtlich gefasste Ideal der »sozialistischen Familie« tiefgreifende Änderungen der bis dahin üblichen Praxis des Lebens in Kleinfamilien (siehe Kap. 3.1.). Dies gilt vor allem hinsichtlich der Erwerbstätigkeit von Müttern. Die politischen Ideale und gesetzlichen Regelungen waren in der DDR den kulturellen Orientierungen in der Bevölkerung zunächst weit voraus, führten später jedoch zu einer tiefgehenden Änderung in den kulturellen Orientierungen hinsichtlich der Erwerbstätigkeit von Ehefrauen und Müttern. In der DDR galt es für Frauen als »selbstverständlich« (Ochs 1993, 49),

> »berufstätig zu sein, eine eigene soziale Position zu haben, sich wirtschaftlich unabhängig zu fühlen und zugleich zumindest ein Kind aufzuziehen« (Winkler 1990, 138).

Für die bereits in der DDR geborenen Männer und Frauen bedeutete das »die neue Erfahrung doppelter Vollberufstätigkeit« (Hofmann 2005, 160.) Die institutionellen Vorgaben, vor allem die gut ausgebaute Kinderbetreuung wie eine starke Familienorientierung, hatten zur Folge, dass »gewollte Kinderlosigkeit (...) in der DDR die Ausnahme« gewesen ist (Wendt 1993, 258).

Die Erwerbsorientierung der ostdeutschen Frauen, Mütter und Ehefrauen hat im Transformationsprozess zunächst nicht abgenommen (Jasper 1993, 109; Spellerberg 1994, 15f.; Nowossadeck 1994, 624; Schmidt/Schönberger 1999, 188). Auch neuere Studien belegen, dass »sich in Ostdeutschland das Modell der ökonomischen Unabhängigkeit der Frau auch in der ehelichen Familie etabliert« hat (Konietzka/Kreyenfeld 2005a, 37; ebenso Rosenfeld/ Trappe/Gornick 2004, 113f.; Bothfeld u.a. 2005). Das resultiert gegenwärtig nicht unbedingt ausschließlich aus einer prinzipiellen Orientierung zugunsten einer Vollerwerbstätigkeit der Ehefrauen und Mütter, sondern korreliert mit »eine(r) schwächere(n) Arbeitsmarktposition von Männern in Ostdeutschland« (Konietzka/Kreyenfeld 2005b, 57; ebenso Völker 2004, 279): Während der Beschäftigungsrückgang bei den weiblichen Erwerbstätigen in Ostdeutschland 2003 endete, setzte er sich für Männer weiterhin fort (Andreß/Seeck 2007, 467). Trotz dieser grundlegend anderen Praxis hielten sich geschlechtsspezifische Unterschiede bis zum Ende der DDR. Im Leben der ostdeutschen Frauen hatte trotz ihrer hohen Erwerbsorientierung und Erwerbstätigkeit die Familie einen wichtigeren Stellenwert als bei den Männern. Die Forschung in der DDR registrierte in dieser bei den Frauen vorhandenen starken »Familienorientierung« eine Abweichung vom politischen Ideal, das die Auflösung dieser Unterschiede vorsah (Gysi 1989, 84-89).

Ob aus der verbreiteten weiblichen Erwerbstätigkeit qualitative und quantitative Unterschiede in der geschlechtlichen Arbeitsteilung innerhalb der Familie resultierten, wurde bislang von der Forschung nicht eindeutig beantwortet. Einige Studien belegen auch für die DDR die tradierte geschlechtskulturelle Aufgabenverteilung, bei der Frauen quantitativ mehr Hausarbeit und Kinderversorgung erledigten und Männer vor allem Reparaturarbeiten im Haus sowie die Pflege und Wartung von Auto und Garten übernahmen (Gysi 1989, 156-167; Mohrmann 1992, 37 u. 39; Dölling 1993, 26f.; Ecarius 1995, 184; Cromm 1998, 413-420; Dennis 1998, 46; Kolinsky 1998c, 123). Diese übliche »Dreifachbelastung« (Schäfgen/Spellerberg 1998, 87) der berufstätigen Mütter in der DDR wurde dadurch erschwert, dass Haus- und Versorgungsarbeiten wegen der schlechten Versorgungslage sehr zeitaufwendig waren (Mohrmann 1992, 33f.; Gerhard 1994, 395; Merkel 1994, 375f.). Andere Studien dagegen weisen auf ein anderes Verhältnis von unbezahlter Hausarbeit und bezahlter Erwerbsarbeit von Frauen in der DDR (Sachse 2002), auf eine mehr egalitäre Verteilung von Hausarbeit in der DDR (Gysi 1990, 36) und von unbezahlter Arbeit in Ostdeutschland (von Rosenbladt 2003, 14) sowie von Pflegearbeit in Familie und Verwandtschaft in Ostdeutschland (Chamberlayne/King 2000, 66) hin.

Seit 1990 führte in Ostdeutschland die im Vergleich zu Westdeutschland noch sehr viel schlechtere Situation auf dem Arbeitsmarkt trotz anhaltender Vollzeiterwerbsorientierung jedoch – nolens volens – zu einer Rückkehr der Frauen in die Familien.[59] Am stärksten betrifft diese Entwicklung Frauen mit niedrigen Bildungsabschlüssen und sie zeigt sich am deutlichsten bei der Kinderbetreuung. Nachgewiesen ist eine starke Abnahme des Anteils von Haushalten mit zwei Vollzeiterwerbstätigen von 32,4 Prozent im Jahr 1993 auf 20,6 Prozent im Jahr 2003 (Andreß/Seeck 2007, 467). Neue qualitative ethnologische Studien weisen darauf hin, dass für diesen Prozess weniger die institutionellen Vorgaben und Strukturierungen (z.B. Ehegattensplitting) ausschlaggebend sind,[60] sondern dass

»Experten und Mütter(.) aus den mittleren sozialen Lagen und Institutionen des Arbeitsmarktes und der freien Wohlfahrtspflege (…) mit ihrer Wertevermittlung ein traditionelles Familienmodell unterstützen« (Thelen/Baerwolf/Grätz 2006, 19; Thelen/Baerwolf 2007, 276 u. 282-290).

---

59 So auch Kolbe (2002, 432f.), die auf der Grundlage von Archivmaterial von einer abnehmenden Erwerbsorientierung von Frauen in Ostdeutschland spricht.

60 So führen etwa Kreyenfeld u.a. (2007, 47) als Faktoren für »das abnehmende Erwerbsarbeitsvolumen von Müttern in Westdeutschland« seit den 1970er Jahren das mangelnde Ganztagsbetreuungangebot für Kinder bis im Alter von sechs Jahren, die Anreize zur Unterbrechung der Erwerbsarbeit (Erziehungsgeld, Elternzeit) und die Verschlechterung der Arbeitsmarktsituation seit den 1980er Jahren an.

Insgesamt führte das Modell des männlichen Familienernährers in Deutschland dazu, dass es vornehmlich Frauen und Mütter waren und sind, die innerhalb von Familie und Verwandtschaft Leistungen sozialer Sicherheit erbringen. Das korrespondiert in Westdeutschland mit der relativ weit verbreiteten Teilzeiterwerbstätigkeit von Frauen und Müttern. Wie bereits erwähnt, gibt es allerdings seit Mitte der 1980er Jahre einen Wandel hin zur Vollerwerbstätigkeit von Frauen und seit Mitte der 1990er Jahre auch von Müttern insbesondere aus den unteren sozialen Milieus, was auf die zunehmend schlechte finanzielle Situation der Haushalte im unteren Einkommenssegment zurückgeführt wird (Blossfeld u.a. 2001, 69 u. 72). Das würde einerseits eine Einschränkung der Frauen hinsichtlich der Familienarbeit bedeuten. So argumentiert auch der Siebte Familienbericht, der aufgrund der auf über 80 Erwerbsarbeitsstunden pro Woche kumulierten Erwerbsarbeitszeit bei über 50 Prozent der erwerbstätigen Paare in der Bundesrepublik darauf hinweist, »dass für einen großen Teil der Paare in Deutschland sich die Chancen auf freibleibende Zeit für Fürsorge verringern« (BMFSFJ 2006, 255). Andererseits zeigt die Pflege innerhalb von Familie und Verwandtschaft in der DDR, wo die Frauen die häusliche Pflege alter Menschen als zusätzliche Arbeit übernommen hatten, dass eine Vollerwerbstätigkeit der Frauen nicht unbedingt zu einem Rückzug der Frauen aus der Familienarbeit führen muss. In der DDR gab es zwar, wie die sehr hohen Frauen- und Müttererwerbsquoten zeigen, starke Bestrebungen, Frauen von der unbezahlten Familienarbeit zu entlasten. Dies betraf jedoch vor allem die Kinderbetreuung und nicht die Altenpflege.

3.3. Generationenbeziehungen und Netzwerke in Familie und Verwandtschaft

3.3.1. Struktur der Netzwerke

Netzwerke von Familie/Verwandtschaft in Deutschland sind

> »weitgehend intergenerative Beziehungen, wohingegen Beziehungen zu Verwandten der gleichen Generation (Bruder und Schwester, Schwager und Schwägerin, sonstige Verwandte)« vergleichsweise weniger relevant sind (Nauck/Kohlmann 1998, 226).[61]

---

61 Im Unterschied hierzu wurde beispielsweise für in Deutschland lebende türkische Migranten eine größere Bedeutung auch der intragenerativen Netzwerke in Familie/Verwandtschaft dokumentiert (Nauck/Kohlmann 1998, 226). Das muss nicht unbedingt aus einer kulturspezifisch anderen Praxis von Familie/Verwandtschaft resultieren, sondern erfolgt vermutlich auch aus der Situation der Migration. Die Forschung zur Bedeutung von Familie/Verwandtschaft bestätigt auch für Deutschland, dass intragenerative Beziehungen gerade

Zudem ist für Deutschland im internationalen Vergleich charakteristisch,

> dass das »Beziehungsnetzwerk einerseits stärker auf die engsten Familienangehörigen konzentriert, andererseits auf außerfamiliäre Bezugspersonen ausgeweitet« wird (Höllinger 1989, 534).

Auch die neuere Netzwerkforschung zeigt, dass – mit Ausnahme der Großeltern – Familienbeziehungen in Deutschland beispielsweise bei Hilfeleistungen eine größere Rolle spielen als Verwandtschaftsbeziehungen, und dass Verwandtschaftsbeziehungen vor allem von verwitweten Personen aktiviert werden, die selbst über keine Familie mehr verfügen (Lang/Schütze 1998, 179; Diewald 1998, 201 und Neef/Schäfer 1996, 82 zur DDR bzw. zu Ostdeutschland). Das korreliert mit der demographischen Entwicklung in Deutschland, die zu einer Abnahme horizontaler und zu einer Zunahme vertikaler Verwandtschaft führte.

Die Netzwerkforschung hat darüber hinaus das Prinzip der »lebenslangen Solidarität« zwischen den Generationen in Familie/Verwandtschaft nachgewiesen (Szydlik 2000, 233f.; ebenso Borchers 1997, 168). Dies bestätigen auch neueste Studien (Dorbritz u.a. 2005, 9). Frauen haben hierbei die »kinkeeper-Funktion« und Männer pflegen »generell weniger enge intergenerationale Beziehungen« (Szydlik 1997, 191f.). Dabei sind die Netzwerke der Menschen bis ins Alter hinein stabil. Der Anteil von Familienangehörigen an den Netzwerken nimmt im Alter sogar zu; lediglich für Hochbetagte über 75 Jahren wurde eine Verkleinerung der Netzwerke festgestellt (Hoff 2003, 4). Partnerlosigkeit und Kinderlosigkeit erweisen sich im Alter als Risiken für Netzwerkbeziehungen (Diewald 1989, 193). Die Transfers in den Netzwerken regeln sich nach folgenden Prinzipien:

> »Private monetäre Transfers fließen in der Generationenfolge von oben nach unten, d.h., von Großeltern und Eltern an die Kinder und Enkel; Hilfeleistungen werden hingegen häufiger in der umgekehrten Richtung geleistet« (Szydlik 2000, 235).

Diese familialen Hilfeleistungen sind in Ost- und Westdeutschland unterschiedlich konturiert: Die Pflegearbeit in Westdeutschland geht mit einer »home orientation« der Pflegenden einher (Chamberlayne 1999, 163); die Pflegenden in Ostdeutschland dagegen sind durch einen »impulse to ›get out‹« (im Sinne einer Orientierung der Pflegenden nach außen) bestimmt (ebd., 162). Diese Unterschiede haben historische Gründe:

---

bei (Binnen-)Migration von Bedeutung waren und sind (Rosenbaum 1992, 140-148). Eine weitere Rolle spielen sicher die höheren Gewisterzahlen in den älteren Migrantengenerationen, die eine große Zahl lateraler Verwandter zur Folge haben.

»Key factors in the East German pattern of outer-connectedness are work-identities, the organisation of services outside the home and the culture of network-king.« (Chamberlayne/King 2000, 86)

In Westdeutschland dagegen ist die Pflege durch »weak ties outside the home, whether with services, employment, informal networks, or wider family situations« charakterisiert, was als Folge des Subsidiaritätsprinzips, der geschlechtlichen Arbeitsteilung (Hausfrauenehe) und des bundesdeutschen Wohlfahrtsstaats interpretiert wird (Chamberlayne 1999, 157):

>»Modern‹ social carers who actively mobilize and negotiate outside services are the exception in West Germany; isolation and confinement are the more likely reality« (ebd.; ebenso Chamberlayne/King 2000, 23).

Bei der Betreuung der Kleinkinder und Kindergartenkinder ist die Hilfeleistung der Großeltern und insbesondere der Großmütter wegen fehlender oder unflexibler institutionalisierter Betreuungsangebote von besonderer Bedeutung, wobei die Wahrscheinlichkeit dieser Hilfeleistung mit der Nähe der Wohnorte der Generationen steigt (Templeton/Bauereiss 1994, 252 (auf der Grundlage von Tietze 1989) u. 259; ebenso Norman 1991, 88 u. Wendt/Maucher 2000, 90). Neue Studien zeigen,

»dass die Verfügbarkeit von sozialem Kapital – und damit die Möglichkeit, auf zeitliche, finanzielle und emotionale Ressourcen zurückgreifen zu können – einen positiven Einfluss auf den Wunsch nach weiteren Kindern hat«; »(d)abei kommt dem eigenen sozialen Netzwerk – und hier vor allem den Großeltern – im Vergleich zu institutionellen Hilfen, die größere Bedeutung für die weitere Familienplanung zu« (Ette/Ruckdeschel 2007, 51).

Auf nachbarschaftliche Hilfe wird bei der Kinderbetreuung hingegen kaum bzw. nur dann zurückgegriffen, wenn familiale Hilfe nicht möglich ist. Diese Form der Unterstützung ist zudem eher charakteristisch für die unteren oder auch für Migranten-Milieus (Wendt/Maucher 2000, 90f.). Frauen erbringen in informellen Netzwerken im Allgemeinen wie in Familie/Verwandtschaft im Besonderen quantitativ mehr und qualitativ ein breiteres Spektrum von Hilfeleistungen als Männer (Borchers 1997, 168; Ludwig u.a. 2002, 124; von Rosenbladt 2003, 9). Hardach bezeichnet daher Frauen als »die ›heimliche Ressource‹ im Generationenverhältnis« (2006, 451). Diese geschlechtliche Arbeitsteilung ist auch für Mädchen und weibliche Jugendliche belegt, die früher und mehr als Jungen und männliche Jugendliche in der Familie helfen und in ihrer Freizeit bei Gelegenheitsarbeiten und Jobs einerseits ein breiteres Spektrum an Tätigkeiten übernehmen und andererseits deutliche Schwerpunkte beim Babysitten sowie bei der Pflegearbeit (Alte, Kranke, Menschen mit Behinderung) setzen (BMFSFJ 2005b, BMFSFJ 2006, 217).

Der aufgrund des Strukturwandels der Familie bereits vor einiger Zeit prognostizierte Wandel von informellen Netzwerken in Familie und Verwandtschaft (Diewald 1989, 193) wird von neueren Studien bestätigt: Nauck/ Schwenk (2001, 1871) beobachten eine Ausweitung bzw. Intensivierung der entfernteren, verwandtschaftlichen Beziehungen. Sie interpretieren das als Reaktion auf den Abbau wohlfahrtsstaatlicher Leistungen und somit als eine historisch mehrfach beobachtete, typische Reaktion bzw. Aktivierung von Verwandtschaftsnetzwerken in Krisensituationen (ebd., 1876). Einige Studien, die neben den Netzwerken von Familie/Verwandtschaft auch andere soziale Beziehungen in den Blick nehmen, weisen zudem auf eine weitere Veränderung der privaten Netzwerkbeziehungen im Sinne einer Ausweitung auf »nichtverwandtschaftliche Beziehungen« hin (Diewald 1989, 193; ebenso Schmidt 2002, 77).

3.3.2. Wohnen und Netzwerke der Generationen in der BRD bzw. in Westdeutschland

Ein häufiger Topos in der öffentlichen und politischen Debatte zum Verhältnis der Generationen ist die »Isolation« oder »Vereinsamung« alter Menschen in Deutschland. Diese Interpretation legt die Entwicklung der Haushaltsgröße bzw. der generativen Zusammensetzung der Haushalte in Deutschland seit dem Zweiten Weltkrieg auch nahe (Kohli u.a. 1997, 157; vgl. Kap. 3.1.). Die Forschung bestätigt allerdings die Annahme »einer schrumpfenden Welt der Alten« nicht (Marbach 1994a, 194; ebenso Grunow 1985; Diewald 1989, 192). Das Wohnen der Generationen in getrennten Haushalten, das üblicherweise als Beleg für die Isolation alter Menschen angeführt wird, ist, darauf wurde bereits verwiesen, kein ernsthafter Indikator. Räumlich nahe Wohnformen sowie enge und intensive (Tausch- und Hilfs-)Beziehungen zwischen den Haushalten der Generationen wurden nachgewiesen.[62] Alle Befunde belegen im Übrigen, dass das nach Haushalten getrennte Wohnen im Alter kein Ausdruck der Isolation der Alten oder der Beziehungslosigkeit zwischen den Generationen ist, sondern die von der Ruhestandsgeneration selbst gewählte Wohnform (BMFSFJ 1998, 94ff.). Sie konnte erst realisiert werden als die materielle Situation und das Wohnungsangebot für die große Masse der Bevölkerung verbessert worden war. Aber auch die vor allem in der zweiten Hälfte des 20. Jahrhunderts ausgeprägten Individualisierungstendenzen dürften dazu beigetragen haben.

Bereits die historischen Studien zur Familienforschung dokumentierten, dass Kontakt und gegenseitige Hilfe zwischen den verschiedenen Haushalten von Verwandten eine übliche Praxis waren (Rosenbaum 1992; Young/Will-

---

62 Aus diesem Grund sind Methoden wie die von Reher (1998, 227) – »A proxy for loneliness in society is the proportion of single-person households.« von der Netzwerkforschung zu Familie/Verwandtschaft in Deutschland als unzureichend widerlegt worden (z.B. Vaskovics u.a. 1994, 89).

mott 1962). Die Transfers und Aktivitäten innerhalb dieser Netzwerke bestehen neben finanzieller Unterstützung vor allem aus verschiedenen Hilfeleistungen wie Altenpflege, Krankenpflege, Hausarbeit, Kinderbetreuung, emotionale Unterstützung und Geselligkeit (Borchers 1997, 168).

Besondere Bedeutung hat bei den in den Familien bzw. Verwandtschafts-
zusammenhängen geleisteten Transfers und Hilfen die Pflege alter Menschen: So gilt, dass »etwa drei Viertel bis vier Fünftel der älteren Bevölkerung keine staatliche oder verbandliche Hilfe in Anspruch nehmen müssen«,
da die erforderlichen Hilfeleistungen von Familie, Verwandtschaft und zum
Teil auch von Bekannten erbracht werden (Grunow 1985, 151). Das bestätigen auch Studien zu den etwa zwei Millionen pflegebedürftigen Menschen in
der BRD (2005, Definition nach dem Pflegeversicherungsgesetz, Menning
2007, 22). Die Pflegebedürftigen werden ganz überwiegend[63] zu Hause am-
bulant oder von Angehörigen betreut und gepflegt,[64] so dass

> »trotz stetig steigender Zahl von Menschen mit Hilfe- und Pflegebedarf der private
> Haushalt der zentrale Ort der Betreuung und Versorgung (bleibt)« (Winkler/Cars-
> tensen 2007, 281).

Eltern und Schwiegereltern erhalten am häufigsten unbezahlte Hilfeleistungen in Familie und Verwandtschaft. Dabei führt die Altersgruppe der 40- bis
65-Jährigen den größten Teil dieser Arbeiten durch (von Rosenbladt 2003,
20). Diese Pflege wird zu 80 Prozent von Frauen (Engstler/Menning 2003,
139) (meist Ehefrauen und Töchter)[65] geleistet (Bender 1994, 242f.; Maly
2001). Das ist eine konkrete Facette des grundsätzlichen Befunds, dass in
Deutschland bei den Filiationsbeziehungen die Mutter-Tochter-Beziehung
am engsten ist. Davon sind wiederum die ostdeutschen enger als die westdeutschen (Szydlik 1997, 194; ebenso Norman 1991, 88). Zwischen Affinal-
verwandten gibt es seltener Pflegeleistungen (Bender 1994, 240; Engstler/
Menning 2003).

---

63 Die Zahlenangaben sind hier unterschiedlich, sie reichen von 67,6 Prozent (Hoffmann
    2004, Angabe für das Jahr 2003) oder 72 Prozent (Engstler/Menning 2003, 137, Angabe für
    das Jahr 1999) bzw. 75 Prozent (Bender 1994, 248; ebenso Menning 2007, 22) bis 90 Pro-
    zent (Schulz 1999, 102).
64 Dabei darf nicht davon ausgegangen werden, dass dies aus einer eindeutigen Haltung
    zugunsten der Familienpflege hervorgeht: Schütze/Wagner (1995, 324) kommen zum Er-
    gebnis: »Die Mehrheit der befragten Kinder leistet Hilfe unabhängig davon, wie ihre Ein-
    stellung zur Familienpflege ist.«
65 Die Pflegeleistungen von minderjährigen Kindern der Familien wurden für Deutschland
    bislang weder statistisch dokumentiert noch untersucht (Dietz/Clasen 1995, 65; Hantrais/
    Becker 1995, 82). Auch unter ihnen pflegen überwiegend die Töchter (Dietz/Clasen 1995,
    73).

Tabelle: (Verwandtschafts-)Beziehung der privaten Hauptpflegepersonen von Pflegebedürftigen in Privathaushalten, 1998

(Verwandtschafts-)Beziehung	Anteil in Prozent
Tochter	23
(Ehe-)Partnerin	20
(Ehe-)Partner	12
Mutter	11
Schwiegertochter	10
sonstige Verwandte	10
Nachbar(in)/Bekannte(r)	7
Sohn	5
Vater	2
Schwiegersohn	0

Quelle: Engstler/Menning 2003, 139.

Diese Strukturen der Pflege korrespondieren wiederum dem Modell des männlichen Familienernährers: 80 Prozent der pflegenden Frauen sind verheiratet und meist nicht selbst erwerbstätig (Bender 1994, 235; ebenso Maly 2001). Dabei betreuen die pflegenden Frauen nicht nur die Pflegebedürftigen, sondern sie versorgen gleichzeitig überproportional häufig zwei oder mehr eigene Kinder (Schulz 1999, 102; ebenso Bender 1994, 228). Marbach (1994a, 195) bezeichnet diese Situation, bei dem die mittlere Generation sowohl die ältere als auch die jüngere Generation nicht nur bei Pflege und Betreuung, sondern mit Transfers unterschiedlicher Art unterstützt als »Sandwich-Modell« (ebenso Szydlik 2000, 235);[66] Borchers (1997) spricht aus diesem Grund von der »Sandwich-Generation«. Diese bi-direktionale Aktivität der mittleren Generation wird durch Vorhandensein von Kindern nicht nur notwendig, sondern die Existenz von Kindern verstärkt auch die Kontakte zur älteren Generation. So beobachtete eine Ethnologin im dörflichen Kontext:

»Kinderlosigkeit schränkt das Familienleben sehr ein. (…) Eine erwachsene Frau, alt genug zum Heiraten und Muttersein, bewegt sich auf der Suche nach Gesellschaft nicht so ungezwungen im Dorf wie die gleichaltrigen verheirateten Frauen, und weil sie nicht Mutter ist, hat sie sogar weniger Anlaß, ihre Mutter zu besuchen.« (Norman 1991, 89).

Es ist zu betonen, dass diese Beobachtung nicht nomativierend zu lesen ist, sondern eine bestimmte Form verwandtschaftlicher Praktiken beschreibt.

---

66 Das bzw. die zusätzliche Hilfe für Enkel der Generation im Alter von 40 bis 50 Jahren war in der DDR bereits eine Massenerfahrung gewesen, da dort das frühere Heirats- und Gebäralter dazu führte, dass diese Generation bereits Großeltern waren (Vaskovics u.a. 1994, 144).

Solche qualitativen Befunde weisen darauf hin, dass innerhalb familialer und verwandtschaftlicher Netzwerke eine katalysatorische oder multiplikatorische Binnendynamik besteht und kein Substitutionsverhältnis.

Obgleich im Vergleich mit Ostdeutschland die häusliche Pflege in Westdeutschland als »home orientation« charakterisiert wurde (Chamberlayne 1999, 163, vgl. oben), gibt es auch hier Kombinationen mit Pflegediensten. Dabei sind wiederum die Frauen unter den Pflegepersonen diejenigen, die »eher soziale Dienste oder andere an der Pflege (...) beteiligen« (Bender 1994, 243; ebenso Maly 2001). Dies bedeutet, dass das Handeln der pflegenden Frauen eine wichtige Scharnierfunktion hat bei der Vermittlung, Integration oder Kombination familialer und staatlicher sozialer Sicherheit und ambulanten Diensten in der Pflege.

Entscheidend ist, dass alte Menschen nicht ausschließlich Empfänger von staatlichen oder familialen Unterstützungsleistungen sind. Dies trifft meist erst »im sehr hohen Alter« zu (Künemund/Motel 2000, 134):

> »Die sozialstaatliche Umverteilung von den Erwerbstätigen zu den Rentnern und Pensionären schafft Freiräume und stellt Ressourcen bereit, die z.B. durch ehrenamtliche Tätigkeiten, Pflege, (Enkel-)Kinderbetreuung, informelle Unterstützungsleistungen und private finanzielle Transfers auch den Jüngeren wieder zugute kommen« (ebd., 122).

Die wohlfahrtsstaatlich sehr gute Absicherung der jetzigen Ruhestandsgeneration in der Bundesrepublik stellt diese gewissermaßen frei für Leistungen sozialer Sicherheit in verwandtschaftlichen Netzwerken und/oder im zivilgesellschaftlichen Bereich. Das ergab bereits die ältere Studie von Templeton/Bauereiss (1994, 259 u. 262), nach der die Wahrscheinlichkeit von Leistungen der älteren an die jüngere Generation mit dem sozioökonomischen Status der Großelterngeneration korreliert bzw. steigt. Künemund/Rein (1999, 115) stellten bei einem internationalen Vergleich ebenso fest, dass alte Eltern in den Ländern am meisten Hilfe der jüngeren Generation erhalten, in denen es auch am meisten wohlfahrtsstaatliche Leistungen gibt. Für Deutschland definieren sie aus diesem Grund

> »a pattern where the state and family are complementary«, »(because) the generosity of the state has reinforced family solidarity by promoting a pattern of crowding in« (ebenso die These von Reil-Held 2005, 23f. zur BRD)[67].

---

67 Reil-Held (2005, 24) weist jedoch auch ein sozial differenziertes »crowding out« nach, da »the poorer elderly receive less private financial help when the state provides the income for their basic needs«. Die Termini »crowding in« und »crowding out« bezeichnen eine Beziehung zwischen privaten und staatlichen Dienstleistungen und Transfers. Künemund/Rein (1999, 93, 95-102 u. 115), Brooks (2000, 451f.), Ostner (2004, 78f.) und Reil-Held (2005, 4) verstehen unter »crowding in« die Stimulierung und/oder Ermöglichung privater Leistungen und Transfers durch staatliche Leistungen; »crowding out« bezeichnet dagegen eine Dynamik, bei der staatliche Leistungen und Transfers zu einem Verschwinden privater Leistungen und Transfers führen.

Dieser Zusammenhang zwischen wohlfahrtsstaatlichen und privaten Hilfeleistungen wirkt zudem zurück auf die Beziehungsebene, da die beschriebenen Netzwerke zu einer verstärkten Integration von Familie/Verwandtschaft führen (Motel-Klingebiel 2000, 289-292; Szydlik 2000, 244f.). Diese neueren Befunde eines katalysatorischen Effekts des Wohlfahrtsstaats im Allgemeinen wie des bundesdeutschen »Sozialstaats« im Besonderen widerlegen ältere Thesen aus den 1980er Jahren, nach denen wohlfahrtsstaatliche Leistungen zur Abnahme von Leistungen und Transfers in Familie und Verwandschaft führen würden (Künemund/Motel 2000, 123 (kritisiert werden hier Hoffmann-Nowotny 1988 und Weissert u.a. 1988), sowie Ostner 2004, 78). Solche Annahmen treffen insbesondere deshalb nicht zu, weil familiale Hilfeleistungen nicht ausschliesslich altruistisch motiviert oder bedarfsorientiert stattfinden, sondern weil »Austausch«, oder »Reziprozität« sowie »Zuneigung« als Kern der Motivation ermittelt wurde. Voraussetzung dabei ist aber stets die finanzielle Absicherung der älteren Generation durch die Rentenversicherung (Künemund/Motel 2000, 124 u. 126). Zudem wird – wie bereits in historischen Studien (Rosenbaum 1997, 50 zur Motorisierung) – darauf verwiesen, dass technische Neuerungen wie neue Kommunikationstechnologien Solidarität sogar stärken (Bengtson/Martin 2001, 215; ebenso Schönberger 2000, 39). Diese Praxis der Solidarität zwischen den Generationen entspricht den Ergebnissen vergleichender Untersuchungen zu Pflegeorientierungen in den EU-Ländern (Attias-Donfut 2000, 235; Berger-Schmitt 2003, 2).[68] Die Untersuchungen prognostizieren dabei übereinstimmend die anhaltende Bedeutung der familialen und verwandtschaftlichen Netzwerke in Deutschland (Bender 1994, 224; Bengtson/Martin 2001, 215; Hollstein 2005).[69]

Zum einen geht die Forschung zu Familie/Verwandtschaft und sozialer Sicherheit für Deutschland also von einer anhaltenden kulturellen Orientierung zugunsten familialer Netzwerke als Unterstützungsnetzwerken auch für die Zukunft aus. Zum anderen werden Veränderungen vermutet, die sich weniger aus veränderten kulturellen Orientierungen ergeben als aus dem demographischen Wandel resultieren: Hinsichtlich der Pflegepersonen wird aufgrund der demographischen Entwicklung (Rosenkranz/Schneider 1997, 148; ebenso Bengtson/Martin 2001, 215) und wegen der weiter ansteigenden Erwerbsorientierung von Frauen prognostiziert:

---

68 Die Orientierungen in Deutschland sind dabei denjenigen in den südeuropäischen Ländern näher als denjenigen in den skandinavischen Ländern (Berger-Schmitt 2003, 4).

69 Daher, und vor allem aufgrund der qualitativ wie quantitativ gut dokumentierten Tätigkeiten der berenteten Generation kann von einer »Gesellschaft im Ruhestand« (Jansen/Priddat/ Stehr 2005a) nicht die Rede sein. Aus demselben Grund verwundert es, wenn der Siebte Familienbericht in seiner Definition einer »nachhaltigen Familienpolitik (...) als Lebenslaufpolitik« »das Rentenalter als Freizeitphase« extra-sozialer Art kritisiert: »Die Verteilung von Lebensaufgaben im Lebenslauf ist so zu organisieren, dass nicht bestimmte Lebensphasen zu einer vollständigen Überlastung und Überforderung führen und andere Lebensphasen ohne gesellschaftliche Teilhabe *als reine Freizeit außerhalb der Gesellschaft* organisiert werden.« (BMFSFJ 2006, 260, Hervorhebung d. Verf.)

»Da jedoch sowohl der Anteil der Frauen ohne Kinder steigt als auch der Anteil der Frauen, die nach einer Familienphase rasch in die Erwerbstätigkeit zurückkehren, wird der Anteil der Frauen abnehmen, die bereit sind, den Beruf aufzugeben, um unentgeltlich Pflegeleistungen zu übernehmen.« (Schulz 1999, 103).

Auch die Frage, wie sich der Rückgang der Eheschließungen auf die Pflege auswirken wird, an der neben den Töchtern bislang am stärksten die Ehepartner/innen beteiligt sind, kann nur die Zukunft beantworten. Man wird jedoch davon ausgehen können, dass hier nichteheliche Partner und Partnerinnen die Rolle von Ehemann und Ehefrau einnehmen werden (Rosenkranz/Schneider 1997, 151). Die steigende Erwerbsorientierung der Ehefrauen bedeutet, allein aufgrund des sogenannten, nicht nur für Deutschland beschriebenen »zweiten demographischen Übergangs« ab den 1960er Jahren (Höpflinger 1997, 42-46),

> »dass aufgrund dieser strukturellen Veränderungen die häusliche familiale Pflege im bisherigen Umfang und in der jetzigen Form – d.h. vor allem von Frauen – nicht mehr erbracht werden kann« (Rosenkranz/Schneider 1997, 152).

Deshalb erfordere der steigende Pflegebedarf im Bereich der kulturellen Orientierungen einen Wandel bei den Geschlechteridealen und bei der geschlechtlichen Arbeitsteilung auch bei unbezahlter Arbeit (ebd.; vgl. dazu auch Schulz-Nieswandt 1997, 182). Ob diese Prognosen tatsächlich zutreffen, ist unklar. Das Beispiel der DDR hat jedenfalls gezeigt, dass trotz Vollerwerbstätigkeit der Frauen die Pflege alter Menschen dort in erheblichem Umfang durch familiale Hilfe erfolgte (vgl. Kap. 3.3.3.). Tatsächlich wird für Deutschland vermutet, dass die Abnahme staatlich finanzierter Pflegeleistungen zu einem wachsenden Druck auf Frauen führt, Pflegleistungen zu erbringen (Schulz 1999, 104). Neue Studien weisen darauf hin, dass die Befragten beim Stichwort »Altersvorsorge« auch zunehmend die Investition in das soziale Kapital der Familie (Pflege der Beziehungen) nennen (Opaschowski 2004, 175).

Aktuelle Untersuchungen deuten zudem auf verunsicherte Orientierungen hinsichtlich der Sequenzierung des Lebenslaufs für den Übergang in den Ruhestand und damit auf einen weiteren Faktor der Destabilisierung der oben beschriebenen Netzwerke zwischen den Generationen hin. Bis Anfang der 1990er Jahre gab es in der BRD einen starken »Trend zu einem vorgezogenen Ruhestand« (Jakob/Olk 1995, 50). Seither führten »Änderungen im Renten- und Arbeitsförderungsrecht« und der damit verbundenen »Paradigmenwechsel« vom frühen zum späteren Ausstieg aus dem Erwerbsleben zum einen zur Veränderung individueller Planungen hin auf den Abschied vom Ausstieg aus der Erwerbsarbeit schon mit 60 Jahren (Engstler 2004, 21). Zum anderen bedeuteten die veränderten politischen Rahmenbedingungen auch für diese Lebensphase

»eine(.) abnehmende(.) Planungssicherheit bzw. eine(.) gestiegene(.) Verunsicherung über den Zeitpunkt des eigenen Übergangs in den Ruhestand« (ebd., 19f.).[70]

Nicht unmittelbar, aber mittelbar wird dies Auswirkungen auf die Netzwerkbeziehungen der Generationen haben. Zum einen verändern sich die Orientierungen und zum anderen werden die jungen Alten, die in den Netzwerken vor allem auch Leistungen in Form von Kinderbetreuung und Pflege der Alten und Hochbetagten erbringen und hierfür aufgrund des Vorruhestands auch Zeit hatten, nun weniger als bisher zur Verfügung stehen.

Da die empirischen Untersuchungen für Deutschland, wie gezeigt wurde, einen Katalysator- und Begründungseffekt wohlfahrtsstaatlicher Leistungen für Hilfeleistungen und Transfers in Netzwerken von Familie/Verwandtschaft nachweisen, vermutet die Forschung schließlich als Effekt der Kürzung wohlfahrtsstaatlicher Leistungen an die alte und älteste Generation,

> »dass dann die Älteren weniger Vergaben (d.i. finanzielle Leistungen, d. Verf.) an die Kinder leisten und sie im Gegenzug weniger instrumentelle Unterstützung von ihren Kindern erhalten würden (…). Eine Schlechterstellung der Ruheständler z.B. durch eine Minderung des Rentenniveaus dürfte sich (…) in gewissem Maße negativ auf die intergenerationellen familialen Beziehungen auswirken« (Künemund/ Motel 2000, 135; Motel-Klingebiel 2000, 289ff.; Reil-Held 2005, 23f.).

Das entspricht auch der Prognose Szydliks (2000, 245f.), der zudem darauf hinweist, dass die veränderten institutionellen Vorgaben insgesamt die Solidarität zwischen den Generationen beinträchtigen könnten:

> »Eine Verringerung der intergenerationalen öffentlichen Transfers mit der Folge sinkender Alterseinkommen würde zu Kürzungen der privaten Transfers führen, so dass damit nicht nur die Situation der älteren, sondern auch die der jüngeren Generation verschlechtert wird. Familiale Versorgungsleistungen in prekären Lebenssituationen (z.B. Ausbildung und Arbeitslosigkeit) würden eingeschränkt – mit entsprechend negativen Auswirkungen auf die Familienbeziehungen und die Akzeptanz des öffentlichen Generationenvertrages. (…) Der Zusammenhang zwischen gesellschaftlichen und familialen Generationen führt dann zur wechselseitigen Zunahme einer Entsolidarisierung.«

Für die Beziehungen zwischen den Generationen bzw. in Familie und Verwandtschaft vermutet Sydlik daher, dass die aus den politischen Vorgaben resultierende »Atmosphäre von Entsolidarisierung (…) zu brüchigeren Generationenbeziehungen« führen könnte (Szydlik 2000, 246). Ähnlich weist Borchert (1995, 251) darauf hin, dass die Akzeptanz des Wohlfahrtsstaates, die durch die Kosten der Transformation in Ostdeutschland ohnehin erschüttert worden ist (ebenso Kaufmann 2003, 285), durch die Leistungskürzungen zu-

---

70 In Ostdeutschland ist möglicherweise zudem verunsichernd, dass die in der DDR vorgegebene Sinnorientierung der Erwerbsarbeit mit dem Modell des Vorruhestands nicht kompatibel war bzw. ist (Jakob/Olk 1995, 51).

sätzlich geschwächt wird und weitere De-Solidarisierungseffekte nach sich zieht. Andere weisen in diesem Zusammenhang darauf hin, dass die Einführung der sogenannten Riester-Rente den – unerwünschten – Effekt hatte, dass

> »nicht allein die interessierten Anbieter von Finanzmarktprodukten, sondern auch ein Grundstrom der medialen Öffentlichkeit sowie Teile der jüngeren Generation dazu übergingen, die Rentenversicherung unter dem Gesichtspunkt der Rendite zu beurteilen«.

Dabei spielten auch »schiefe Vergleiche« eine Rolle, wenn etwa

> »Renditen der gesetzlichen Rentenversicherung und einer rein auf Alterssicherung bezogenen Privatrente einander gegenübergestellt« wurden, »ohne zu bedenken, dass es in der Rentenversicherung sowohl um Alterssicherung, als auch um Invaliditätsschutz, Rehabilitation und gegebenenfalls auch Hinterbliebenensicherung geht« (Hockerts 2007, 29).

Parallel zu den oben genannten Netzwerkbeziehungen und den darin praktizierten Transfers und Austauschbeziehungen zwischen den Generationen, die auch »maßgeblichen Einfluß auf ihre Lebenszufriedenheit ausüben« (Grunow 1985, 154), deutet sich in Deutschland damit eine Konfliktlinie zwischen den Generationen an, die in der Debatte in den Medien als »Kampf der Generationen« (Leisering 2000, 69) oder »Methusalem-Komplott« (Schirrmacher 2004) verhandelt wird. Hierbei wird die Besserstellung oder gar Bereicherung der jetzigen Ruhestandsgeneration auf Kosten ihrer Nachkommen behauptet und beklagt (Barkholdt 1999; Motel-Klingebiel 2000, 279). Historisch markiert diese »neue, generationenspezifische Sozialstaatskritik« (Hockerts 2007, 29) eine völlige Umkehrung des Diskurses um den Wohlfahrtsstaat seit der Rentenreform von 1957, bis zu der immer noch die ältere Generation benachteiligt gewesen war.

Diese Debatte wird in der soziologischen Forschung jedoch nicht als Beschreibung der realen Praktiken und Beziehungen zwischen den Generationen verstanden (Szydlik 2000, 234; vgl. auch Hockerts 2007, 29). Sie wird vielmehr als aktueller Ausdruck der gewandelten sozialen Frage interpretiert, die jedoch aufgrund der »Krise der politischen Repräsentation« (Vester u.a. 2001, 116-118) nicht mehr entlang des Widerspruchs von Kapital und Arbeit artikuliert wird, sondern bei der »die verunsicherten sozialen Gruppen (...) den Gewinnermilieus, den Politikern usw. eine unverhältnismäßige Bereicherung« vorwerfen und bei der »die Gewinner wiederum (...) die anderen als leistungsunwillig etikettieren« (Vester u.a. 2001, 88):

> »Die Definition der heute jungen Menschen als (benachteiligte) sozialstaatliche Generation durch einen Teil der Kohortenangehörigen selbst, durch Wissenschaftler, Interessenten und Politiker fungiert also als Vehikel, um die wesentlich fiskalisch motivierte Rücknahme einer der großen sozialpolitischen Grundsatzentscheidungen der Nachkriegszeit, die Nichtdiskriminierung alter Menschen durch Renten

auf Lohnersatzniveau, normativ zu flankieren.« (Leisering 2000, 69; so auch Butterwege 1999).

So verweist die seriöse Forschung darauf, dass in Deutschland hinsichtlich sozialer Ungleichheit die Unterschiede innerhalb einer Generation sehr viel größer waren und sind als die Unterschiede zwischen den Generationen. Die Behauptung eines »Kampfes der Generationen« dethematisiert diese sozialen Unterschiede innerhalb einer Generation und schreibt damit eine Naturalisierung sozialer Unterschiede (hier: als Effekt von Generationslagen) fort.

3.3.3. Wohnen und Netzwerke der Generationen in der DDR bzw. in Ostdeutschland

Die Gestaltung und Bedeutung von Familie und Verwandtschaft in der DDR ist bislang wenig untersucht worden (Scheller 2004, 33). Diskutiert werden aber mehrere Thesen: Erstens die »Rückzugsthese« von Gysi (1989, 1990), Rüschemeyer (1990, 294) oder auch Szydlik (2000, 237), derzufolge

> »die im Vergleich zur alten Bundesrepublik stärkere staatliche Durchdringung des privaten Lebensbereichs in der DDR zu wachsender Distanzierung von den politischen Werten und schließlich zu einem Rückzug ins Private geführt hätte«.

Zweitens die »Instrumentalisierungsthese« von Schneider (1994), nach der die Familie in der DDR

> »zunehmend den Charakter einer ›Versorgungs- und Erledigungsgemeinschaft‹[71] angenommen (habe), in der emotionale Ansprüche zu kurz gekommen und Beziehungen vor allem wegen ihre instrumentellen Nutzens gepflegt und aufrechterhalten worden seien« (Scheller 2004, 33).

Eine dritte These formulierten Diewald (1995, 73f.) und Franz/Herlyn (1995, 101): Die Netzwerke in Familie/Verwandtschaft in der DDR seien durch die staatliche Überwachung, durch die staatssozialistische Politik der Übernahme familialer Leistungen wie beispielsweise Kinderbetreuung (vgl. dazu Keiser 1992) und durch die permanente Mangelsituation nicht grundlegend beeinträchtigt worden:

> »Weder die Gefahr der Bespitzelung noch eine möglicherweise Ambivalenzen erzeugende Überschattung persönlicher Beziehungen durch instrumentelle Aufgaben scheinen deren Ausdifferenzierung im Sinne einer eigensinnigen Privatsphäre nennenswert beeinträchtigt oder gar verhindert zu haben.« (Diewald 1998, 200f.)

---

71 Diese Charakterisierung stammt von Gysi (1990, 36), die jedoch sonst eher die These von der Intensivierung des Familienlebens und von einem Rückzug in die Familien in der DDR vertritt (ebd.).

In diesem Zusammenhang wurde zudem festgestellt, dass das politisch vor-gegebene Ideal der Solidarität durchaus handlungsrelevant gewesen war. Aufgrund der Versorgungsschwierigkeiten war die Organisation des Alltags kompliziert und hatte den Rückgriff auf gegenseitige Hilfeleistungen not-wendig gemacht, was sich auch in einer entsprechenden kulturellen Orientie-rung niedergeschlagen hat (Vaskovics 1994, 145; so auch Chamberlayne 1999, 167).

Trotz des politischen Ideals der Solidarität wurden private Netzwerke und Hilfsnetzwerke in Familie/Verwandtschaft in der DDR politisch nicht geför-dert, da das staatssozialistische Regime möglichst viele Menschen für die Erwerbsarbeit freistellen wollte (Metzig/Pönisch 1989, 160). Trotzdem kam es in der DDR aber nicht zu einer Abnahme familialer Pflegeleistungen für alte Menschen. Dies lag u.a. auch daran, dass die über die Volkssolidarität bereitgestellten und organisierten ambulanten Hilfen wie die Betreuungsplät-ze in den sogenannten »Feierabend- und Pflegeheimen« nur etwa die Hälfte des Bedarfs abdeckten (Angerhausen u.a. 1998, 126). So blieb ein Bedarf an Hilfe und Pflege, dem entweder nicht entsprochen werden konnte, oder der – wie in der BRD auch – von der Familie abgedeckt wurde (Matthesius/Wald-schmidt 1989, 145; Scharf 1998, 202; Chamberlayne 1999, 167). Scharf (1998, 202) stellt zudem heraus, dass diese Hilfeleistungen für alte Menschen in der DDR familieneigene Hilfeleistungen waren, die nicht von den anderen, systemspezifisch intensivierten Netzwerken über Nachbarschaft und Er-werbsarbeit getragen wurden. Dies führte insbesondere bei den hilfebedürfti-gen Alten ohne bzw. ohne in der Nähe lebende Kinder oder Verwandte zu Problemen (ebd.). Ähnlich wie in der BRD waren auch in der DDR die Alten nicht ausschließlich Empfänger von Hilfeleistungen, sondern sie hatten eine zentrale Bedeutung als »Generation der ›Hilfegebenden‹« (Vaskovics u.a. 1994, 144). Dabei waren sie aufgrund der früher im Lebenslauf gelagerten Geburten in der DDR zum einen jünger (und somit leistungsfähiger) als die Großeltern im Westen, zum anderen aber schränkte insbesondere die hohe Erwerbsbeteiligung der Frauen die Hilfekapazitäten der Großmütter in der DDR ein (ebd.). Ebenso wie in der BRD bevorzugten es auch in der DDR die Älteren vermehrt, »zwar getrennt, aber in unmittelbarer Nähe der Kinder zu wohnen« (Autorenkollektiv 1983, 72).

Der Transformationsprozess seit 1989 hat diese Praxis nicht grundlegend verändert (Ecarius 1995, 182; Petermann 2002), sondern eher zu einer Ver-schiebung der Arten von Transfers bzw. der Bedeutung der Netzwerke ge-führt: Instrumentell begründete Netzwerke wurden warenförmig oder ver-schwanden (Neef/Schäfer 1996, 82; Nauck/Schwenk 2001, 1871 u. 1876). Familienbeziehungen und andere nahe Netzwerke wurden emotionalisiert und intensiviert (Rüschemeyer 1990, 294; Neef/Schäfer 1996, 82; Szydlik

1997, 194f.; Schmidt/Schönberger 1999, 191; Scheller 2004).[72] Insbesondere die Hilfeleistungen für alte Menschen in und von den Familien wurden durch die bessere Versorgungslage, durch den verbesserten Wohnstandard und durch die nun vermehrt vorhandenen ambulanten Dienste erleichtert (Scharf 1998, 202). Für die Netzwerke in den Plattenbausiedlungen wurde festgestellt,

>»dass arme und statusschwache Haushalte insgesamt kleinere Netzwerke als materiell gesicherte aufweisen und Kontakte in der Nachbarschaft bei ihnen eine wichtigere Rolle auch in der Hinsicht spielen, als mit ihnen gegenseitige Unterstützungsleistungen verbunden sind« (Keller 2005, 170).

Während diese Nachbarschaftsnetzwerke vor allem zum »Tausch von Gütern und Diensten« benutzt werden, gibt es »größere finanzielle Unterstützung (...) meist bei engeren Verwandten« (ebd.). Nachbarschaftsnetzwerke sind vor allem dann stark, wenn familiale bzw. verwandtschaftliche Beziehungen schwach oder brüchig sind (ebd., u. ebd., 176).

Aufgrund der Reduktion der Angebote zur Kinderbetreuung wird in Ostdeutschland zur Realisierung der Berufstätigkeit von Frauen vermehrt auf familiale Ressourcen zurückgegriffen, d.h. Verwandte für die Kinderbetreuung herangezogen. Dabei kommt es aufgrund der für Ostdeutschland besonders relevanten Regelungen zum Vorruhestand auch zu Veränderungen im Arrangement der Geschlechter und Generationen. Die Kinderbetreuung kann im Gegensatz zur Praxis in der DDR nun auch von den Großmüttern und Großvätern übernommen werden (Uhlendorff 2003, 215; Thelen 2005), deren Erwerbsleben oft bereits mit 55 Jahren endet (Koller u.a. 2003, 24).[73] Deshalb wird in diesem Zusammenhang für den Transformationsprozess von einer »Revitalisierung familiärer Ressourcen« bzw .von »reaktivierten Familiennetzwerken« gesprochen (Schmidt/Schönberger 1999, 190f.). Bei diesem Arrangement spielt eine Rolle, dass die jetzige Großelterngeneration in den neuen Ländern aufgrund der für sie sehr günstigen Umrechnung der Rentenanwartschaften (vgl. Kap. 4.2.3.) und der arbeitsmarktbedingten Vorruhestandsregelung, aber auch wegen des »Wegfall(s) des bisher soziale Beziehungen vermittelnden Arbeitskontaktes« hier sowohl tätig sein können als auch tätig sein wollen (Schmidt/Schönberger 1999, 191; so auch Herlyn u.a.

---

72 Verwandtschaftsbeziehungen außerhalb der Kernfamilie und über direkte Generationenbeziehungen hinaus waren bereits in der DDR unbedeutend gewesen (Diewald 1998, 201) und/oder ihre Bedeutung hat im Transformationsprozess abgenommen (Neef/Schäfer 1996, 82).

73 Uhlendorff (2003, 215) dokumentiert in seinem Sample sogar einen höheren Anteil der Kinderbetreuung durch Großeltern in Ost- als in Westberlin, was auch dadurch befördert wurde, dass die Wohnentfernung zwischen den Generationen in Ostberlin sehr viel geringer war als in Westberlin, das hinsichtlich des Wohnens der Generationen aufgrund der Insellage und der daher spezifisch profilierten Binnenmigration zwischen dem Bundesgebiet und Westberlin eine Sonderstellung einnimmt (ebd., 215f.).

1998 u. Uhlendorff 2003, 216f.). Zudem wird vermutet, dass die Großeltern für die heutige Elterngeneration auch bezüglich finanzieller Hilfeleistung von Bedeutung sind, da sie mit ihren Renten »in manchen Familien die einzigen Personen mit einem gesicherten Einkommen« sein könnten (Kohli u.a. 1997, 162).[74] Die Alternative auf dem Gebiet der Kinderbetreuung, nämlich das aus Westdeutschland bekannte Muster des »kollektiven aktiven Handelns, wie die Selbstorganisation von Kinderkrippen oder Krabbelstuben« suchte man dagegen in Ostdeutschland zunächst vergeblich (Schmidt/Schönberger 1999, 191f.). Neuere Forschungen zeigen allerdings, dass diese Betreuungsformen für Kinder und Kontaktformen für Mütter nun auch in Ostdeutschland praktiziert werden, was als Traditionalisierungseffekt des flexibilisierten Arbeitsmarktes interpretiert wird (Thelen/Baerwolf 2007).

---

74 Das ist – neben der größeren Bedürftigkeit der jüngeren Generation – auch einer der Faktoren, der dazu führt, dass (trotz der schlechteren ökonomischen Situation der privaten Haushalte in Ostdeutschland, vgl. Kap. 2.4.) finanzielle Transfers von Hochbetagten an ihre Kinder in Ostdeutschland deutlich häufiger sind als in Westdeutschland (Kohli 2004, 21).

4. Entwicklung der rechtlichen Institutionalisierung

Spezifisch für die Geschichte und Gegenwart sozialer Sicherheit in Deutschland ist, dass eine einfache Gegenüberstellung von Familie/Verwandtschaft auf der einen Seite und wohlfahrtsstaatlichen Leistungen auf der anderen Seite nicht möglich ist. Soziale Sicherheit entwickelte sich historisch aus der Kombination und Konkurrenz unterschiedlicher politischer und rechtlicher Institutionalisierung von »staatliche(r), städtische(r), betriebliche(r) und kirchliche(r) Sozialpolitik« (Pohl 1991). Im internationalen Vergleich besonders bedeutsam für die politische Gestaltung sozialer Sicherheit in Deutschland sind

»das bedeutende Gewicht des Arbeitsrechts (…), (…) das Dominieren beitragsfinanzierter Einkommensumverteilung im Vergleich zur staatlichen Bereitstellung sozialer Dienste und (…) die Betonung des Subsidiaritätsprinzips« (Kaufmann 2003, 304).

Im Folgenden werden zunächst vom Kaiserreich bis in die Gegenwart Entwicklungslinien und Charakteristika der Sozialversicherung sowie andere wohlfahrtsstaatliche Regelungen (Armenfürsorge, Fürsorge, Sozialhilfe, Subsidiaritätsprinzips Freie Wohlfahrtsverbände, Regelung der Arbeitsbeziehungen) dargestellt. Anschließend werden in Kap. 4.2 exemplarische Dynamiken wohlfahrtsstaatlicher Politik, die für das aktuelle Arrangement von Familie/Verwandtschaft und sozialer Sicherheit in Deutschland besonders bedeutsam sind, herausgearbeitet: (1.) die späte Institutionalisierung einer eigenen Familienpolitik in der Bundesrepublik, (2.) Regelungen zugunsten der Hausfrauen-Ehe (Ehegattensplitting, Kinderbetreuung, Elternzeit, Erziehungsgeld bzw. Elterngeld) und (3.) die Politik für alte Menschen.

4.1. Tendenzen und Charakteristika des deutschen Wohlfahrtsregimes

4.1.1. Kaiserreich

Die Geschichte der Sozialversicherung in Deutschland begann 1883 mit der gesetzlichen Krankenversicherung als Pflichtversicherung für gewerbliche

Arbeiter (Ritter 1998, 37-39). 1884 folgte das Unfallversicherungsgesetz (Ritter 1998, 31-34). Es bedeutete für die Arbeiter eine entscheidende Verbesserung hinsichtlich des damaligen Hauptarmutsrisikos Arbeitsunfall. Die Beiträge für diese Pflichtversicherung trugen allein die Unternehmer. 1889 wurde schließlich die Invaliditäts- und Altersversicherung als letzter Bereich der neuen Sozialversicherungen eingeführt (Ritter 1998, 38-40 u. 46). In der Praxis erwies sich diese als unzureichend, da Altersrenten (bis zur Absenkung des Renteneintrittsalters auf 65 Jahre im Ersten Weltkrieg) erst ab 70 Jahren ausbezahlt wurden, lange Wartezeiten zu erfüllen waren, Witwen und Waisen keine Renten erhalten konnten und die Renten zum Lebensunterhalt nicht ausreichten (Ritter/Tenfelde 1992, 698ff.). Wesentliche Ergänzungen dieser Bismarckschen Sozialgesetzgebung wurden durch das Angestelltenversicherungsgesetz und die Reichsversicherungsordnung von 1911 vorgenommen (Ritter 1998, 48 u. 58f.), die die Versicherungsleistung auf Witwen und Waisen von Angestellten sowie auf Waisen und »invalide Arbeiterwitwen« ausweitete.

Für diese Anfänge der deutschen Sozialversicherung waren charakteristisch:
- das Versicherungs- statt des Versorgungsprinzips. Es beruhte auf gestaffelten statt einheitlichen Beiträgen und Leistungen;
- der Ausschluss privater Versicherungen, den Bismarck gegen verschiedene Interessen durchgesetzt hatte;
- die Ausgestaltung als Pflichtversicherung;
- die Koppelung der Versicherung an Erwerbstätigkeit – dadurch wurden Teile der Bevölkerung, besonders die Frauen[75], benachteiligt bzw. ausgeschlossen (Hausen 1997, 741f.) sowie
- die hälftige Finanzierung (mit Ausnahme der Unfallversicherung) durch Arbeitgeber und Arbeitnehmer (Ritter 1998, 44-46).

Das Bismarcksche Sozialversicherungssystem hatte einerseits den Effekt, dass sich die soziale Sicherheit für die unteren Bevölkerungsgruppen (insbesondere für männliche Lohnarbeiter) verbesserte und Rentner auch bei niederem Einkommen ein besseres Ansehen genossen als die Empfänger der Armenfürsorge (Ritter 1998, 51). Andererseits führte dies zu einer weiteren Abwertung der staatlichen Unterstützung über die Armenfürsorge. Die Versicherungsleistungen ersetzten die tradierte Armenhilfe nicht, vor allem weil

---

75 Bis heute gilt die »soziale Sicherung von Frauen« als »ein ungelöstes Strukturproblem im männlichen Wohlfahrtsstaat«; »nach wie vor ist die empirisch feststellbare Verteilung von sozialer Sicherheit und Sozialstaatspartizipation zwischen den Geschlechtern unbestritten« (Kuller 2007, 199). Allerdings hat sich die Forschungsperspektive mittlerweile verschoben, von einem »normative(n) Ansatz, der die Frauen in einer Opferrolle sah und den Sozialstaat als ein Institut zur Reproduktion patriachalischer Herrschaft deutete«, zur »Frage, wie der Sozialstaat mit der Pflege- und Versorgungsleistung, die in Familien unentgeltlich und ganz überwiegend von Frauen erbracht wird, umgeht« (ebd., 200).

sie zur Bestreitung des Lebensunterhalts nicht ausreichten und/oder weil die Versicherungsgrundlage der Erwerbstätigkeit fehlte, so dass insbesondere Frauen weiterhin auf die Armenfürsorge angewiesen blieben (Führer 1990; Ritter 1998, 47f.; Hagemann 1990, 248f.).

4.1.2. Weimarer Republik

In der Weimarer Republik ist die Entwicklung der Sozialversicherung aufgrund der Wirtschaftskrisen durch Finanzierungsprobleme und Leistungskürzungen gekennzeichnet; gleichzeitig setzte sich jedoch der Trend fort, die Versicherungspflicht auf weitere Gruppen auszudehnen (Frerich/Frey 1996a, 205-223).

Für die Weimarer Republik ist charakteristisch, dass wohlfahrtsstaatliche Regelungen nun nicht mehr der einfachen Legislative und der Verwaltung überlassen blieben, sondern in der Weimarer Reichsverfassung von 1919 (Art. 119 u. 122 u. Art. 142-165) erstmals auf der Ebene des Verfassungsrechts verankert wurden (Bouvier 2002, 25). Der in diesem Zusammenhang formulierte »Schutz der Familie« erhielt überhaupt zum ersten Mal in Europa Verfassungsrang (Heinemann 2004, 67-108). Die Festschreibung in der Verfassung wird als Reaktion auf die russische Oktoberrevolution interpretiert (Heinemann 2004, 293) und kann daher wie andere wohlfahrtsstaatliche Regulierungen auch als Facette des fordistischen Klassenkompromisses verstanden werden. Die Armenfürsorge wurde zur modernen, staatlichen Fürsorge umgestaltet, bei der eine Einteilung in Gruppen von Bedürftigen bzw. verschiedene Arten des Bedarfs (z.B. Jugendfürsorge, Mütterfürsorge, Wohnungsfürsorge) den tradierten Armutsbegriff sukzessive ablöste (Ritter 1998, 62). Dabei blieb die Praxis der Fürsorge widersprüchlich: Einerseits wurde die Fürsorge verrechtlicht und vereinheitlicht wie beispielsweise 1927 durch die Einführung der Fürsorgerichtsätze (Sachße/Tennstedt 1980, 210), und es wurden sogenannte ›gehobene‹ Arme (meist aus mittleren sozialen Lagen abgestiegene Gruppen) in das Fürsorgesystem einbezogen (Sozialrentnergesetz 1921, Gesetz über die Kleinrentnerfürsorge 1923) (Crew 1990; Führer 1990; Frerich/Frey 1996a, 171-235). Andererseits kam es in der Fürsorge in den Krisenjahren der Republik zu willkürlichen und massenhaften Rückgriffen gegen Verwandte über die im BGB und in der Reichsfürsorgeverordnung von 1924 definierte Unterhaltspflicht hinaus (beispielsweise gegen laterale Verwandte) (Crew 1990, 222). Die Unterscheidung unterschiedlicher und unterschiedlich legitimierter Formen von Armut und Fürsorge begünstigte soziale Kontrolle vor allem im dörflichen und kleinstädtischen Kontext (Marx 2007).

Die freie Wohlfahrtspflege wurde in der Weimarer Republik erstmals in Einzelfällen im Jahr 1922 (als das Reichsjugendwohlfahrtsgesetz die Nutzung staatlicher Mittel durch freie Träger der Jugendhilfe ermöglichte), sowie umfassend 1924 institutionalisiert, als die Reichsfürsorgeverordnung die staatliche und gesetzliche Anerkennung und Subventionierung von damals sieben freien Wohlfahrtsverbänden festschrieb (Frerich/Frey 1996a, 171-235).

Die 1919 in der Weimarer Republik erfolgte Neugestaltung der Arbeitsbeziehungen begründete ein zentrales und typisches Element sozialer Sicherheit in Deutschland. Der Gesetzgeber schuf hier jenen Ausgleich der Interessen, der in der Forschung als fordistischer Klassenkompromiss bezeichnet wird: die unteren Milieus und insbesondere die Arbeiterschaft erhalten in gewissen Grenzen eine Teilhabe am gesellschaftlichen Reichtum garantiert gegen die Aufgabe ihres politischen Ziels eines Zugriffs auf die Produktionsmittel. Mit dem Gesetz über Arbeitsvermittlung und Arbeitslosenversicherung von 1927 wurde erstmals eine eigene auf dem Versicherungsprinzip basierende Absicherung für Arbeitslose geschaffen, die bis dahin auf die Fürsorge (bzw. seit 1918 auf die Erwerbslosenfürsorge) angewiesen waren (Frerich/Frey 1996a, 196 u. 199-203).

4.1.3. NS-Staat

Das NS-Regime führte das bestehende Sozialversicherungssystem im Wesentlichen fort (Frerich/Frey 1996a, 289-305; dort auch das Folgende). Veränderungen gab es in der Organisation (u.a. Abschaffung der Selbstverwaltung der Krankenversicherungsträger und Führerprinzip ab 1933), durch die Ausweitung der Krankenversicherungsleistungen (u.a. für Kriegshinterbliebene 1939 und für Rentner 1941) und durch die Umwandlung (und damit Ausweitung) der Unfallversicherung von einer Betriebsversicherung in eine Personenversicherung für alle Beschäftigten 1942) sowie durch das Mutterschutzgesetz vom Mai 1942.[76] Dabei waren alle diese Leistungen prinzipiell reversibel, so daß der NS-Staat bezüglich der von ihm gewährten sozialen Sicherheit als »Wohlverhaltensstaat« charakterisiert wird (Teppe 1977, 196). Schließlich wurde ab Mitte der 1930er Jahre die Rentenversicherung (u.a. ermöglicht durch die vermehrten Beitragseinnahmen aufgrund des Rüstungsbzw. Beschäftigungsaufschwungs) finanziell saniert, ihre Leistungen ab 1937 erweitert und 1938 auf das Handwerk ausgedehnt.

Die bereits in der Weimarer Republik durch die Kriegsfürsorge und das Sozial- bzw. Kleinrentnergesetz getroffene Unterscheidung verschiedener Gruppen von Unterstützungsbedürftigen und die Verknüpfung dieser Unterscheidungen mit der Privilegierung bestimmter Gruppen in der Fürsorge (u.a. durch höhere Leistungen, kein Rückgriff gegen Verwandte) radikalisierte der

---

76 Sachse (1990, 53) weist darauf hin, dass dieses in seinen Leistungen auf deutsche Frauen beschränkte Gesetz zu einem Zeitpunkt (1942) erlassen wurde, als es für einen großen Teil der erwerbstätigen Frauen nicht galt, da diese ausländische Zwangsarbeiterinnen waren.

NS-Staat mit der Einführung der Rassenideologie in die Wohlfahrtsgesetzgebung und -praxis.[77] Grundlegend hierfür war die Idee von einer »Volksgemeinschaft«, die auf einer völkischen und sozialdarwinistischen Ideologie und auf einer Rassenideologie beruhte, die von den NS-Ideologen nicht erfunden worden war, sondern auf dem vorhandenen modernen Rassismus beruhte, diesen ideologisch zuspitzte und politisch umsetzte (Sachse 1990, 43). Für den Bereich der sozialen Sicherheit für Familien sind zudem weitere gesetzliche Regelungen im NS-Staat relevant, die von der Hausfrauenehe als Norm ausgingen: So sah das »Gesetz zur Verminderung der Arbeitslosigkeit« von 1933 vor, dass ein Ehestandsdarlehen nur dann beantragt und bewilligt werden konnte, wenn die Ehefrau ihre Erwerbstätigkeit bei der Eheschließung aufgab (es sei denn, ihr Ehemann war hilfsbedürftig) (Mühlfeld/Schönweiss 1989, 203f.; Kannappel 1999, 15). Mit der Entstehung eines gravierenden Arbeitskräftemangels ab 1937 wurden diese Darlehen auch dann gewährt, wenn die Ehefrau erwerbstätig blieb (Kannappel 1999, 19; König 1988, 14-20). Weitere Leistungen des NS-Staates für Familien wie die ab Oktober 1935 bezahlten einmaligen Kinderbeihilfen, die Steuerfreibeträge für Kinder ab 1934 sowie Kindergeld (seit 1936 ab dem fünften und seit 1938 ab dem dritten Kind) werden von der Forschung weniger als sozialpolitische, sondern eher als rassenideologisch-differenzierende bevölkerungspolitische Maßnahmen eingeschätzt (König 1988, 21-23; Ruhl 1991).

Bis auf Caritas, Diakonie und das Rote Kreuz gliederte das NS-Regime die freien Wohlfahrtsverbände der Nationalsozialistischen Volkswohlfahrt (NSV) an (Eifert 1993; Hammerschmidt 1999; Gruner 2002, 29; Hering/Schilde 2003). Grundsätzlich jedoch blieb das duale System der Wohlfahrtspflege erhalten.

Der NS-Staat beendete bzw. radikalisierte den fordistischen Klassenkompromiss durch die Zerschlagung der Gewerkschaften und das Verständnis und die Regelung der Arbeitsbeziehungen als »Betriebsgemeinschaft« (Hachtmann 1998). Für den NS-Staat ist daher die besondere Ausgestaltung der betrieblichen Ebene sozialer Sicherheit spezifisch. Organisiert wurde dies durch die Deutsche Arbeitsfront (DAF), die »Betriebshygiene mit Rassenhygiene und Arbeiter- und Sozialpolitik mit Rassenhygiene und Familienpolitik« verknüpfte (Sachse 1990, 42).

---

77 Das bedeutet nicht, dass solche Überlegungen, die auch im sozialistischen, kommunistischen und sozialdemokratischen Lager zu finden waren, eine Novation der NS-Politik gewesen sind. Sie wurden hier jedoch erstmals Staatsräson, Maxime der Gesetzgebung und mit den Massenmorden auch umgesetzt (Sachße/Tennstedt 1992).

4.1.4. Deutsche Demokratische Republik

Während, wie oben bereits erwähnt, die alliierten Pläne zu einer einheitlichen Sozialversicherung in der BRD nicht realisiert wurden, geschah dies in der DDR. Im Juli 1945 wurde in der DDR die bestehende Sozialversicherung zur Einheitsversicherung umorganisiert (Verfassung der DDR (1949), Art. 16 Abs. 3).[78] (Frerich/Frey 1996b, 15-20). Diese Einheitsversicherung wurde 1968 durch die Freiwillige Zusatzrentenversicherung (FZR) ergänzt, die nach dem Prinzip einer privaten Altersvorsorge organisiert war (Frerich/Frey 1996b, 335-342). Obwohl das letztlich eine Reaktion auf die populäre Rentenreform der BRD 1957 und auch auf die schlechte soziale Lage der Rentner in der DDR war (Frerich/Frey 1996b, 81-85), lag das Ziel dieser FZR vor allem darin, Kaufkraft abzuschöpfen (Hoffmann 1996, 383; Frerich/Frey 1996b, 342). Zudem privilegierte sie die politische, administrative und militärische Elite (Hoffmann 2005, 472). Ab 1971 wurde diese Versicherung, die wenig Anklang gefunden hatte, weil die Beiträge allein von den Erwerbstätigen zu leisten waren, ergänzt durch eine Verordnung, die nun auch Betriebe zur Beitragszahlung heranzog (Bouvier 2002, 208f., dort auch das Folgende). Danach stieg der Anteil der Personen, die eine FZR abgeschlossen hatte, auf über 80 Prozent im Jahr 1989 an.[79]

Die Verfassung der DDR von 1949 enthielt zahlreiche Rechtsansprüche auf soziale Sicherheit, so unter anderem das Recht auf bezahlten Urlaub (Verfassung der DDR 1949, Art. 16 Abs. 1). Spezifisch für soziale Sicherheit in der DDR war zudem die massive staatliche Subventionierung von Preisen und Mieten (Schmidt 2001, 756; Steiner 2004, 165 u. 172f.).[80] Ab 1975 war die politische Entwicklung in der DDR durch das von Erich Honecker favorisierte Programm der »Einheit von Wirtschafts- und Sozialpolitik« bestimmt, wobei Leistungen sozialer Sicherheit in Reaktion auf Streiks und Unruhen in der DDR und in anderen staatssozialistischen Ländern stark ausgebaut wurden (Steiner 2004, 165-191). Besonders markant sind in diesem Zusammenhang die pronatalistisch motivierten Leistungen für Frauen und Mütter bzw. für Familien (Ehekredite die ›abgekindert‹ werden konnten, Geburtsprämien, Kindergeld, Mutterschaftsurlaub, Babyjahr, Arbeitszeitreduzierungen, Son-

---

78 Diese Versicherung galt für die (Zwangs-)Arbeitsmigranten in der DDR nur einschränkt. Sie waren zwar in der Einheitssozialversicherung versichert, jedoch blieben ihnen Leistungen der Invaliden- und Altersrente verwehrt und auch die Leistungen aus der Unfallversicherung waren auf eine Abfindung beschränkt (Frerich/Frey 1996, Bd. 2, 183-186; Schmidt 2001, 759).

79 Auf die weiteren Zusatzversorgungssysteme für Beschäftigte des Ministeriums für Staatssicherheit, für NVA-Angehörige und andere privilegierte Gruppen, deren Leistungen deutlich höher lagen als die Leistungen der Altersrenten aus der Einheitssozialversicherung (Bouvier 2002, 219f.) kann hier nicht weiter eingegangen werden.

80 Eine in Ansätzen vergleichbare Regelung in der alten BRD waren die Agrarsubventionen, die das Marktprinzip für diesen Sektor außer Kraft setzten und den Land bewirtschaftenden Familien zugute kamen (Pruns 1991, 352).

derurlaub und Pflegeurlaub für Mütter) (Kreyenfeld 2004a, 7; Steiner 2004, 172). Der nacheheliche Unterhalt für Ehegatten hingegen galt zugunsten der Arbeitskräfterekrutierung »nur in Ausnahmefällen« (Schneider 2004, 347). Im Gegensatz zu Familien mit Kindern waren Rentnerinnen und Rentner in der DDR schlecht abgesichert (Frerich/Frey 1996b, 81-86). Obwohl die Ideologie des Staatssozialismus die soziale Frage durch die Staatsform beantwortet sah, blieb die Fürsorge als Sozialfürsorge auch in der DDR erhalten. Sie war damit jedoch »in einer ideologischen Tabu-Zone angesiedelt« (Rudloff 1998, 228), so dass »für den Bereich der Sozialfürsorge (...) eine systematische Vernachlässigung zu verzeichnen ist« (Boldorf 1998, 225). Die Sozialfürsorge hatte vor allem das Ziel, möglichst viele Fürsorgeempfänger in Arbeit zu setzen (Boldorf 1998, 35, 43 u. 210f.; Rudloff 1998, 197), wobei die Zwangseinweisungen und Inhaftierungen von sogenannten »Asozialen« und »Arbeitsscheuen« bis zum Ende der DDR stark zunahmen (Rudloff 1998, 208; Korzilius 2005, 706f.; Lindenberger 2005). »Bis auf einige Rentner, alte und nicht erwerbsfähige Frauen sowie alleinerziehende Mütter dünnte die Sozialfürsorgeklientel weitgehend aus.« (Rudloff 1998, 197)

Auch in der DDR blieb der Bereich der freien Wohlfahrtspflege erhalten und wurde 1945/1946 mit der »Volkssolidarität« vereinheitlicht und neu institutionalisiert (Frerich/Frey 1996b, 26; Angerhausen u.a. 1998, 25; Bouvier 2002, 234-243). Zudem blieb (wenn auch eingeschränkt) mit der Caritas und der Diakonie der konfessionelle Sektor freier Wohlfahrtspflege erhalten (Rudloff 1998, 225).

Trotz des chronischen Arbeitskräftemangels gab es in der DDR eine Arbeitslosenversicherung, die bereits in der sowjetischen Besatzungszone eingeführt worden war und vor allem der Arbeitskräftelenkung im Rahmen der de facto von Beginn an und de jure ab 1961 geltenden Arbeitspflicht diente (Frerich/Frey 1996b, 36f.; Boldorf 1998, 39; Hoffmann 2002). Der Zugang zur Arbeitslosenversicherung war durch die Arbeitskräftelenkung und mit Hilfe von Repressionsmaßnahmen so gestaltet, dass diese in der Praxis bedeutungslos blieb (Hoffmann 2002). Daher wird die DDR auch als »Fürsorgediktatur« (Jarausch 1998) oder als »Versorgungsdiktatur« (Bouvier 2002, 337) charakterisiert.

4.1.5. Bundesrepublik Deutschland

Die Bundesrepublik führte das überkommene System der Sozialversicherung im Wesentlichen bis heute fort (vgl. Kap. 1.2. u. 1.4.). Dieses Sozialversicherungssystem ist nach Risiken und Berufsgruppen gegliedert, es basiert fast ausschließlich auf Beitragszahlungen auf der Grundlage von Erwerbstätigkeit. Entscheidend ist, dass es in der fordistischen Hochphase der Bundesrepublik angesichts des »kurzen Traums von der immerwährenden Prosperität«

(Lutz 1984) massiv ausgebaut wurde. Das gilt insbesondere für die Absicherung der Rentnergeneration (vgl. Kap. 4.2.3.).

Im Grundgesetz erklärte sich die BRD nicht nur zu einem demokratischen Staat, sondern mit dem »Sozialstaatsgebot« auch zu einem »sozialen Bundesstaat« (Art. 20 Abs. 1 und Art. 28 Abs. 1 GG). Dies entsprach den Entwicklungen in anderen westeuropäischen Ländern nach dem Zweiten Weltkrieg, in denen soziale Sicherheit ebenfalls in den Verfassungen verankert wurde (Alber 1982, 58f.; Kaufmann 2003, 39). Auf Verfassungsebene wurde die Sozialpolitik in Deutschland anlässlich der Wiedervereinigung erneut kodifiziert.[81] Zeittypisch bedeutsame sozialpolitische Regelungen in den Jahren nach dem Zweiten Weltkrieg waren das Soforthilfegesetz von 1949 und das Lastenausgleichsgesetz von 1952 für Flüchtlinge, Vertriebene und Kriegsgeschädigte (Wiegand 1992, 103-109 u. 138ff.; Hudemann 1991) sowie das Bundesergänzungsgesetz 1953 bzw. das Bundesentschädigungsgesetz von 1956 (mit allerdings unzureichenden Leistungen, Herbst/Goschler 1989) für die Verfolgten des NS-Staats.

Die Regelungen der staatlichen Fürsorge wurden in der BRD mit dem Bundessozialhilfegesetz (BSHG, 1961) grundlegend reformiert. Dieses formulierte den Sozialhilfeanspruch als Rechtsanspruch und unterschied sich von der älteren Fürsorge insbesondere dadurch, dass die Sozialhilfe nicht mehr nur ein Überlebensminimum bereitstellen, sondern eine Lebensführung in »Würde« ermöglichen sollte (Frerich/Frey 1996c, 126; Kaufmann 2003, 287). Dasselbe gilt für die umfassende Novellierung des Jugendwohlfahrtsgesetzes 1961. Dabei blieb beim Bundessozialhilfegesetz wie beim Jugendwohlfahrtsgesetz die Bedingung erhalten, dass staatliche Leistungen subsidiär erfolgen Die Leistungen nach dem BSHG wurden bedarfsorientiert bezahlt, was dazu führen konnte, »dass bei größeren Haushalten die gezahlte Gesamtsumme höher als die Lohneinkommen für einfache Arbeit liegen können« (Kaufmann 2003, 288).[82] Die Kritik an diesem Phänomen sowie die »konservative Transformation des Wohlfahrtsstaates« (Borchert 1995) führten 2005 zu einer grundlegenden Veränderung der Sozialpolitik: Arbeitslosenhilfe und Sozialhilfe wurden mit dem Vierten Gesetz für moderne Dienstleistungen am Arbeitsmarkt zusammengelegt (siehe dazu auch unten).

Die bundesdeutsche Sozialpolitik hat im Laufe der Jahrzehnte auf die Differenzierung der privaten Lebensformen reagiert (vgl. dazu Kap. 2.1.5.).

---

81 Der Staatsvertrag zur Währungs-, Wirtschafts- und Sozialunion von BRD und DDR, der am 1. Juli 1990 in Kraft trat, definiert in Art. 1 Abs. 4 die soziale Marktwirtschaft: »Die Sozialunion (...) wird insbesondere bestimmt durch eine der Sozialen Marktwirtschaft entsprechende Arbeitsrechtsordnung und ein auf den Prinzipien der Leistungsgerechtigkeit und des sozialen Ausgleichs beruhendes umfassendes System der sozialen Sicherung.« (Zacher 2001, 580).

82 Dies ist natürlich nicht nur ein Ergebnis des Berechnungsmodus für Leistungen nach dem BSHG, sondern auch das Ergebnis des Verhältnisses von Kapital und Arbeit und der damit verbundenen Lohnhöhe.

Das geschah in Form der rechtlichen Anerkennung und Absicherung neuer Lebensformen in den Familien und Partnerschaften. Diese Rechtsentwicklung in der Sozialpolitik der BRD entspricht dem Wandel in anderen westlichen Ländern, »(where) there is a tendency to blur the distinction between formalized and not formalized relationships« (Willekens 2003, 70). Hieraus ergab sich letztlich eine sukzessive Ausweitung des Verwandtschaftsbegriffs, da nach der (fast völligen) Gleichstellung ehelicher und unehelicher Kinder (zuletzt im Kindschaftsrecht 1998),[83] der Anerkennung (gleichgeschlechtlicher) nichtehelicher Lebensgemeinschaften (zuletzt im Lebenspartnerschaftsgesetz 2001) nun ein größerer Personenkreis einander zum Unterhalt verpflichtet ist, als es bei der Definition von Familie und Ehe nach dem BGB der Fall gewesen wäre.[84] In diesem Kontext ist auch das mit dem Kindschaftsreformgesetz von 1997 eingeführte Umgangsrecht für Geschwister (Mielke 2005, 124) zu sehen, das Netzwerke auf dieser im BGB (etwa im Erb- oder Unterhaltsrecht) bislang kaum relevanten, lateralen Ebene rechtlich ermöglicht und fasst.

Zudem kommt es im Rahmen des Abbaus verschiedener wohlfahrtsstaatlicher Leistungen zu einem früheren und daher insgesamt stärkeren Rückgriff auf Familie/Verwandtschaft. So verkürzte beispielsweise das Vierte Gesetz für moderne Dienstleistungen am Arbeitsmarkt (2005) den Bezug des Arbeitslosengeldes von zwei Jahren auf ein Jahr, so dass nun bereits nach einem Jahr das Einkommen und Vermögen der unterhaltpflichtigen Angehörigen und/oder der Personen, mit denen eine arbeitslose Person in einer sogenannten »Bedarfsgemeinschaft« lebt, in die Berechnung der staatlichen Leistungen einbezogen wird.[85] Schließlich zielt die aktuelle Sozialpolitik der BRD ebenso wie die Sozialpolitik in anderen Ländern darauf, »das vorhandene Potential informeller Hilfe auszuschöpfen« (Schmid 2002, 404). Die Intensivierung der Netzwerkforschung ab den 1990er Jahren und das politische

---

83   Die Position nichtehelich geborener Kinder, insbesondere deren rechtliche Zuweisung ausschließlich (mit Ausnahme eines Unterhaltsanspruchs) an die Mutter war bei der Entstehung des BGB bis in die Frauenbewegung hinein Konsens gewesen und unterstützt worden (Baumgarten 2007). In der Weimarer Republik gab es um die rechtliche Stellung nichtehelich geborener Kinder intensive Debatten im Kontext der Verfassung und im Zusammenhang zahlreicher Gesetzesinitiativen (vgl. Heinemann 2004, 81-88 u. 181-205). In der DDR war das Unehelichenrecht des BGB bereits mit der Verfassung von 1949 aufgehoben worden; zudem waren eheliche und nichteheliche Kinder mit dem Familiengesetzbuch von 1966 erb- und unterhaltsrechtlich gleichgestellt worden; das geplante, gemeinsame Erziehungsrecht der Eltern nichtehelich geborener Kinder aus der Reform des Familiengesetzbuches der DDR im Oktober 1990 wurde jedoch nicht mehr verwirklicht (Schumann 1998, 133ff.).

84   Das BGB (§ 1601) definiert die Unterhaltpflicht zwischen Verwandten in gerader, aufsteigender oder absteigender Linie.

85   Die letzte Änderung weist wieder in eine andere Richtung: Der Bundesrat verabschiedete eine am 1. März 2008 in Kraft tretende Regelung, nach der ältere Arbeitslose ab 50 Jahren wieder 15 Monate, ab 55 Jahren 18 Monate, ab 58 Jahren 24 Monate das Arbeitslosengeld I beziehen können; diese Zahlungen werden rückwirkend ab 1. Januar 2008 geleistet.

Interesse an dieser soziologischen Forschung zu Familie/Verwandtschaft (siehe Einleitung) müssen auch in diesem Zusammenhang gesehen werden.

In der BRD entwickelte sich aus der Anknüpfung an die Regelungen in der Weimarer Republik das System dualer Wohlfahrtspflege. Dabei nehmen die freien Wohlfahrtsverbände eine »›intermediäre‹ Stellung zwischen dem formellen (Markt und Staat) und informellen Sektor (Familie, Nachbarschaft, Selbsthilfe etc.)« ein (Schmid 2002, 350). Im europäischen Vergleich gilt die politisch und rechtlich starke Stellung sowie das breite Spektrum der zahlreichen kleinen Wohlfahrtsverbände in Deutschland als herausragend, »in keinem anderen Land ist eine so intensive Privilegierung, Verflechtung und Finanzierung durch den Staat erreicht worden« (ebd.). Im Zuge der Umgestaltung sozialer Sicherheit zu warenförmigen Leistungen nach Marktprinzipien wird für die Bundesrepublik darauf hingewiesen, dass der spezifische »German welfare corporatism (...) the introduction of market mechanisms in social-service systems« eher hemmt, während in Ländern, in denen das Subsidiaritätsprinzip nicht in dieser Form institutionalisiert wurde, dieser Umbau schneller vonstatten geht (Bahle 2003, 15). Die Forschung schreibt den freien Wohlfahrtsverbänden in Deutschland einerseits trotz gewisser neuerer rechtlicher Beschneidungen ihrer (bisherigen) Vormachtstellung (z.B. gegenüber kommerziellen Anbietern) eine weiterhin zentrale Position zu (Schmid 2002, 352f.). Andererseits wird insbesondere in Ostdeutschland aber auch in Westdeutschland eine tendenzielle und langfristige Schwächung dieser Verbände befürchtet, weil durch den Wandel in den sozialen Milieus die soziale Basis ihrer Arbeit (u.a. konfessionell engagierte Gruppen, ehrenamtliches Engagement, aber auch Lobbying und andere Unterstützung) fehlt bzw. wegbricht (Backhaus-Maul/Olk 1992, 125f.; Angerhausen u.a. 1998, 310)

Bei der Regelung der Arbeitsbeziehungen knüpfte die Bundesrepublik an den in der Weimarer Republik begonnenen fordistischen Klassenkompromiss wieder an. Auf gewerkschaftlichen Druck hin wurde 1952 das Betriebsverfassungsgesetz verabschiedet (Kaufmann 2003, 279f. u. 305; dort auch das Folgende). Die dadurch entstandenen Arbeitsbeziehungen gelten »als neue Form des ›wohlfahrtsstaatlichen Kompromisses‹ in Deutschland«, der mit dem Begriff der »Sozialpartnerschaft« bezeichnet wird.[86] Die Inhaber/innen von Arbeitsplätzen genießen in der BRD einen sehr weit reichenden arbeits- und sozialrechtlichen Schutz (Schmidt 2000, 155), den vor allem auch die entwickelte Arbeitsgerichtsbarkeit garantiert (Kaufmann 2003, 279).

Im Zuge der »konservativen Transformation des Wohlfahrtsstaates« (Borchert 1995) wurden unter anderem Leistungen im Bereich der Arbeitslosenversicherung sowie arbeitsrechtliche Schutzmöglichkeiten (Hockerts 2007,

---

86 Besondere Bedeutung hatte auch die Einführung von Sozialplänen, die im Zusammenhang mit dem wirtschaftlichen Strukturwandel (Krise im Bergbau) 1972 im Betriebsverfassungsgesetz verankert wurden (Ritter 1998, 99ff.). Diese Form der sozialen Sicherheit wurde im Transformationsprozess in Ostdeutschland nochmals besonders relevant (ebd., 105f.).

28) abgebaut. Wichtig ist ferner der »von den Tarifparteien selbst vorange-
trieben(e)« sukzessive Abschied vom Flächentarifvertrag mit unternehmens-
oder betriebsspezifisch vereinbarten Öffnungsklauseln (Hockerts 2007, 28),
der die Flexibilisierung des Arbeitsmarkts ermöglicht und mit als Ursache
dafür angesehen wird, dass ein Vollzeit-Normalarbeitsverhältnis mittlerweile
nicht mehr sicher als »armutsvermeidend« gilt (Andreß/Seeck 2007, 465).
Während der Ende der 1970er Jahre einsetzende Leistungsabbau zunächst
vor allem »arbeitsmarktpolitische Problem- oder Randgruppen« traf, waren
»männliche, verheiratete Arbeitnehmer in den mittleren Einkommensklassen
mit einer stetigen Erwerbsbiographie« von diesen Sparmaßnahmen weniger
betroffen (Schmähl u.a. 1986, 168). Diese Einschätzung gilt bis Mitte der
1980er Jahre. Hinsichtlich der »normativen Orientierungen der Sozialpolitik«
fand ein Wandel statt weg vom Fokus auf »vertikale Ungleichheit der Einkommen und Vermögen« hin zur Betonung der

> »Ungleichheiten zwischen den Generationen, zwischen kinderreichen und kinder-
> losen Familien, zwischen Kindern und Erwachsenen, zwischen Frauen und Män-
> nern und zwischen Aus- und Inländern« (Leisering 2000, 74).

Das bedeutet nicht, dass die ursprünglich über die Arbeitsbeziehungen geregelte, alte soziale Frage verschwunden wäre – im Gegenteil: Gerade die mittleren sozialen Milieus sind nun von sozialem Abstieg zunehmend bedroht
bzw. leben in »prekärem Wohlstand« (Vester u.a. 2001, 83ff.). Markant in
Bezug auf diese Gruppe sind insbesondere die Kürzungen, die Kernelemente
des fordistischen Wohlfahrtsstaates betreffen, wie etwa die Senkung der
Lohnfortzahlung im Krankheitsfall um 20 Prozent im Jahr 1996 (Hockerts
2007, 28). Historisch handelt es sich dabei nicht um eine Reform, sondern
um eine grundlegende Rücknahme von Basiselementen der seit Ende des 19.
Jahrhunderts etablierten und in den ersten Jahrzehnten nach dem Zweiten
Weltkrieg ausgebauten wohlfahrtsstaatlichen Sicherung.[87] Diese historische

---

87 Diese Diagnose aus der Prekaritätsforschung übernimmt auch der Siebte Familienbericht:
»Allerdings deuten jüngste Untersuchungen zur Mobilität zwischen prekärem und gesicher-
tem Wohlstand darauf hin, dass der weitaus größere Teil der prekär ›Wohlhabenden‹ wie
auch der Armen längerfristig in ungünstigen Lebenslagen verbleiben wird« (BMFSFJ 2006,
168). Die politischen Schlussfolgerungen, die in der Familienberichterstattung daraus gezogen werden, deuten sich an und wurden wissenschaftlich bislang kaum diskutiert. Die
Überlegungen zielen ganz deutlich nicht auf eine Veränderung der Prekarität, sondern in
Richtung der Stabilisierung der betroffenen Menschen in ihrer prekären Situation, weil
nämlich der Befund endemischer und dauerhafter Prekarität »die Notwendigkeit der Vermittlung von Alltagsbewältigungsstrategien nochmals deutlicher unterstreicht« (ebd.).
Dann werden Studien zur Veränderung des Ernährungsverhaltens bei neuen und bei dauerhaft Armen erörtert und resümiert: »Allerdings gibt zu denken, dass auch ausgebildete Oe-
kotrophologinnen und Oekotrophologen nicht im Stande waren, die Familienhaushalte mit
dem verfügbaren Sozialhilfebudget länger als bis zum 24. Tag eines laufenden Monats nach
den Grundsätzen der Deutschen Gesellschaft für Ernährung zu beköstigen.« Genau genommen wird hier sozialpolitisch der Abschied von der Armutsbekämpfung formuliert.
Das Ansetzen (bzw. Andenken) bei der Ernährung unter den Bedingungen von Prekarität

Zäsur wird insbesondere durch tiefgreifende weitere Eingriffe deutlich, näm-lich die vier Gesetze für moderne Dienstleistungen am Arbeitsmarkt (2003-2005). Das vierte Gesetz dieser Regelungen (2005) legte Arbeitslosenhilfe und Sozialhilfe zusammen und griff damit grundlegend ein in die in der Weimarer Republik ausdifferenzierte soziale Sicherung für Arbeitslose und Fürsorgebedürftige (bzw. später: Sozialhilfebedürftige). Im Unterschied zur bisherigen Arbeitslosenhilfe (bzw. zur Sozialhilfe) wurden nun die Bedin-gungen für die Aufnahme einer Erwerbsarbeit verschärft vor allem hinsicht-lich der zu akzeptierenden Entlohnung. Der bislang geltende Statuserhalt wurde u.a. durch die Aufgabe des Berufsschutzes sowie durch den erweiter-ten Rückgriff gegen das Vermögen sehr stark eingeschränkt. Diese Entwick-lung ist europaweit festzustellen und wird von der Forschung als historisch neue »deconstruction of the category of ›unemployment‹« identifiziert (Salais 2007).[88] Empirische Studien zeigen zudem, dass die staatlichen Unterstüt-

---

und Armut wäre ein interessanter emprischer Untersuchungsgegenstand für sozial profilier-te biopolitische Formen von Gouvernementalität.

88   Salais (2007, 400f.) weist auf das daraus resultierende Problem der Datenerhebung hin: die herkömmlichen Formate, Methoden und Indikatoren, vor allem »the employment rate«, können den grundlegenden Wandel der Arbeit nicht mehr abbilden (woraus er ein Demo-kratiedefizit ableitet, da soziale Lagen und politische Interessen mangels Kategorien nicht mehr formulierbar werden könnten): »Paradoxically, although there are many other facets to explore, we end up with social inquiry, the forms it takes (monographs, survey data), the preparation of its questionnaires (question and survey methods) and their coding (i.e., cate-gories), with an examination of the nature of participation in the survey, on how diversity of opinion and experience is shown within it, and how social inquiry could inform politics. Historically, these were key factors in the invention of the category ›unemployment‹ and the social state. (…) Before taking any decisions on social reform, Europe would be wise to reinvest in such areas of knowledge and, above all, to choose a political methodology which ensures that this knowledge informs the collective decision-process.« (Ebd., 401). Wegweisend in dieser Hinsicht sind das Aufgreifen und die methodische Neuausrichtung des Formats der Sozialreportage in der sozialwissenschaftlichen und sozialpolitischen For-schung sowie in der Forschung zum Phänomen der Entgrenzung von Arbeit und Leben. Begonnen durch Pierre Bourdieu und sein Team im Frankreich zu Beginn der 1990er Jahre (Bourdieu u.a. 1997), sind diese methodischen Orientierungen, die auf qualitativer Grund-lage (v.a. qualitative Interviews und ethnographische Methoden) mit einer Kombination von Strukturdatenanalyse und Falldarstellungen arbeiten, für die Situation in der Bundesre-publik bereits mehrfach angewendet und weiterentwickelt worden (Knecht 1999; Schult-heis/Schulz 2005; Schönberger 2005). Der »Dekonstruktion der Arbeitslosigkeit« (R. Sa-lais) entspricht auch die Auflösung von »Arbeit«, wie sie im Fordismus bezahlt, organisiert und politisch gefasst wurde. Daher entspricht den wissenschaftlich-methodischen Suchbe-wegungen zur Dokumentation prekarisierter sozialer Lagen in der politischen Praxis der Gewerkschaften die Suche nach neuen Methoden der Agitation und Organisierung wie et-was das in den USA entwickelte »organizing« (z.B. für Niedriglohnbranchen wie Sicher-heitsdienste), da die bisherigen, auf den fordistischen männlichen Arbeiter der Automobil-branche zugeschnittenen Strategien der Politisierung nicht mehr greifen. Bremme/Fürniß/ Meinecke (2007) sehen diese Form als »Zukunftsprogramm für bundesdeutsche Gewerk-schaften«. Für das hier interessisierende Thema ist relevant, dass diese Formen der politi-schen Organisation auf historische Vorläufer wie die Gemeinwesenarbeit und deren Nut-zung und Förderung nachbarschaftlicher Netzwerke aufbaut (ebd., 10). Zur Notwendigkeit, Wissen über den Prozess der Entgrenzung von Arbeit und Leben und dessen Realisierung

zungsleistungen nach dem zweiten Teil des Sozialgesetzbuches (SGB-II) ebenso wie in der Erwerbsarbeit nach der Logik eines zunehmend grenzenlosen Zugriffs auf die Betroffenen als Arbeitskräfte strukturiert sind:

> »Vielmehr stärkt die prinzipielle Ausrichtung des SGB II an der Vollzeit verfügbaren Arbeitskraft ohne ›care‹-Aufgaben (…) neue Spaltungen innerhalb der Gruppe von Frauen und Männern« (Betzelt 2007, 303),

nämlich diejenige zwischen den Arbeitskräften, die ausschließlich Lohnarbeit leisten und tendenziell grenzenlos verfügbar sind und denjenigen, die zusätzlich auch die nicht lohnarbeitsförmige care-work erbringen müssen.

4.2. Exemplarische Dynamiken wohlfahrtsstaatlicher Politik in Deutschland

4.2.1. Institutionalisierung von Familienpolitik

Das gegenwärtige Verhältnis zwischen Familie/Verwandtschaft und sozialer Sicherheit wurde nach der Gründung der Bundesrepublik vor allem durch die doppelte Frontstellung des Staates im Kalten Krieg geprägt. Zum einen grenzte man sich gegen die pronatalistische, rassistische und sozialdarwinistische Politik des NS-Regimes ab,[89] zum anderen gegen die pronatalistische Familienpolitik der DDR. Aus diesen Abgrenzungsbemühungen resultierte in der BRD eine verstärkte Orientierung am Subsidiaritätsprinzip der katholischen Soziallehre und am tradierten Familienmodell mit einem männlichen Familienernährer. In der Nachkriegszeit wurden daher die überkommenen Familienideale reetabliert (Moeller 1989).

Die Ablehnung staatlicher Eingriffe in die Familien sowie das Subsidiaritätspinzip (Becker 2000, 294) waren die zentralen Gründe dafür, dass sich Familienpolitik in der Bundesrepublik »erst im Laufe der Zeit zu einem eigenständigen Politikfeld« entwickelte (Kuller 2004, 19).[90] So wurde in der

---

in den Praktiken der Menschen zu formulieren, vgl. aus kulturwissenschaftlicher Perspektive Schönberger (2007, 89).

89 Einige vom NS-Regime geschaffenen Sozialleistungen für Familien wie das Kindergeld oder Steuerfreiträge für Familien mit Kindern (Ruhl 1991) waren zudem von den Alliierten wegen der rassistischen und sozialrassistischen Ausgestaltung der entsprechenden Gesetze zunächst verboten worden (Zacher 2001, 443; Kaufmann 2003, 289; Kuller 2004, 158).

90 Diese Dynamik prägte auch zahlreiche andere institutionelle Entwicklungen in Deutschland. So zeichnet Beckert (2007) eine »longue durée of inheritance law« für Deutschland seit dem 18. Jahrhundert in den Auseinandersetzungen um das Erbrecht bis in die jüngste Debatte um die Erbschaftssteuerreform von 1996 nach, bei der »a family-social-justice-oriented notion of property« vorherrschte, mit dem Resultat, dass »(l)iberal arguments ba-

BRD 1953, also vergleichsweise spät, ein Familienministerium gegründet. Erst zehn Jahre nach Kriegsende begann der sogenannte »Familienlastenausgleich« durch die Einführung eines Kindergelds für das dritte Kind; 1961 und 1975 wurde es auf das zweite bzw. erste Kind ausgedehnt. Zudem wurden die Beträge erhöht (Kuller 2004, 170, 186 u. 215f.). Zeitweise existierten parallel dazu Steuerfreibeträge für Kinder, die inzwischen alternativ zum Kindergeld bestehen; zusätzlich gibt es einen steuerlichen Freibetrag für Betreuung, Erziehung und Ausbildung.

Diese späte Institutionalisierung von Familienpolitik führte dazu,

> »dass in Deutschland – gänzlich anders als in Frankreich – familienbezogene Politik im Gesamtensemble der deutschen Sozialpolitik bis heute eine gewisse Sonderstellung einnimmt. Während sich alle anderen Bereiche der sozialen Sicherung als erwerbsarbeitsbezogene, von Arbeitgebern und Arbeitnehmern gemeinsam finanzierte Versicherungssysteme konsolidierten, blieben familien- und kinderbezogene Risiken außerhalb dieser Strukturen.« (Becker 2000, 186)

Eine spezielle staatliche finanzielle Unterstützung von Familien zählte also nicht zu den ersten gesetzgeberischen Maßnahmen in der jungen BRD, wo man sich vor allem auf die bessere Absicherung der Alten konzentrierte (Schmidt 2000, 155f.; Kaufmann 2003, 289) (siehe Kap. 4.2.3.). Aus diesem Grund waren und sind in Deutschland – im internationalen Vergleich – »Kinderkosten ›Privatsache‹« (Scheiwe 1994, 72).

4.2.2. Regelungen zugunsten der Hausfrauen-Ehe (Ehegattensplitting, Kinderbetreuung, Elternzeit, Erziehungsgeld bzw. Elterngeld)

Die »Überhöhung und Idealisierung der Ehe als Institution« (und mithin das später entstandene Ideal der Hausfrauenehe) gehen auf die Naturrechtslehre Johann G. Fichtes zurück, die für die Frau

> »die ›freiwillige‹ Unterwerfung unter die Prärogative des Mannes in allen Eheangelegenheiten mit der ›Natur‹ der Frauen und – im Zeitgeist der Romantik – mit ihrer Liebe ›zu dem einen‹ zu rechtfertigen verstand« (Gerhard 2003, 72).

Dieses Frauenbild und Eheverständnis wurden in Reaktion auf uneinheitliche und liberale Bestimmungen des preussischen Allgemeinen Landrechts in der zweiten Hälfte des 19. Jahrhunderts politisch instrumentalisiert und beeinflussten dann maßgeblich die Bestimmungen des BGB von 1900. Zusammengefasst bedeutet diese historische Linie: Die sogenannte Hausfrauenehe ist eine Facette der Geschichte der (gescheiterten und zurückgeschlagenen) bür-

---

sed on uninhibited individual property rights exercised much less influence in Germany compared to France and th USA« (Beckert 2007, 99).

gerlichen Emanzipation in Deutschland. Sie hat ihre legalen und politisch-ideologischen Wurzeln in der politischen Restauration in Deutschland nach der Revolutionsbewegung von 1848 (Harms-Ziegler 1997, 344). Dieses Eheverständnis und die rechtliche Gestaltung der Ehe als Hausfrauenehe wurden in Deutschland im gesamten 20. Jahrhundert vom Kaiserreich über die Weimarer Republik und den NS-Staat bis in die Bundesrepublik beibehalten. Auch die erste Familienrechtsreform in der BRD, das Ehegesetz von 1957, kodifizierte dieses Ideal, indem es

> »grundsätzlich an der ›Hausfrauenehe‹ festhielt und die Erwerbstätigkeit der Ehefrau von der Zustimmung des Mannes abhängig machte« (Schulz 1998, 130; ebenso: Grimme 2003, 144; Franzius 2005, 171).

Somit war in der BRD bis Ende der 1970er Jahre die Hausfrauenehe nicht nur ein kulturelles Ideal, sondern auch rechtlich vorgegeben (Hausen 1997, 743; Kaufmann 2003, 289). Erst die Eherechtsreform von 1977 legte eine Gleichstellung der Eheleute fest. Trotz dieser formalen Gleichstellung blieb jedoch die Hausfrauen-Ehe bzw. die männliche Ernährer-Ehe weitgehend soziale Praxis. Dies liegt vor allem daran, dass sie durch eine Fülle rechtlicher Regelungen zur sozialen Sicherheit gestützt wurden. Dazu trugen insbesondere die im Folgenden dargestellten Regelungen bei: Das Ehegattensplitting im Steuerrecht; die unzureichenden staatlichen Sachleistungen bei der Kinderbetreuung und im Schulsystem (Halbtagsschule) sowie die Elternzeit und das Erziehungsgeld bzw. Elterngeld.

Ehegattensplitting: Einer der großen Ausgabenposten des deutschen Fiskus mit enormen Auswirkungen auf die Strukturierung des Lebens großer Teile der Bevölkerung ist das 1958 in das Steuerrecht eingeführte Ehegattensplitting (Conrad 1990, 311). Diese staatliche Leistung ist nicht passgenau für Familien mit Kindern gestaltet, sondern kommt auch kinderlosen Ehepaaren und Ehepaaren mit erwachsenen Kindern zugute (Kuller 2004, 14). Nach dem Kindergeld mit über 34,4 Milliarden Euro folgen im Familienlastenausgleich das vor allem die Ehe fördernde Ehegattensplitting mit 20,8 Mrd. Euro sowie der Kinderfreibetrag mit 2,1 Milliarden Euro (beide berechnet als Steuermindereinnahmen des Staates) (Engstler/Rüger 2003, Zahlen für 2003). Das Ehegattensplitting hat Auswirkungen auf das familiale Geschlechterverhältnis wie auf das Verhältnis von Geschlecht und Arbeit bzw. Erwerbsarbeit, da es Ehen mit einem männlichen Familienernährer bevorzugt, bei denen einer der Ehegatten (aufgrund der nach wie vor bestehenden Einkommensunterschiede meist der Mann) deutlich mehr verdient als der bzw. die andere oder bei denen einer der beiden Ehegatten (meist die Frau) nicht erwerbstätig ist (Dingeldey 2002; Gottfried/O'Reilly 2002, 48; Gerhard 2003, 74; Kuller 2004, 174f.; Vollmer 2004; Spangenberg 2005). Daher trägt das Ehegattensplitting auch dazu bei, dass vor allem Mütter mit hohem eigenem Einkommen Kleinkind- und Krippenbetreuung in Anspruch nehmen, da sich für Normalverdienerinnen eine Erwerbstätigkeit nicht auszahlt (Binder 1995, 112). Das Ehegattensplitting sowie weitere Details der bundesdeutschen Steuergesetze (vgl. Dingeldey 2002, 157) führ(t)en zu »eine(r) erhebliche(n) Umverteilung von Einkommen in Richtung der Ehe nach dem Muster des Hausfrauen-Modells« (Pfau-Effinger 2000, 129f.). Andere Verfahren wie etwa das französische Modell, das als »ein Splitting über die Haushaltsmitglieder« die Leistungen gezielter an Familien mit Kindern lenkt, werden zwar diskutiert (BMFSFJ 2006, 250), sind aber bislang für die BRD auch nicht nur modellweise für eine Umsetzung ausgearbeitet worden. Jurcyzk kritisiert die im Siebten Familienbericht (2006) vorfindbaren »Ansätze zu einer emanzipatorischen Familienpolitik« als mangelhaft, gerade weil »die konsequente Einführung der Individualbesteuerung nach skandinavischem Modell und die steuerrechtliche De-Privilegierung der Ehe« nicht zu den politischen Empfehlungen des Berichts zählen (2007, 536).

Kinderbetreuung: Mit der Präferierung der Kinderbetreuung durch die Mutter grenzte sich die bundesdeutsche Politik sowohl gegen die Indoktrination der Kinder und Jugendlichen in den Staats- und Parteiorganisationen des NS-Regimes bzw. der NSDAP als auch gegen die Erziehung zur »sozialistischen Persönlichkeit« durch die staatlichen Betreuungseinrichtungen und die Schulen sowie die Kinder- und Jugendorganisationen in der DDR ab (Cromm 1998, 374-396; Morgan 2002, 139). Grundlegend für die Politik zur Kinderbetreuung in Deutschland gerade ab 1945 wurde somit das Ideal der Kinderbetreuung durch die Mutter. Erstmals rechtlich festgeschrieben wurde es in Deutschland in der Weimarer Republik auf der Reichsschulkonferenz von 1920 bzw. im Reichsjugendwohlfahrtsgesetz von 1922 (Erning u.a. 1987, 71f., dort auch das Folgende): Die Erziehung und Betreuung der Kinder lag bei der Familie. Erst wenn hier Schwierigkeiten auftraten, hatte das Jugendamt einzugreifen und konnte dann sogar einen Pflichtbesuch des Kindergartens durchzusetzen. Damit wurde der Kindergartenbesuch, und zwar insbesondere der Besuch eines öffentlichen Kindergartens, weder zu einer staatlichen Leistung im Rahmen sozialer Sicherheit für Familien noch zu einer bildungspolitischen Angelegenheit, sondern eher zum Ausweis unzureichender Familienverhältnisse. Die Verankerung der Kindergärten bei der Sozialfürsorge und nicht wie in vielen anderen Staaten im Bildungssystem blieb bis heute erhalten und ist eines der grundlegenden Charakteristika der öffentlichen Kindererziehung und -betreuung. Im NS-Staat wurde vor allem im ländlichen Raum die Kinderbetreuung mit von der NSV getragenen Erntekindergärten ausgebaut; über die Hälfte der NSV-Kindergärten waren solche Erntekindergärten (Kuller 2004, 286f.). Zudem griffen Staat bzw. die NSDAP und ihre angeschlossenen Organisationen und Verbände auf verschiedene Art und Weise in die Gestaltung des Familienlebens und insbesondere auch in die Erziehung der Kinder ein (Mühlfeld/Schönweiss 1989, 116 u. 136f.).

In Ostdeutschland gab es zunächst ebenso wie in Westdeutschland kein ausgebautes Betreuungssystem für Kinder oder gar für Kleinkinder (Niebsch 1989; Trappe 1995, 208). Daher blieben bis zur Gründung der DDR die Bemühungen »zugunsten der Eingliederung von Frauen in das Erwerbsleben (...) in ihren Folgewirkungen außerordentlich begrenzt« (Hoffmann 2002, 231). Dies änderte sich, da die DDR ausserfamiliale Kinderbetreuung aus ideologischen und auch aus ökonomischen Gründen insbesondere ab den 1970er Jahren stark ausbaute. Vor allem hinsichtlich der Kleinkinderbetreuung betrat die DDR damit pädagogisches Neuland und institutionalisierte die Kleinkindbetreuung als Teil des staatlichen Bildungssystems (Niebsch 1989, 88;[91] Erning u.a. 1987, 93):

> »1988 lag der Versorgungsgrad mit Kinderkrippen bei rund 80 vH, mit Kindergartenplätzen bei 94 vH und mit Hortplätzen bei ca. 82 vH.« (Ochs 1993, 59).

Diese Strukturen wurden nach der Wiedervereinigung vor allem von 1991 auf 1992 rasch und umfassend, zum Teil fast zur Hälfte abgebaut (Klein u.a. 1996, 68), so dass es zu einer »Reprivatisierung der Erziehungsarbeit« (Schmidt/Schönberger 1999, 185-189 u. 196ff.; ebenso Scheller 2004, 36) bzw. insgesamt zu einer »Privatisierung reproduktiver Zuständigkeiten« kam (Völker 2004,280).[92] Gleichwohl blieb in Ostdeutschland im Vergleich zu Westdeutschland ein umfangreicheres Betreuungsangebot insbesondere für Kleinkinder erhalten (siehe unten).

In Abgrenzung gegen das NS-Regime sowie gegen die DDR dominierte in der frühen BRD die Vorstellung von ausserfamilialer Kinderbetreuung als Notbehelf oder als Indoktrination (Konrad 2004, 208f.). Die Einschätzung von Kinderbetreuung als Notbehelf wurde durch die Kriegsfolgen befördert: Bis in die 1950er Jahre hinein »standen Kriegsfolgen als Ursachen für den gestiegenen Kindergartenplatzbedarf klar im Vordergrund« der politischen Debatte in der BRD (Kuller 2004, 289; so auch Erning u.a. 1987, 43). Dies änderte sich ab Mitte der 1960er Jahre, als bildungspolitische Begründungen und Argumente zur Emanzipation der Kinder aus den Unterschichten in die Diskussion um die Kinderbetreuung einflossen und zudem bildungspolitische

---

91 Obwohl die Darstellung von Niebsch deutlich die Mängel der Forschung aus der DDR zeigt (siehe zu diesem Problem auch Hille 1985, 18ff.), so wird daran doch deutlich, welche Veränderung diese Politik bedeutete und wie prägend bis dahin in Deutschland die Praxis der Kleinkindbetreuung als Notbehelf bzw. als medizinische oder sozipädagogische Heilbehandlung gewesen war.

92 Das ist begleitet von einer »Retraditionalisierung herkömmlicher Rollenmuster« innerhalb der Familien, da im Unterschied zu früheren Erhebungen männliche Kinder bzw. Jugendliche in ostdeutschen Familien zwar immer noch mehr als in westdeutschen Familien zur Beköstigungsarbeit herangezogen werden, insgesamt jedoch weniger als vor 15 Jahren (BMFSFJ 2006, 218). Dieser Rückgang bei der Einbindung der Söhne wird interpretiert als Folge des Anstiegs von Teilzeitarbeit, prekären Beschäftigungsverhältnissen und Arbeitslosigkeit in Ostdeutschland (ebd.).

Maßnahmen mit Blick auf die internationale Konkurrenzfähigkeit einer Gesellschaft/eines Staates größere Bedeutung erhielten (»Sputnik-Schock«) (Konrad 2004, 206 u. 209; Kuller 2004, 294f. u. 339). Auch jetzt sollte der Kindergarten aber nicht der Entlastung der berufstätigen Mutter dienen, sondern die kindliche Entwicklung fördern (Norman 1991, 105). In der Kindheitsforschung bildete sich diese Politik ab als Wandel von der »Dominanz von Entwicklungspsychologie und quantitativen Methoden« hin zu einer »erziehungswissenschaftlichen Wende«« mit einer »Renaissance qualitativer Verfahren« ab den 1980er Jahren (Grunert/Krüger 2006, 12f.). Die Politik der Ablehnung ausserfamilialer Kinderbetreuung blieb dennoch bis Ende der 1970er Jahre dominierend (Haines 2000, 53ff.). Das änderte sich in der Folgezeit weitgehend bei den Kindergartenplätzen für drei- bis sechsjährige Kinder. Auf sie besteht seit 1996 ein Rechtsanspruch, allerdings nur im Umfang von vier täglichen Betreuungsstunden (Becker 2000, 193; BMFSFJ 2006, 59).[93] Der dadurch initiierte Ausbau der Kindergärten beschränkte sich daher meist auf den für Deutschland typischen Halbtagskindergarten (Oberhuemer/Ulich 1997, 83; Wieners 1999, 111; Konrad 2004, 206f.) (siehe unten).[94] Hinzu kamen neue Formen der Kinderbetreuung wie das 1974 begonnene Tagesmütterprojekt, das jedoch im Gegensatz zu Frankreich nicht staatlich institutionalisiert wurde und heute in den einzelnen Bundesländern sehr unterschiedlich ausgestaltet ist (Becker 2000, 189 u. 198). Typisch für die Bundesrepublik sind zudem private Initiativen zur Kinderbetreuung (Krabbelgruppen, Kleinkindergruppen), die heute vor allem in den mittleren sozialen Milieus praktiziert werden. Sie resultieren weniger aus einer Erwerbsorientierung der beteiligten Mütter, sondern gehen eher auf deren Kontaktbedürfnisse zurück (Hoecklin 1998; Wendt/Maucher 2000, 91; Hoecklin 2002). Trotz vielfacher Forderung nach grundsätzlichen Reformen insbesondere zugunsten der ausserfamilialen Kleinkindbetreuung (Kaufmann 2003, 304) veranlasste auch das neueste Gesetz in diesem Feld, das Tagesbetreuungsausbaugesetz (TAG) aus dem Jahr 2004 (Schaffung von Betreuungsplätzen für Kleinkinder), keine wesentlichen Änderungen, da auf die Betreuung kein

---

93 Es gibt jedoch keine einlinige Entwicklungstendenz: Andere, neuere Regelungen weisen genau in die andere Richtung, nämlich hin zu einer wohlfahrtsstaatlich privilegierten Freistellung von Müttern für die Kinderbetreuung. Das gilt beispielsweise für das Programm »Mutter und Kind« des Bundeslandes Baden-Württemberg ab Mitte der 1980er Jahre. Es führte zu einer Art staatlich geschaffenem »Mutterberuf«, der sowohl die Erwerbsorientierung als auch die Partnerschafts- und Netzwerkorientierung der Mütter in diesem Programm sehr stark zurückgehen ließ (Schultheis 1990, 386).

94 Einige Bundesländer haben ergänzende Regelungen geschaffen: In Sachsen-Anhalt gibt es für Kinder bis zum Ende des 7. Lebensjahrs einen Anspruch auf einen ganztägigen Platz; in Brandenburg gilt der Halbtagsanspruch bereits für 2jährige Kinder, in Thüringen gibt es für Grundschulkinder einen Anspruch auf Hortbetreuung (BMFSFJ 2006, 59). Andere Bundesländer wiederum weichen von der Bundesregelung nach unten ab; so haben Baden-Württemberg, Bayern und Niedersachsen keine Mindestzeit für den Rechtsanspruch festgelegt (BMFSFJ 2006, 59).

Rechtsanspruch besteht und zudem der Ausbau auch über die Tagespflege (Tagesmütter) geleistet werden soll (Riedel u.a. 2005). Das bisher auf Grundlage des TAG realisierte zusätzliche Angebot ist nicht ausreichend (BMFSFJ 2006, 59f.). Die geringfügige Verbesserung der Versorgung mit Plätzen für die Kinderbetreuung im letzten Jahrzehnt ergibt sich daher vor allem aus dem Rückgang der Kinderzahlen (Riedel u.a. 2005). Aus diesem Grund kann im internationalen Vergleich für die BRD nach wie vor von einer staatlich vorgegebenen »Familienkindheit« (in Abgrenzung beispielsweise zur französischen »Institutionenkindheit«) gesprochen werden (Becker 2000, 297f.; Grunert/Krüger 2006, 36). Der aktuelle Versorgungsgrad mit Betreuungsplätzen für (Klein-)kinder bildet also die nach wie vor bestehenden Ost-West-Unterschiede deutlich ab:

Tabelle: Kinderbetreuungsangebot in der BRD und in ausgewählten Bundesländern, 2002

Region	Krippenplätze je 100 Kinder unter 3 Jahren	Kindergartenplätze je 100 Kinder im Alter von 3 bis unter 6 Jahren	Hortplätze je 100 Kinder im Alter von 6 bis unter 10 Jahren
BRD gesamt	9	90	9
Früheres Bundesgebiet	3	88	5
Neue Länder	37	105	41
Sachsen-Anhalt	57	101	42
Thüringen	22	126	3
Hamburg	13	65	18
Baden-Württ.	2	104	3

Quelle: Statistisches Bundesamt 2004a, 27, 31 u. 35.

Tabelle: Ganztagsbetreuung für Kinder im Alter von 3 bis unter 6 Jahren, 1998

Region	Anteil der Ganztagesplätze in Kindergärten für Kinder im Alter von 3 bis unter 6 Jahren
BRD gesamt	29,4 %
Früheres Bundesgebiet	18,8 %
Neue Länder	97,7 %

Quelle: BMFSFJ (Bundesarbeitsgemeinschaft der Freien Wohlfahrtspflege) 2002, zit. nach Engstler/Menning 2003, 120.

Neben den Unterschieden zwischen den Bundesländern gibt es zudem beim Betreuungsangebot für Kinder im Alter unter drei Jahren in der gesamten BRD ein deutliches Stadt-Land-Gefälle (Binder 1995, 112; Oberhuemer/ Ulich 1997, 87; Riedel u.a. 2005).

Eine weitere institutionelle Vorgabe der Kinderbetreuung in Deutschland ist die Halbtagsschule, die im Gegensatz beispielsweise zum französischen Schulsystem für Kinder ab sechs Jahren eine private Nachmittagsbetreuung erfordert, da es kein ausgebautes Hortsystem gibt (Knijn u.a. 2003, 185f.). Trotz der gerade in den letzten Jahren auf Grund der PISA-Untersuchungen intensivierten Diskussionen und Forderungen nach einer Ganztagsschule auch aus bildungspolitischen Gründen wurde bislang politisch kein grundlegender Beschluss zum Umbau der Halbtagsschule zur Ganztagsschule gefasst. Bislang blieb es bei einzelnen Pilot- oder Modellprojekten (z.B. »verlässliche Grundschule«), auf die kein Rechtsanspruch besteht (Ludwig u.a. 2002, 187f.; Kaufmann 2003, 304).[95]

Elternzeit, Erziehungsgeld, Elterngeld: In Verbindung mit dem unzureichenden Angebot an Kinderbetreuung sind die Freistellungsregelungen für Mütter von der Erwerbsarbeit wichtig. Hier sind insbesondere der 1986 bzw. 1988 eingeführte Erziehungsurlaub (ab 2001: Elternzeit) und das 1986 eingeführte Erziehungsgeld (ab 2007: Elterngeld) zu nennen (Pfau-Effinger 2000, 130). Beide wohlfahrtsstaatlichen Leistungen wurden zur Entlastung des Arbeitsmarkts geschaffen (Schäfgen/Spellerberg 1998, 78; Gerhard u.a. 2003, 20; Lewis 2003, 52; Morgan/Zippel 2003, 61f.; Niephaus 2003, 42). Das Erziehungsgeld war zudem bestimmt durch

> »die Zielsetzung, Einkommensschwache und Bedürftige zu unterstützen und dem mit der Geburt von Kindern entstehenden erhöhten Armutsrisiko entgegenzuwirken« (Farahat u.a. 2006, 985).

Die Elternzeit ist ein Rechtsanspruch auf Freistellung von einem Arbeitsverhältnis und beinhaltet einen Kündigungsschutz für den betroffenen Elternteil; seit 1992 kann sie bis zu drei Jahre lang genommen werden. Das Erziehungsgeld beträgt seit 2002 307 Euro pro Monat für 24 Monate (oder 460 Euro monatlich ein Jahr lang); es wird einkommensabhängig gezahlt. Die Elternzeit wird fast ausschließlich von den Müttern in Anspruch genommen (Vaskovics/Rost 1999; Engstler/Menning 2003, 118). Ebenso führt die niedrige Höhe des Erziehungsgeldes dazu, dass die Familie auf das meist höhere Erwerbseinkommen des Ehemannes angewiesen bleibt. Beide Regelungen unterstützen somit die Hausfrauen-Ehe bzw. das männliche Ernährer-Modell mit der Kinderbetreuung durch die nicht oder lediglich teilzeiterwerbstätige

---

95 Neue Aufschlüsse über die Geschichte dieser Dynamik wird das zeithistorische Forschungsprojekt »Zwischen Ideologie und Ökonomie. Das Politikum der Ganztagsschule im deutsch-deutschen Vergleich (1945-1989)« bringen (Hagemann/Jarausch 2005).

Mutter (Pfau-Effinger 2000, 131; ebenso Morgan/Zippel 2003 und Scheiwe 1994, 62). Das 2007 statt des Erziehungsgeldes (dessen Regelungen noch für alle bis zum 31. Dezember 2006 geborenen Kinder gelten) eingeführte Elterngeld setzt hingegen andere Schwerpunkte, deren Dynamik als »exklusive Emanzipation« charakterisiert wurde: Es soll

> »nicht bedürftige erwerbstätige Paare (...) motivieren, sich für Kinder zu entscheiden, indem der Einkommensausfall im ersten Lebensjahr des Kindes verringert wird« (Farahat u.a. 2006, 985).

Ein Elternteil kann maximal zwölf Monate 67 Prozent des bisherigen Nettoverdiensts beziehen (höchstens 1.800 Euro); wenn sich beide Eltern an der Elternzeit beteiligen, verlängert sich dessen Bezug um zwei Monate (in der öffentlichen Diskussion »Vätermonate« genannt). Im Unterschied zum früheren Erziehungsgeld gibt es keine Einkommenshöchstgrenzen mehr für den Bezug. In der Analyse wird das Elterngeld widersprüchlich beurteilt: Die Einkommensbezogenheit des Elterngeldes verringert zwar den Druck in Richtung auf das männliche Ernährer-Modell im Vergleich zum Erziehungsgeld (Farahat u.a. 2006, 986). Zugleich jedoch wirkt das Elterngeld u.a. wegen der grundsätzlich kürzeren Bezugsdauer für ALG-II-Empfänger »sozial selektiv«. Insbesondere »Haushalte mit mittlerem und hohem Einkommen« sind »Gewinner der neuen Elterngeld-Regelung«, so dass es »zu einer Umverteilung von unten nach oben« kommt (Farahat u.a. 2006, 987). In dieselbe soziale Richtung weist die ab 2006 mögliche steuerliche Absetzbarkeit von Kinderbetreuungskosten (Farahat u.a. 2006, 990).

Insgesamt werden die familienpolitischen Maßnahmen der BRD (Kindergeld, Familienlastenausgleich über die Besteuerung, Mutterschaftsurlaub, Elternzeit, Erziehungsgeld) als rechtliche Vorgaben beurteilt, die das Modell des männlichen Familienernährers stützen (Le Goff 2002, 613; Ziefle 2004; Cyprian 2005, 77; Gesterkamp 2005, 73). Alle diesbezüglichen Regelungen in der BRD geben für Frauen »ein zeitliches Nacheinander« von Familie und Beruf vor (Schmid 2002, 271),[96] was sich dann auch an den geschlechterdifferenzierten Lebensläufen insbesondere in Westdeutschland deutlich zeigt (vgl. Kap. 2.2.). Lediglich die neue Elterngeld-Regelung weicht davon ab.

---

96 Lediglich der Pflegeurlaub bei Krankheit des Kindes, 1992 in Orientierung an den Regelungen in der DDR von 5 Tagen (seit den 1980er Jahren) deutlich erhöht auf 10 Tage für das 1. und 20 Tage für das zweite (bzw. bei Alleinerziehenden 25 Tage für das 1. und 50 Tage für das 2. Kind) (Kreyenfeld 2004a, 11), zielt auf die Vereinbarung von Erwerbstätigkeit und Elternschaft.

4.2.3. Politik für alte Menschen

Von besonderer Bedeutung für das Verhältnis von Familie/Verwandtschaft und sozialer Sicherheit ist die wohlfahrtsstaatlich gute Absicherung alter Menschen in der Bundesrepublik.

Diese Situation wurde geschaffen durch die Rentenreform vom Januar 1957 (Bouvier 2002, 22; Kaufmann 2003, 283). Neben einer beträchtlichen Erhöhung des durchschnittlichen Rentenniveaus wurde die Rente durch ihre Koppelung an die Bruttolohnentwicklung dynamisiert. Damit endete »die jahrhundertelange Verknüpfung von Alter und sozialem Abstieg in Deutschland« (Leisering 2000, 59). Die Rente bot nun den Versicherten erstmals den Erhalt ihres sozialen Status auch nach dem Ende der Erwerbstätigkeit (Ritter 1998, 94; Kaufmann 2003, 283). Zudem wurde bei dieser Reform die Finanzierung der Rentenversicherung von einem Kapitaldeckungsverfahren auf das Umlageverfahren zwischen Erwerbstätigen und Rentenempfänger umgestellt. Das Rentenreformgesetz von 1972 führte zu einer Ausweitung der Versicherungsberechtigten und bot zudem die Möglichkeit, Rentenanwartschaften bis zurück zum Jahr 1956 zu erwerben (Zacher 2001, 545; Conrad 1990, 316).[97] Innerhalb der Rentenversicherung

> »führte diese Beitritts- und Nachversicherungswelle im Zusammenhang mit dem Umlageverfahren zu einer Finanzierungsillusion« (Zacher 2001, 545; ebenso Schmähl u.a. 1986, 70).

In der DDR war die Ungleichheit in der sozialen Sicherung der Generationen genau entgegengesetzt strukturiert: Während die staatlichen Leistungen für Familien vergleichsweise gut waren, blieb die (behauptete)[98] Sicherung für alte Menschen (insbesondere für pflegebedürftige Alte und auch für Menschen mit Behinderung) bis zum Ende der DDR unzureichend (Bouvier 2002,

---

97 Schendas Polemik zum »Elend der alten Leute« (1972) gibt einen guten Eindruck der Stimmung und ökonomischen und politischen Situation, in der ein solcher Ausbau der Absicherung alter Menschen vehement gefordert werden konnte. Besonders deutlich wird der wenig später einsetzende Abschied von diesem Element des fordistischen Wohlfahrtsstaates, wenn man daneben die aktuellen Positionen aus dem letzten Altenbericht (BMFSFJ 2005a) mit seinem Postulat der »Potenziale des Alters in Wirtschaft und Gesellschaft« und den Siebten Familienbericht der Bundesregierung (BMFSFJ 2006, 260) stellt, die das Fördern von alten Menschen in Anforderungen verkehren (dazu bereits Barkholdt 1999; Butterwege 1999).

98 Die einzige Gruppe der Alten, die in der DDR soziale Sicherheit erfahren haben waren die »Opfer des Faschismus« (später bezeichnet als: »Verfolgte des Naziregimes«) und insbesondere die privilegierten »Kämpfer gegen den Faschismus« (Frerich/Frey 1996, Bd. 2, 24f.; Boldorf 1998, 120; Bouvier 2002, 206). Dabei ist zu berücksichtigen, dass für die »Opfer«- bzw. »Kämpfer«-Definition marxistisch-leninistische bzw. stalinistische Kriterien galten, so dass unter anderem Sozialdemokraten und Trotzkisten, jüdische Verfolgte, Zeugen Jehovas, Sinti und Roma sowie die im NS-Staat und teilweise auch in der DDR als »Asoziale« klassifizierte Verfolgte von diesen Vergünstigungen ausgeschlossen waren (Boldorf 1998, 116-119; Korzilius 2005, 52-60).

202 u. 221-228; Schmidt 2001, 750). Rentnerinnen und Rentner in der DDR waren überdurchschnittlich häufig von Armut betroffen und zählten dort zur typischen Klientel der Fürsorge (Boldorf 1998, 32; Schmidt 2001, 749; Bouvier 2002, 242f.). Die Renten waren ungleich bemessen. Gegenüber jenen, die an eine Erwerbstätigkeit anknüpften, fielen die der Witwen ab. Zudem gab es auch in Bezug auf die Rente eine »privilegierte Stellung von Mitgliedern der politischen Funktionselite (Staats- und Funktionärsapparat) sowie von Mitgliedern der sogenannten technischen Intelligenz« (Hoffmann 2005, 472).

Bei der Wiedervereinigung wurde die Rentenregelung der Bundesrepublik auf Ostdeutschland ausgeweitet, was zu einer deutlichen Besserstellung der dort lebenden alten Menschen führte. Diese Kosten verschärften die finanziellen Probleme der Rentenversicherung; Ritter (2007) erörtert die Finanzierung von Sozialstaatlichkeit daher als »Vereinigungskrise«.[99] Während in der heutigen Diskussion in Politik und Medien sowie bei nicht wenigen wissenschaftlichen Berechnungen zu den Finanzierungsproblemen von Renten- und der Krankenversicherung die vertikale Verteilung von Einkommen und Vermögen unberücksichtigt bleibt und fast ausschließlich demographische und medizintechnische Entwicklungen in die Kalkulation eingehen (z.B. Oberdieck 1998; Ulrich 2001), weisen die historische und die soziologische Forschung also darauf hin, dass gerade »die rentenpolitischen Folgen der deutschen Einheit (…) ein Hinweis darauf (sind), dass die Probleme der Rentenfinanzierung nicht nur demografischer Natur sind« (Schmid 2002, 296). Fortan gab es in der Rentenversicherung verschiedene Reformen, die mit unterschiedlichen Instrumenten (z.B. durch Umstellung der Dynamisierung von der Brutto- auf die Nettolohnentwicklung in der Rentenreform 1992) zu einer Senkung der Ausgaben führen sollten, was allerdings bis heute nicht gelungen ist.

Die letzte, grundlegend neue Maßnahme der auf alte Menschen bezogenen sozialen Sicherung in Deutschland ist das Pflegeversicherungsgesetz von 1995. Es bietet Leistungen für pflegebedürftige Alte, die bis dahin von der Sozialhilfe getragen wurden (Pabst/Rothgang 2000, 340). Dabei ist die Pfle-

---

99 Vgl. zudem Kalkulationen, nach denen in Deutschland trotz der weiteren Bevölkerungsalterung »overall hospital expenses will grow at a lower rate; this means that they would be covered by economic growth without the need for policy change« (Brockmann/Gampe 2005, 21). Regulationstheoretische Analysen schließlich interpretieren den Wandel in der Politik und Debatte des Wohlfahrtsstaates als »doppeltes Produktivitätsdilemma«, das fordistische Regulation weltweit in eine Krise führte: »Dieses basiert sowohl auf der Ausschöpfung der Optimierungslücken in der industriellen Produktion als auch auf der Ausweitung kommerzieller und staatlicher, prinzipiell wertschöpfungsschwacher Care-Arbeiten in der individuellen Reproduktion«; »Neoliberalismus als wirtschafts- und sozialpolitisches Konzept beinhaltet (daher) den Versuch, das ›produktive‹ Arbeitskräftepotenzial aller Geschlechter zu erhöhen sowie Lohn- und Produktionskostenreduzierung durch die ›Überwindung‹ der Produktivitätsgrenze der Care-Ökonomie und die Privatisierung der menschlichen Versorgung zu erzielen« (Chorus 2007, 210).

geversicherung »eine Sozialversicherung neuen Typs« (ebd., 372f.): Sie leistet nicht bedarfsorientiert (wie die gesetzliche Krankenversicherung), aber auch nicht nach dem Äquivalenzprinzip (wie die Arbeitslosenversicherung), sondern nach dem Budgetprinzip, das vor allem die Stabilität der Beitragssätze zum Ziel hat (ebd.; Knappe/Rubart 2001, 117f.).[100] Ein zentrales Ziel dieses Gesetzes war die Unterstützung der Pflege durch die Familie bzw. Verwandtschaft (Berger-Schmitt 2003, 9). Es wurde auch erreicht (Pabst/Rothgang 2000, 362; Eisen 2001, 90f.). Zudem kam es zu einem Anstieg des An-gebots ambulanter Pflegedienste (Pabst/Rothgang 2000, 364)

In diesem Zusammenhang kaum zu beziffern ist die häusliche Arbeit von Migrantinnen (vor allem aus Osteuropa) in deutschen Familien (oft in Form der Pendelmigration), die nicht über institutionalisierte Pflegedienste angeboten wird, sondern in Form von transnationalen Netzwerken sowohl im Herkunftsland als auch in Deutschland privat organisiert wird und hinsichtlich Aufenthalts-, Arbeits- und Sozialversicherungsrecht oft illegal ist (Gather u.a. 2002; Hess 2003). Die Forschung weist darauf hin, dass gerade konservative Wohlfahrtsstaaten wie die Bundesrepublik, die personenbezogene Dienstleistungen wie Kinderbetreuung (z.B. Hess 2005) und Pflege nicht umfassend anbieten, sondern von Familie und Verwandtschaft erwarten (Chorus 2007), solche illegalen, meist mit Ausbeutung verbundenen Arrangements fördern (Schönwälder u.a. 2004). Derartige Beschäftigungsverhältnisse stehen im Fokus der Aufmerksamkeit und Kritik, vor allem im Zusammenhang mit der seit 2004 möglichen Budgetregelung (Betroffene kaufen sich Pflege- und Assistenzleistungen direkt selbst ein). Sie werden für die Pflege- und Assistenzbeziehung als belastend eingeschätzt (Zander 2007).

Im Mittelpunkt der aktuellen politischen Diskussion um die soziale Sicherheit alter Menschen stehen heute verschiedene Optionen zu ihrer Finanzierung wie eine Besteuerung der Renten, eine Absenkung des Rentenniveaus, die Ersetzung oder Ergänzung des bisherigen Umlageverfahrens durch ein Kapitaldeckungsverfahren, die Verlängerung der Lebensarbeitszeit, die Erhöhung der Frauenerwerbsquote, eine bessere Förderung der Familien mit Kindern (zur Steigerung der Geburtenrate) und die Forcierung von Einwanderung[101] (Mittelbach 1994, 55; Buttler 1995, 19ff.). In diesem Zusammen-

---

100 Im Rahmen dieser neuen Versicherung wurde zudem auf der Grundlage des Kinderberücksichtigungsgesetzes Politik gegen Kinderlose (vgl. dazu bereits Butterwege 1999) verrechtlicht, da seit 2005 Versicherte und Rentner ohne Kinder einen um 0,25 Prozentpunkte erhöhten Beitrag zur gesetzlichen Pflegeversicherung zahlen müssen.

101 Kaufmann (2007, 109) beurteilt den Effekt einer forcierten Einwanderung skeptisch: »Da nach bisherigen Erfahrungen sich nur jeder dritte bis vierte Zuwanderer dauerhaft in der Bundesrepublik niederlässt, bedürfte es selbst unter diesen optimistischen Fertilitätsannahmen einer fortgesetzten jährlichen Zuwanderung von rund einer Million Personen, um den Bevölkerungsstand zu halten«. Freilich sind solche Überlegungen in mehrfacher Hinsicht vom national(istisch)en Vorbehalt geprägt: Sie dethematisieren die neuerdings vermehrt untersuchten »transnationale(n) soziale(n) Beziehungen« (Mau/Mewes 2007), und sie denken

hang sind auch die neueren politischen Initiativen zur Förderung und Forderung der unbezahlten Arbeit oder ehrenamtlichen Tätigkeit von alten Menschen in der Bundesrepublik zu sehen (BMFSFJ 2005a), die nun auch vermehrt dokumentiert und untersucht wird (von Rosenbladt 2003; Engstler u.a. 2004; Hoffmann 2005). Darin zeigt sich

> »eine Tendenz (...) auf mittlere und lange Sicht die Relation von Arbeitseinkommen und Alterssicherungseinkommen zuungunsten der Ruheständler zu verändern« (Motel-Klingebiel 2000, 287; ebenso Schmid 2002, 117).

Als Ergebnis dieses Trends werden »negative Auswirkungen auf die privaten Generationenbeziehungen, die das wohlfahrtsstaatliche Arrangement insgesamt stärker beeinträchtigen können als es üblich angenommen wird« prognostiziert (Motel-Klingebiel 2000, 289).

Migration immer noch als Emigration oder Immigration und damit entgegen neuerer Befunde zu Pendel- und Transmigration (TRANSIT MIGRATION Forschungsgruppe 2007).

5. Private Netzwerke basieren auf wohlfahrtsstaatlichen Leistungen

Es gibt in Ost- wie in Westdeutschland einen sehr deutlichen Trend für Transfers und Hilfeleistungen in den Netzwerken von Familie/Verwandtschaft. Hinsichtlich der Generationenbeziehungen lassen sich dabei für die Bundesrepublik bzw. für Westdeutschland widersprüchliche und komplexe Dynamiken für das Verhältnis zwischen Familie/Verwandtschaft und sozialer Sicherheit resümieren: Die Rentenreform von 1957 machte die finanzielle Unterstützung alter Menschen durch ihre Angehörigen erstmals weitgehend obsolet. Gleichzeitig jedoch begünstigte dies einen Zuwachs an familialer bzw. verwandtschaftlicher Hilfe (z.B. Ostner 2004, 78f.). Denn die finanzielle Absicherung ihrer eigenen Existenz versetzte die Ruhestandsgeneration überhaupt erst in die Lage, Leistungen in Form von Kinderbetreuung, emotionaler Unterstützung der jungen Familien und finanzieller Unterstützung der jeweiligen Elterngeneration (bis hin zu den Erbschaften) zu erbringen. Außerdem schuf ihre Freistellung von der Erwerbsarbeit mittels weitreichender Vorruhestandsregelungen auch zeitliche Spielräume für private Hilfeleistungen. Das bedeutet, dass Netzwerke in Familie und Verwandtschaft fehlende staatliche Leistungen nicht substituieren, sondern durch diese ermöglicht werden und sie vielfach verstärken.

Das gegenwärtige Verhältnis von Familie/Verwandtschaft und sozialer Sicherheit ist also durch eine stabile kulturelle Orientierung und durch eine selbstverständliche Alltagspraxis zugunsten von Hilfeleistungen und Transfers durch Familie und Verwandtschaft bestimmt. Zudem gibt es Indizien für eine Erweiterung der privaten Netzwerke über Familie/Verwandtschaft hinaus (Freundschaft, Nachbarschaft). Ob dies bereits eine Reaktion auf den demographischen Wandel darstellt und damit ein Beleg für die anhaltende kulturelle Orientierung zugunsten privater Hilfeleistungen und Transfers wäre, ist noch zu untersuchen. Ebenso wie für das Verhältnis zwischen familialen bzw. verwandtschaftlichen Netzwerken und staatlichen Leistungen kein Substitutionsverhältnis, sondern ein Bedingungs- und Multiplikationsverhältnis existiert, stehen Netzwerke aus Freundschaft, Erwerbsarbeit und Nachbarschaft in einem engen Zusammenhang. Aus einer ethnologischen Dorfstudie lässt sich beispielsweise entnehmen, dass Personen ohne Kinder nur schwer Zugang zu nachbarschaftlichen Netzwerken finden, und dass dies auch zu einer Minimierung der Aktivitäten in bestehenden Verwandtschaftsnetzwerken führt (Norman 1991, 89f.). Studien über Armutsquartiere in einer

Großstadt zeigen, dass Erwerbslose oder prekär Beschäftigte vor allem dann, wenn diese Situation für sie einen sozialen Abstieg darstellt, Freundschaftsnetzwerke meiden und sich zurückziehen, wobei dieser Prozess zudem verstärkt wird, wenn die betreffenden Personen nicht in einer Partnerschaft leben und keine Kinder haben (Kronauer/Vogel 2004). Diese Hinweise erhärten den in dieser Untersuchung immer wieder betonten Befund, dass zwischen den Netzwerken aller Bereiche (Familie/Verwandtschaft, Nachbarschaft, Freundschaft, Erwerbsarbeit) kein Substitutionsverhältnis besteht, sondern dass diese sich gegenseitig bedingen und einander verstärken. An diese Befunde ist angesichts einer Politik, die davon ausgeht, dass eine Praxis und Kultur von Netzwerken einfach als Substitut für zurückgenommene staatliche Leistungen fungieren könnte, nachdrücklich zu erinnern.

Die privaten Netzwerke im Allgemeinen und die Netzwerke in Familie/ Verwandtschaft im Besonderen werden durch verschiedene Faktoren gefährdet. Dazu zählen: die Strukturveränderungen der Familien und Generationen durch den demographischen Wandel (zunehmende Kinderlosigkeit, sinkende Eheschließungsquote), der Wandel der Erwerbsarbeit und die Destandardisierung von Lebensläufen, die wegbrechende Katalysatorfunktion und Multiplikationswirkung wohlfahrtsstaatlicher Sicherung für Leistungen durch Familie/Verwandtschaft sowie die Schwächung der Maxime und des Vorbilds der Solidarität durch den Abbau des Wohlfahrtsstaats. Schließlich ist neben den Gefährdungen der privaten Netzwerke auch auf die Gefährdungen durch private Netzwerke hinzuweisen: Diese können nicht lediglich als solidarische Selbstorganisation der Bürgerinnen und Bürger im Sinne zivilgesellschaftlicher Ideale betrachtet werden. Davis (2006, 808) warnt davor, informelle Ökonomien zu »verklären«. Im Unterschied zur poststrukturalistischen Perspektive, die den (Wohlfahrts-)Staat vor allem machtanalytisch und staatskritisch fasste, denken in dieser Hinsicht neueste historische und aktuelle Analysen Staat und Staatlichkeit wieder mehr von Gesellschaft her. Der Staat wird erneut als soziale Ungleichheiten abfedernde Instanz gesehen. Staat und Staatlichkeit können daher auch wieder die Verteilung des gesellschaftlichen Reichtums regulieren. In der aktuellen Ungleichheitsforschung konstatiert Vogel (2007) »die Staatsbedürftigkeit der Gesellschaft«. Wie Studien zu Armutsvierteln in Deutschland wie beispielsweise den ostdeutschen Plattenbausiedlungen gezeigt haben, hat das Zurückgeworfenwerden der Menschen auf informelle Strategien der Existenzsicherung nicht unbedingt Vernetzungen zur Folge, sondern auch »Vereinzelung«. Diese kann sich aus einem komplexen Zusammenspiel von Beschämung, Kontrolle, sozialem Abstieg sowie Abgrenzung gegen das Umfeld gerade in stigmatisierten urbanen Quartieren vor allem bei alleinstehenden Personen entwickeln (Kronauer/ Vogel 2004, 255). Daraus wiederum ergibt sich die Gefahr, »den Anschluss an eine gesellschaftliche Integration« zu verlieren und/oder nach und nach neben informellen auch illegale Strategien zu adaptieren (Keller 2005, 196-201).[102]

Im Fazit gilt daher der ältere soziologische und sozialpsychologische Befund von der Familie als einer »unverwüstlichen Lebensform« (Allert 1998) stets mit Einschränkungen. Die in dieser Studie erarbeitete Zusammenschau eines langen historischen Rückblicks mit den aktuellen Entwicklungsdynamiken von Familie, Verwandtschaft und sozialer Sicherheit belegt, dass als familial oder verwandtschaftlich bezeichnete Bindungen, Netzwerke, Transfers und Hilfeleistungen in Ost- wie in Westdeutschland kulturell als Ideale stabil vorfindbar sind und auch als Alltagspraxis gelebt werden. Die Forschungen aus unterschiedlichen Disziplinen (Soziologie, Ethnologie, Politikwissenschaft, Geschichtswissenschaft) zeigen zudem, dass Einschränkungen insbesondere der Netzwerk- und Transferpraktiken nicht aus dem Wandel der Paarbeziehung im 20. und 21. Jahrhundert, aus der Veränderung des Geschlechterverhältnisses oder aus dem Aufbrechen heterosexueller Normativität resultieren. Relevant für die Realisierung kultureller Ideale der Unterstützung und Hilfeleistung ist vielmehr der zeitliche und finanzielle Raum, über den die Akteure und Akteurinnen in familialen und verwandtschaftlichen Netzwerken verfügen können und der durch rechtliche und politische Entscheidungen maßgeblich bestimmt wird. Entgegen den nicht nur in den Medien, sondern auch in der politischen Debatte kursierenden Behauptungen, denen zufolge die Emanzipation der Frauen, die Zunahme von Scheidungen, die Individualisierung des Subjekts u.ä. seit dem 20. Jahrhundert eine ›Krise der Familie‹ verursacht hätten, zeigen die wissenschaftlichen Befunde ein anderes Bild: Die konkreten Möglichkeiten, Familie und Verwandtschaft zu leben sowie als verantwortlich handelnde Subjekte in diesen Netzwerken zu agieren, stehen stets in (ermöglichender oder behindernder) Korrespondenz mit wohlfahrtsstaatlichen Leistungen. Die »Flexibilität und Verlässlichkeit« von Familie (so die Perspektive des letzten Familienberichts auf diese Lebensform, vgl. BMFSFJ 2006) bedarf daher auch stets einer Politik, die auf den kulturellen und sozialen Wandel der Lebensideale und Lebensformen flexibel reagiert, gleichwohl aber wohlfahrtsstaatliche Unterstützung verlässlich bietet.

---

102 Für viele Metropolen der Welt ist diese Form der »Urbanisierung ohne Urbanität« und »das Aufkommen einer großen Klasse (...), die überwiegend aus jugendlichen Stadtbewohnern besteht, welche keine reguläre Beziehung zur Weltwirtschaft haben und auch keine Chance, jemals in eine solche zu treten« längst Realität und Gegenstand der Analyse geworden (Davis 2006, 809 u. 805).

Literatur

Adloff, Frank; Mau, Steffen (Hg.) (2005a): Vom Geben und Nehmen. Zur Soziologie der Reziprozität. Frankfurt/M.

Adloff, Frank; Mau, Steffen (2005b): Zur Theorie der Gabe und Reziprozität. In: dies. (Hg.): Vom Geben und Nehmen. Zur Soziologie der Reziprozität. Frankfurt/M., S. 9-57.

Aglietta, Michel (1976): Régulation et crises du capitalisme: l'expérience des Etats-Unis. Paris.

Alber, Erdmute (2007): Soziale Elternschaft. Zur Geschichte von Normen und Praktiken des Umgangs mit Kindern bei den Baatombu im Norden Benins. Berlin u.a.

Alber, Jens (1982): Vom Armenhaus zum Wohlfahrtsstaat. Analysen zur Entwicklung der Sozialversicherung in Westeuropa. Frankfurt/M.

Albers, Helene (1997): Hin zur »weiblichen Berufung«. Bäuerinnen in Westdeutschland. In: Gunilla-Friederike Budde (Hg.): Frauen arbeiten. Weibliche Erwerbstätigkeit in Ost- und Westdeutschland nach 1945. Göttingen, S. 157-170.

Albers, Helene (2001): Zwischen Hof, Haushalt und Familie. Bäuerinnen in Westfalen-Lippe 1920-1960. Paderborn.

Allert, Tillman (1998): Die Familie. Fallstudien zur Unverwüstlichkeit einer Lebensform. Berlin, New York.

Allmendinger, Jutta (1994): Lebensverlauf und Sozialpolitik. Die Ungleichheit zwischen Mann und Frau und ihr öffentlicher Ertrag. Frankfurt/M., New York.

Alt, Christian (2003): Wandel familialer Lebensverhältnisse minderjähriger Kinder in Zeiten der Pluralisierung. In: Walter Bien, Jan H. Marbach (Hg.): Partnerschaft und Familiengründung. Ergebnisse der dritten Welle des Familien-Survey (Deutsches Jugendinstitut, Familien-Survey, Bd. 11). Opladen, S. 219-244.

Amendt, Gerhard (2004): Väterlichkeit, Scheidung und Geschlechterkampf. In: Aus Politik und Zeitgeschichte 3.5.2004 (B 19/2004), S. 19-25.

Andreß, Hans-Jürgen; Seeck, Till (2007): Ist das Normalarbeitsverhältnis noch armutsvermeidend? Erwerbstätigkeit in Zeiten deregulierter Arbeitsmärkte und des Umbaus sozialer Sicherungssysteme. In: Kölner Zeitschrift für Soziologie und Sozialpsychologie 59,3 (2007), S. 459-492.

André, Kathleen (2002): Erbrecht im Wandel – Institute im Wechsel von BGB und ZGB. Diss. FU Berlin. Aachen.

Angerhausen, Susanne; Backhaus-Maul, Holger; Offe, Claus; Olk, Thomas; Schiebel, Martina (1998): Überholen ohne einzuholen. Freie Wohlfahrtspflege in Ostdeutschland. Opladen.

Attias-Donfut, Claudine (2000): Familialer Austausch und soziale Sicherung. In: Martin Kohli, Marc Szydlik (Hg.): Generationen in Familie und Gesellschaft (Lebenslauf – Alter – Generation, Bd. 3). Opladen, S. 222-237.

Auth, Diana; Holland-Cunz, Barbara (Hg.) (2007): Grenzen der Bevölkerungspolitik. Strategien und Diskurse demographischer Steuerung. Opladen u.a.

Autorenkollektiv der Karl-Marx-Universität Leipzig (1983): Gerontologische Forschungsvorhaben im Feierabend- und Pflegeheim ›Emma Gerbig‹ Leipzig. Hg. von U.J. Schmidt, G. Brüschke, S. Eitner, W. Ries, W. Rühland. Berlin (Ost).

Backhaus-Maul, Holger; Olk, Thomas (1992): Intermediäre Organisationen als Gegenstand sozialwissenschaftlicher Forschung. Theoretische Überlegungen und erste empirische Befunde am Beispiel des Aufbaus von intermediären Organisationen in den neuen Bundesländern. In: Winfried Schmähl (Hg.): Sozialpolitik im Prozeß der deutschen Vereinigung (Schriften des Zentrums für Sozialpolitik, Bd. 1). Frankfurt/M. u.a., S. 91-132.

Backhaus-Maul, Holger; Ebert, Olaf; Jakob, Gisela; Olk, Thomas (Hg.) (2002): Freiwilliges Engagement in Ostdeutschland. Opladen.

Badinter, Elisabeth (1981): Die Mutterliebe. Geschichte eines Gefühls vom 17. Jahrhundert bis heute. München.

Bahle, Thomas (2003): The Changing Institutionalization of Social Services in England and Wales, France and Germany: Is the Welfare State on Retreat? In: Journal of European Social Policy 13,1 (2003), S. 5-20.

Bahle, Thomas; Pfenning, Astrid (2001): Angebotsformen und Trägerstrukturen sozialer Dienste im europäischen Vergleich. Mannheimer Zentrum für Europäische Sozialforschung, Arbeitspapier 34.

Barkholdt, Corinna (1999): Muss Alter produktiv sein? – »Wiederverpflichtung« der Alten als Legitimation für ihre überproportionale Existenz? In: Theorie und Praxis der Sozialen Arbeit 7 (1999), S.251-254.

Bast, Kerstin; Ostner, Ilona (1992): Ehe und Familie in der Sozialpolitik der DDR und BRD – ein Vergleich. In: Winfried Schmähl (Hg.): Sozialpolitik im Prozeß der deutschen Vereinigung. Frankfurt/M., S. 228-270.

Bauer, Frank; Munz, Eva (2005): Arbeitszeiten in Deutschland. 40plus und hochflexibel. In: WSI-Mitteilungen 58,1 (2005), S. 40-48.

Baumert, Gerhard; Hünninger, Edith (1954): Deutsche Familien nach dem Krieg. Darmstadt.

Baumgarten, Steffen (2007): Die Entstehung des Unehelichenrechts im Bürgerlichen Gesetzbuch (Rechtsgeschichte und Geschlechterforschng, Bd. 8). Wien u.a.

Baureithel, Ulrike (2007): Baby-Bataillone. Demografisches Aufmarschgebiet: Von Müttern, Kinderlosen und der »Schuld« der Emanzpation. In: PROKLA. Zeitschrift für kritische Sozialwissenschaft 37,1 (Heft 146) (2007), S. 25-37.

Bayer, Hiltrud; Bauereiss, Renate (2003): Haushalt und Familie in der amtlichen Statistik. In: Walter Bien , Jan H. Marbach (Hg.): Partnerschaft und Familiengründung. Ergebnisse der dritten Welle des Familien-Survey (Deutsches Jugendinstitut, Familien-Survey, Bd. 11). Opladen, S. 277-305.

Beck. Stefan (Hg.) (2005): alt sein – entwerfen, erfahren. Ethnografische Erkundungen in Lebenswelten alter Menschen. Berlin.

Beck, Stefan; Çil, Nevim; Hess, Sabine; Klotz, Maren; Knecht, Michi (2007): Verwandtschaft machen – Reproduktionsmedizin und Adoption in Deutschland und in der Türkei. (Berliner Blätter. Ethnographische und ethnologische Beiträge 42,1). Berlin.

Beck, Ulrich (1986): Risikogesellschaft. Auf dem Weg in eine andere Moderne. Frankfurt/M.

Beck-Gernsheim, Elisabeth (1980): Das halbierte Leben. Männerwelt Beruf, Frauenwelt Familie. München.

Beck-Gernsheim, Elisabeth (1983): Vom »Dasein für andere« zum Anspruch auf ein Stück »eigenes Leben«. Individualisierungsprozesse im weiblichen Lebenszusammenhang. In: Soziale Welt 3 (1983), S. 307-340.

Beck-Gernsheim, Elisabeth (1984): Vom Geburtenrückgang zur Neuen Mütterlichkeit? Über private und politische Interessen am Kind. Frankfurt/M.

Becker, Andrea (2000): Mutterschaft im Wohlfahrtsstaat. Familienbezogene Sozialpolitik und die Erwerbsintegration von Frauen in Deutschland und Frankreich. Berlin.

Becker, Gary S. (1981): A Treatise on the Family. Cambridge.

Becker-Schmidt, Regina (2004): Doppelte Vergesellschaftung von Frauen: Divergenzen und Brückenschläge zwischen Privat- und Erwerbsleben. In: Ruth Becker, Beate Kortendiek (Hg.): Handbuch Frauen- und Geschlechterforschung. Theorie, Methoden, Empirie (Geschlecht und Gesellschaft, Bd. 35). Wiesbaden , S. 62-71.

Becker-Schmidt, Regina (2002): Neue Ansprüche, alte Muster in modernen Paarbeziehungen. Anmerkungen zum Diskurs von der Krise der Familie. In: Eva Breitenbach (Hg.): Geschlechterforschung als Kritik. Zum 60. Geburtstag von Carol Hagemann-White. Bielefeld, S. 139-148.

Becker-Schmidt, Regina (2007): Geschlechter- und Arbeitsverhältnisse in Bewegung. In: Brigitte Aulenbacher, Maria Funder, Heike Jacobsen, Susanne Völker (Hg.): Arbeit und Geschlecht im Umbruch der modernen Gesellschaft (Geschlecht und Gesellschaft, Bd. 40). Wiesbaden, S. 250-268.

Beckert, Jens (2003): Lachende Erben? Leistungsprinzip und Erfolgsorientierung am Beispiel der Eigentumsvererbung. In: Jutta Allmendinger (Hg.): Entstaatlichung und soziale Sicherheit. Verhandlungen des 31. Kongresses der Deutschen Gesellschaft für Soziologie in Leipzig 2002, Teil 2. Opladen, S. 792-799.

Beckert, Jens (2007): The Longue Durée of Inheritance Law. In: Archives Européennes de Sociologie XLVIII/1 (2007), S. 79-120.

Beckert, Jens; Eckert, Julia; Kohli, Martin; Streeck, Wolfgang (Hg.) (2004): Transnationale Solidarität. Chancen und Grenzen. Frankfurt/M.

Beckmann, Petra (2001): Neue Väter braucht das Land! Wie stehen die Chancen für eine stärkere Beteiligung der Männer am Erziehungsurlaub? IAB-Werkstattbericht 6/2001.

Beckmann, Petra; Kurtz, Beate (2001): Die Betreuung der Kinder ist der Schlüssel. IAB-Kurzbericht 10/2001.

Beher, Karin; Liebig, Reinhard; Rauschenbach, Thomas (1998): Das Ehrenamt in empirischen Studien – ein sekundäranalytischer Vergleich (Schriftenreihe des BMFSFJ, Bd. 163). Stuttgart u.a.

Bellmann, Lutz; Dahms, Vera; Wahse, Jürgen (2004a): IAB-Betriebspanel Ost. Ergebnisse der achten Welle 2003. Teil 1: Entwicklung und Struktur der Betriebe und Beschäftigten, Auszubildende. IAB Forschungsbericht Nr. 02/2004.

Bellmann, Lutz; Dahms, Vera; Wahse, Jürgen (2004b): IAB-Betriebspanel Ost. Ergebnisse der achten Welle 2003. Teil 2: Personalpolitik, Betriebliche Flexibilität, Weiterbildung. IAB-Forschungsbericht Nr. 03/2004.

Bellmann, Lutz; Dahms, Vera; Wahse, Jürgen (2004c): IAB-Betriebspanel Ost. Ergebnisse der achten Welle 2003. Teil 3: Wirtschaftliche Lage der Betriebe, Öffentliche Förderung. IAB-Forschungsbericht Nr. 04/2004.

Bender, Donald (1994): Versorgung von hilfs- und pflegebedürftigen Angehörigen. In: Walter Bien (Hg.): Eigeninteresse oder Solidarität. Beziehungen in modernen Mehrgenerationenfamilien. Opladen, S. 223-248.

Bengtson, Vern L.; Martin, P. (2001): Families and Intergenerational Relationship in Aging Societies. Comparing the United States with German-speaking Countries. In: Zeitschrift für Gerontologie und Geriatrie 34,3 (2001), S. 207-217.

Bengtson, Vern L.; Schütze, Yvonne (1992): Altern und Generationsbeziehungen: Aussichten für das kommende Jahrhundert. In: Paul B. Baltes, Jürgen Mittelstraß (Hg): Zukunft des Alterns und gesellschaftliche Entwicklung. Akademie der Wissenschaften zu Berlin (Forschungsbericht 5). Berlin, S. 492-517.

Berger, Peter A.; Kahlert, Heike (Hg.) (2006): Der demographische Wandel. Chancen für eine Neuordnung der Geschlechterverhältnisse. Frankfurt/M.

Berger-Schmitt, Regina (2003): Betreuung und Pflege alter Menschen in den Ländern der Europäischen Union. Perspektiven zur Rolle familialer Netzwerke. In: Jutta

Allmendinger (Hg.): Entstaatlichung und soziale Sicherheit. Verhandlungen des 31. Kongresses der Deutschen Gesellschaft für Soziologie in Leipzig, Teil 1. Opladen (CD-ROM).

Berkner, Lutz K. (1976): Inheritance, Land Structure and Peasant Family Structure: A German Regional Comparison. In: Jack Goody (Hg.): Family and Inheritance. Rural Society in Western Europe 1200-1800. Cambridge u.a., S. 71-95.

Bernardi, Laura; Klärner, Andreas; von der Lippe, Holger (2006/2007): Perceptions of Job Instability and the Prospects of Parenthood. A Comparison between Eastern and Western Germany. Max-Planck-Institut für demografische Forschung Rostock, Working Paper WP 2006-017 (Juni 2006/Mai 2007).

Bertram, Hans (1995): Regionale Vielfalt und Lebensformen. In: Bernhard Nauck, Corinna Onnen-Isemann (Hg.): Familie im Brennpunkt von Wissenschaft und Forschung. Neuwied, S. 123-147.

Bertram, Hans (2000) Die verborgenen familiären Beziehungen in Deutschland. Die multilokale Mehrgenerationenfamilie. In: Martin Kohli, Marc Szydlik (Hg.): Generationen in Familie und Gesellschaft (Lebenslauf – Alter – Generation, Bd. 3). Opladen. S. 97-121.

Betzelt, Sigrid (2007): Hartz IV aus Gender-Sicht: Einige Befunde und viele offene Fragen. In: WSI-Mitteilungen 6/2007, S. 298-304.

Binder, Marion (1995): Soziostrukturell differenzierte Inanspruchnahme außerhäuslicher Betreuung von Kindern im Vorschulalter. Eine empirische Analyse für die Bundesrepublik Deutschland (Alte Bundesländer) für das Jahr 1993. In: Zeitschrift für Familienforschung 7,2 (1995), S. 89-118.

Blasius, Dirk (1987): Ehescheidung in Deutschland 1794–1945. Scheidung und Scheidungsrecht in historischer Perspektive (Kritische Studien zur Geschichtswissenschaft, Bd. 74). Göttingen.

Blossfeld, Hans-Peter; Drobnič, Sonja (Hg.) (2001): Careers of Couples in Contemporary Societies. A Cross-ational Comparison of the Transition from Male Breadwinner to Dual-earner Families. Oxford.

Blossfeld, Hans-Peter; Drobnič, Sonja; Rohwer, Götz (2001): Spouses' Employment Careers in (West) Germany. In: Hans-Peter Blossfeld, Sonja Drobnič (Hg.): Careers of Couples in Contemporary Societies. A Cross-national Comparison of the Transition from Male Breadwinner to Dual-earner Families. Oxford, S. 53-76.

Bock, Gisela (1986): Zwangssterilisation im Nationalsozialismus. Studien zur Rassenpolitik und Frauenpolitik. Opladen.

Bock, Karin (2000): Politische Sozialisation in der Drei-Generationen-Familie. Eine qualitative Studie aus Ostdeutschland (Forschung Erziehungswissenschaft, Bd. 103). Opladen.

Böttcher, Karin (2006): Scheidung in Ost- und Westdeutschland. Der Einfluss der Frauenerwerbstätigkeit auf die Ehestabilität. Max-Planck-Institut für demografische Forschung Rostock, Working Paper WP 2006-016 (Juni 2006).

Boldorf, Marcel (1998): Sozialfürsorge in der SBZ/DDR 1945-1953. Ursachen, Ausmaß und Bewältigung der Nachkriegsarmut (Vierteljahrschrift für Sozial- und Wirtschaftsgeschichte Nr. 138). Stuttgart.

Bologna, Sergio (2006): Die Zerstörung der Mittelschichten. Thesen zur neuen Selbständigkeit. Graz.

Bolz, Norbert (2006): Die Helden der Familie. München.

Borchers, Andreas (1997): Die Sandwich-Generation. Ihre zeitlichen und finanziellen Leistungen und Belastungen. Frankfurt/M.

Borchert, Jens (1995): Die konservative Transformation des Wohlfahrtsstaates. Großbritannien, Kanada, die USA und Deutschland im Vergleich. Frankfurt/M., New York.

Bornemann, John (1992): Belonging in the Two Berlins. Kin, State, Nation. Cambridge.

Bothfeld, Silke; Schmidt, Tanja; Tobsch, Verena (2005): Erosion des männlichen Ernährermodells? Die Erwerbstätigkeit von Frauen mit Kindern unter drei Jahren. Berlin.

Bourdieu, Pierre u.a. (1997): Das Elend der Welt. Zeugnisse und Diagnosen alltäglichen Leidens an der Gesellschaft. Konstanz.

Bouvier, Beatrix (2002): Die DDR – ein Sozialstaat? Sozialpolitik in der Ära Honecker. Bonn.

Boyer, Robert (1986): La théorie de la regulation: une analyse critique. Paris.

Braun, Reiner (2003): Hat die Erbengeneration ausgespart? Nach der Rentenillusion droht eine Erbschaftsillusion. In: Frank Lettke (Hg.): Erben und Vererben. Gestaltung und Regulation von Generationenbeziehungen (Konstanzer Beiträge zur sozialwissenschaftlichen Forschung, Bd. 11). Konstanz, S. 91-114.

Bremme, Peter; Fürniß, Ulrike; Meinecke, Ulrich (2007): Organizing als Zukunftsprogramm für bundesdeutsche Gewerkschaften. In: dies. (Hg.): Never work alone. Organizing – ein Zukunftsmodell für Gewerkschaften. Wiesbaden, S. 7-23.

Brockmann, Hilke; Gampe, Jutta (2005): The Cost of Population Aging: Forecasting Future Hospital Expenses in Germany. Max-Planck-Institut für demografische Forschung Rostock, Working Paper WP 2005-007 (März 2005).

Brooks, Arthur C. (2000): Public Subsidies and Charitable Giving: Crowding out, Crowding in, or Both? In: Journal of Policy Analysis and Management 19,3 (2000), S. 451-464.

Brose, Hans-Georg (2003): Die Subversion der Institution – Über Riesters Rente, lebenslanges Lernen und andere Kleinigkeiten. In: Jutta Allmendinger (Hg.): Entstaatlichung und soziale Sicherheit. Verhandlungen des 31. Kongresses der Deutschen Gesellschaft für Soziologie in Leipzig 2002, Teil 1. Opladen, S. 583-603.

Bruckner, Elke (1993): Zur Bedeutung von Partnerschaft und Verwandtschaft. Ein internationaler Vergleich. Mannheimer Zentrum für Europäische Sozialforschung, Arbeitspapier Nr. 4/1993.

Brüderl, Josef; Klein, Thomas (2003): Die Pluralisierung partnerschaftlicher Lebensformen in Westdeutschland, 1960-2000. Eine empirische Untersuchung mit dem Familiensurvey 2000. In: Walter Bien, Jan H. Marbach (Hg.): Partnerschaft und Familiengründung. Ergebnisse der dritten Welle des Familien-Survey (Deutsches Jugendinstitut, Familiensurvey, Bd. 11). Opladen, S. 189-217.

Bühler-Niederberger, Doris (2005): »Stumme Hilferufe hören« – Naturalisierung und Entpolitisierung deutscher Politik an der Wende zum 21. Jahrhundert. In: dies. (Hg.): Macht der Unschuld. Das Kind als Chiffre. Wiesbaden, S. 227-259.

Bühler-Niederberger, Doris; Sünker, Heinz (2003): Von der Sozialisationsforschung zur Kindheitssoziologie – Fortschritte und Hypotheken. In: Armin Bernhard, Armin Kremer, Frank Rieß (Hg.): Kritische Erziehungswissenschaft und Bildungsreform. Programmatik, Brüche, Neuansätze, Bd. 1. Baltmannsweiler, S. 200-220.

Bundesministerium für Bildung und Forschung (Hg.) (2000): Informelle Ökonomie, Schattenwirtschaft und Zivilgesellschaft als Herausforderung für die europäische Sozialforschung. Neue Herausforderungen für Forschung und Politik im Spannungsfeld zwischen Schwarzarbeit, Eigenarbeit, Ehrenamt und drittem Sektor. Bonn.

Bundesministerium für Familie, Senioren, Frauen und Jugend (Hg.) (1998): Zweiter Bericht zur Lage der älteren Generation in der Bundesrepublik Deutschland: Wohnen im Alter. Bonn.

Bundesministerium für Familie, Senioren, Frauen und Jugend (Hg.) (2000): Familien ausländischer Herkunft in Deutschland. Sechster Familienbericht. Leistungen – Belastungen – Herausforderungen. Berlin.

Bundesministerium für Familie, Senioren, Frauen und Jugend (Hg.) (2002a): Einnahmeeffekte beim Ausbau von Kindertagesbetreuung. Wesentliche Ergebnisse des Gutachtens des Deutschen Instituts für Wirtschaftsforschung Berlin. Berlin.

Bundesministerium für Familie, Senioren, Frauen und Jugend (Bundesarbeitsgemeinschaft der Freien Wohlfahrtspflege) (Hg.) (2002b): Prioritäten einer zukunftsorientierten Familienpolitik. Berlin .

Bundesministerium für Familie, Senioren, Frauen und Jugend (Hg.) (2004): Modellprogramm »Selbstbestimmt wohnen im Alter«. Kurzfassung und Ausblick. Bonn.

Bundesministerium für Familie, Senioren, Frauen und Jugend (Hg.) (2005a): Altenbericht im Dialog. Potenziale des Alters in Wirtschaft und Gesellschaft. Berlin.

Bundesministerium für Familie, Senioren, Frauen und Jugend (Hg.) (2005b): Zwölfter Kinder- und Jugendbericht. Bericht über die Lebenssituation junger Menschen und die Leistungen der Kinder- und Jugendhilfe in Deutschland. Berlin.

Bundesministerium für Familie, Senioren, Frauen und Jugend (Hg.) (2005c): Zukunft: Familie. Ergebnisse aus dem 7. Familienbericht. Berlin.

Bundesministerium für Familie, Senioren, Frauen und Jugend (Hg.) (2006): Familie zwischen Flexibilität und Verlässlichkeit. Perspektiven für eine lebenslaufbezogene Familienpolitik. Siebter Familienbericht. Berlin.

Burkart, Günter (1995): Zum Strukturwandel der Familie. Mythen und Fakten. In: Aus Politik und Zeitgeschichte. B 53-53 (1995), S. 3-15.

Burkart, Günter (2007): Das modernisierte Patriarchat. Neue Väter und alte Probleme. In: WestEnd. Neue Zeitschrift für Sozialforschung 4,1 (2007), S. 82-91.

Butterwege, Christoph (1999): Familie als Fetisch im Verteilungsstreit. Die neuen Feindbilder: Kinderlose und Greise. In: Soziale Sicherheit 48,9/10 (1999), S. 308-311.

Buttler, Günter (1995): Demographischer Wandel. Verharmlosendes Schlagwort für ein brisantes Problem (Erlanger Universitätsreden 45/95, 3. Folge). Erlangen.

Can, Halil (2005): Familien und Identitätsbilder in Bewegung, Ethnographie unterwegs. Dokumentation der transnationalen Migration aus der Mikroperspektive einer ostanatolischen Mehrgenerationenfamilie aus Berlin. IFADE (Hg.): Insider – Outsider. Bilder, ethnisierte Räume und Partizipation im Migrationsprozess. Bielefeld, S. 32-56.

Carl, Christine (2002): Gewollt kinderlose Frauen und Männer. Psychologische Einflußfaktoren und Verlaufstypologien des generativen Verhaltens. Frankfurt/M.

Carsten, Janet (2000): Cultures of Relatedness. New Approaches to the Study of Kinship. Cambridge.

Carsten, Janet (2004): After Kinship. New York, Cambridge.

Castell, Adelheid von (1981): Unterschichten im demographischen Übergang: Historische Bedingungen des Wandels der Fruchtbarkeit und der Säuglingssterblichkeit. In: Hans Mommsen, Winfried Schulze (Hg.): Vom Elend der Handarbeit. Stuttgart, S. 373-394.

Chamberlayne, Prue (1990): The Mothers' Manifesto and the Debate over Mütterlichkeit. In: Feminist Review 35 (1990), S. 9-23.

Chamberlayne, Prue (1991): The »Mothers' Manifesto« and the Concept of Mütterlichkeit. In: Eva Kolinsky (Hg.): The Federal Republic of Germany: The End of an Era. Oxford, S. 199-218.

Chamberlayne, Prue (1999): Cultural Analysis of the Informal Sphere. In: dies., Andrew Cooper, Richard Freeman, Michael Rustin (Hg.): Welfare and Culture in Europe. Towards a New Paradigm in Social Policy. London, S. 151-171.

Chamberlayne, Prue; King, A. (2000): Cultures of Care. Biographies of Carers in Britain and the Two Germanies. Bristol.

Chorus, Silke (2007) Who Cares? Kapitalismus, Geschlechterverhältnisse und Frauenarbeiten. Regulationstheoretische Sehkorrekturen. In: Feministische Studien – Zeitschrift für interdisziplinäre Frauen- und Geschlechterforschung 2/2007, S. 202-216.

Çil, Nevim (2000): Zum intergenerativen Verhältnis in türkischen Familien im Migrationsprozeß. In: Iman Attia, Helga Marburger (Hg.): Alltag und Lebenswelten von Migrantenjugendlichen. Frankfurt/M., S. 127-138.

Conrad, Christoph (1990): Gewinner und Verlierer im Wohlfahrtsstaat. Deutsche und internationale Tendenzen im 20. Jahrhundert. In: Archiv für Sozialgeschichte 30 (1990), S. 297-326.

Conrad, Christoph (1998): Alterssicherung. In: Hans Günther Hockerts (Hg.): Drei Wege deutscher Sozialstaatlichkeit. NS-Diktatur, Bundesrepublik und DDR im Vergleich (Schriftenreihe der Vierteljahrshefte für Zeitgeschichte, Bd. 76). München, S. 101-116.

Crew, David F. (1990): »Wohlfahrtsbrot ist bitteres Brot«. The Elderly, the Disabled and the Local Welfare Authorities in the Weimar Republic 1924-1933. In: Archiv für Sozialgeschichte 30 (1990), S. 217-245.

Cromm, Jürgen (1998): Familienbildung in Deutschland. Soziodemographische Prozesse, Theorie, Recht und Politik unter besonderer Berücksichtigung der DDR. Opladen.

Cyprian, Gudrun (2005): Die weißen Flecken in der Diskussion zur »neuen Vaterrolle« – Folgerungen aus dem gegenwärtigen Forschungsstand in Deutschland. In: Zeitschrift für Familienforschung 17,1 (2005), S. 76-79.

Davis, Mike (2006): Planet der Slums. In: Blätter für deutsche und internationale Politik 7/2006, S. 805-816.

Dennis, Mike (1998): Family Policy and Family Function in the German Democratic Republic. In: Eva Kolinsky (Hg.): Social Transformation and the Family in Post-Communist Germany. London. S. 37-57.

Deutscher Verein für öffentliche und private Fürsorge; ISIS-Sozialforschung (2002): Recherche zum freiwilligen Engagement von Migrantinnen und Migranten. Dokumentation im Auftrag des BMFSFJ. Frankfurt/M.

Deutsches Institut für Wirtschaftsforschung (DIW) Berlin (2008): Schrumpfende Mittelschicht – Anzeichen einer dauerhaften Polarisierung der verfügbaren Einkommen? In: DIW-Wochenbericht Nr. 10/2008, S. 101-108.

Dietz, Berthold ; Clasen, Jochen (1995): Young Carers in Gemany. In : Becker, Saul (Hg.): Young Carers in Europe. An Exploratory Cross-national Study in Britain, France, Sweden and Germany. Leicestershire: Young Carers Research Group, S. 65-75.

Diewald, Martin (1989): Haushalts- und Familienformen im sozialen Wandel – Entsolidarisierung oder neue Formen der Solidarisierung? In: Gert Wagner, Notburga Ott, Hans-Joachim Hoffmann-Nowotny (Hg.): Familienbildung und Erwerbstätigkeit im demographischen Wandel. Proceedings der 23. Arbeitstagung der Deutschen Gesellschaft für Bevölkerungswissenschaft am 28. Februar – 3. März 1989 in Bad Homburg v.d.H. Berlin u.a., S. 177-195.

Diewald, Martin (1991): Soziale Beziehungen. Verlust oder Liberalisierung? Soziale Unterstützung in informellen Netzwerken. Berlin.

Diewald, Martin (1995): Informelle Beziehungen und Hilfeleistungen in der DDR: Persönliche Bindung und instrumentelle Nützlichkeit. In: Bernhard Nauck, Norbert F. Schneider, Angelika Tölke (Hg.): Familie und Lebensverlauf im gesellschaftlichen Umbruch (Der Mensch als soziales und personales Wesen, Bd. 12). Stuttgart, S. 56-75.

Diewald, Martin (1998): Persönliche Bindung und gesellschaftliche Veränderungen – Zum Wandel von Familien- und Verwandtschaftsbeziehungen in Ostdeutschland nach der Wende. In: Michael Wagner, Yvonne Schütze (Hg.): Verwandtschaft. Sozialwissenschaftliche Beiträge zu einem vernachlässigten Thema. Stuttgart, S. 183-202.

Diewald, Martin (2003a): Erwerbsbiographien von Männern und die sozialen Beziehungen zu Verwandten und Freunden. In: Jutta Allmendinger (Hg.): Entstaatlichung und soziale Sicherheit. Verhandlungen des 31. Kongresses der Deutschen Gesellschaft für Soziologie in Leipzig. Beiträge aus Arbeitsgruppen, Sektionssitzungen und den Ad-hoc-Gruppen. Opladen (CD-ROM).

Diewald, Martin (2003b): Kapital oder Kompensation? Erwerbsbiographien von Männern und die sozialen Beziehungen zu Verwandten und Freunden. In: Berliner Journal für Soziologie Heft 2 (2003), S. 213-238.

Diewald, Martin; Eberle, Michael (2003): Unsichere Beschäftigung – unsichere Integration? Auswirkungen destandardisierter Beschäftigung auf die Einbindung in Familie und soziale Netzwerke. In: Jutta Allmendinger (Hg.): Entstaatlichung und soziale Sicherheit. Verhandlungen des 31. Kongresses der Deutschen Gesellschaft für Soziologie in Leipzig 2002, Teil 2. Opladen, S. 683-706.

Dingeldey, Irene (2002): Das deutsche System der Ehegattenbesteuerung im europäischen Vergleich. In: WSI-Mitteilungen Heft 3 (2002), S. 154-160.

Dinklage, Meike (2005): Der Zeugungsstreik. Warum die Kinderfrage Männersache ist. München.

Dölling, Irene (1993): Gespaltenes Bewusstsein – Frauen- und Männerbilder in der DDR. In: Gisela Helwig, Hildegard Maria Nickel (Hg.): Frauen in Deutschland 1945-1992. Berlin, S. 23-52.

Dörre, Klaus (2007): Prekarisierung und Geschlecht. Ein Versuch über unsichere Beschäftigung und männliche Herrschaft in nachfordistischen Arbeitsgesellschaften. In: Brigitte Aulenbacher, Maria Funder, Heike Jacobsen, Susanne Völker (Hg.): Arbeit und Geschlecht im Umbruch der modernen Gesellschaft (Geschlecht und Gesellschaft, Bd. 40). Wiesbaden, S. 285-301.

Donzelot, Jacques (1980): Die Ordnung der Familie. Mit einem Nachwort von Gilles Deleuze. Frankfurt/M.

Dorbritz, Jürgen; Lengerer, Andrea; Ruckdeschel, Kerstin (2005): Einstellungen zu demographischen Trends und zu bevölkerungsrelevanten Politiken. Ergebnisse der Population Policy Acceptance Study (Schriftenreihe des Bundesinstituts für Bevölkerungsforschung, Sonderheft). Wiesbaden.

Dornseiff, Jann-Michael; Sackmann, Reinhold (2003): Familien, Erwerbs- und Fertilitätsdynamiken in Ost- und Westdeutschland. In: Walter Bien, Jan H. Marbach, (Hg.): Partnerschaft und Familiengründung. Ergebnisse der dritten Welle des Familien-Surveys. Opladen, S. 309-348.

Drobnič, Sonja; Blossfeld, Hans-Peter (2001): Careers of Couples and Trends in Inequality. In: Hans-Peter Blossfeld, Sonja Drobnič (Hg.): Careers of Couples in Contemporary Societies. A Cross-national Comparison of the Transition from Male Breadwinner to Dual-earner Families. Oxford, S. 371-386.

Ebbinghaus, Angelika (1987). Das Müttermanifest – eine Variante der Bevölkerungspolitik. In: 1999. Zeitschrift für Sozialgeschichte des 20. und 21. Jahrhunderts, Heft 3 (1987), S. 4-7.

Eberling, Matthias; Hielscher, Volker; Hildebrandt, Eckart; Jürgens, Kerstin (2004): Prekäre Balancen. Flexible Arbeitszeiten zwischen betrieblicher Regulierung und individuellen Ansprüchen. Berlin.

Ebert, Olaf; Hartnuß, Birger (2003): Freiwilligenagenturen in Deutschland – Ergebnisse einer aktuellen empirischen Studie. In: Forschungsjournal Neue Soziale Bewegungen 2 (2003), S. 120-124.

Ecarius, Jutta (1995): Generationenbeziehungen in ostdeutschen Familien. Moderne Familienbeziehungen in drei Generationen. In: Martina Löw, Dorothee Meister, Uwe Sander (Hg.): Pädagogik im Umbruch. Kontinuität und Wandel in den neuen Bundesländern. Opladen, S. 171-185.

Eggen, Bernd (1997): Familiale und ökonomische Lage älterer Deutscher und Ausländer. In: Karl Eckart, Siegfried Grundmann (Hg.): Demographischer Wandel in der europäischen Dimension und Perspektive (Schriftenreihe der Gesellschaft für Deutschlandforschung, Bd. 52). Berlin, S. 83-110.

Eggen, Bernd (2000): Familienberichterstattung in der amtlichen Statistik. In: Walter Bien, Richard Rathgeber (Hg.): Die Familie in der Sozialberichterstattung. Ein europäischer Vergleich (Deutsches Jugendinstitut, Familien-Survey, Bd. 8). Opladen, S. 69-134.

Ehmer, Josef (1990): Sozialgeschichte des Alters. Frankfurt/M.

Ehmer, Josef (2004): Bevölkerungsgeschichte und historische Demographie 1800-2000 (Enzyklopädie Deutscher Geschichte, Bd. 71). München.

Ehmer, Josef; Ferdinand, Ursula; Reulecke, Jürgen (Hg.) (2007): Herausforderung Bevölkerung. Zu Entwicklungen des modernen Denkens über die Bevölkerung vor, im und nach dem »Dritten Reich« Wiesbaden.

Eifert, Christiane (1993): Frauenpolitik und Wohlfahrtspflege. Zur Geschichte der sozialdemokratischen »Arbeiterwohlfahrt« (Reihe Geschichte und Geschlechter, Bd. 5). Frankfurt/M.

Eifert, Christiane (2007): Wann werden Frauen Unternehmenserbinnen? Nachfolgeregelungen in deutschen Familienunternehmen in der zweiten Hälfte des 20. Jahrhunderts. In: Feministische Studien 2 (2007), S. 243-257.

Eisen, Roland (2001): Soziale Sicherungssysteme und demographische Herausforderungen. 5 Jahre Gesetzliche Pflegeversicherung. Eine Zwischenbilanz. In: Winfried Schmähl, Volker Ulrich (Hg.): Soziale Sicherungssysteme und demographische Herausforderungen. Tübingen, S. 73-94.

Engstler, A.; Rüger, S. (2003): Steuermindereinnahmen durch Familienkomponenten des Einkommensteuerrechts in Mrd. Euro. Tabelle zu Teil I A 2d(2). Stand: September 2003. URL: http://www.bmfsfj.de/RedaktionBMFSFJ/Abteilung5/ Pdf-Anlagen/t-2d2.pdf [22.8.2005].

Engstler, Heribert (2004): Geplantes und realisiertes Austrittsalter aus dem Erwerbsleben. Ergebnisse des Alterssurveys 1996 und 2002. Deutsches Zentrum für Altersfragen Berlin, Diskussionspapier Nr. 41 (März 2004).

Engstler, Heribert (2006): Großelternschaft als Thema sozialwissenschaftlicher Forschung – ein Überblick über ausgewählte neuere Literatur. In: informationsdienst altersfragen 33,4 (2006), S. 11-16.

Engstler, Heribert; Menning, Sonja (2003): Die Familie im Spiegel der amtlichen Statistik. Lebensformen, Familienstrukturen, wirtschaftliche Situation der Familien und familiendemographische Entwicklung in Deutschland. Erstellt im Auftrag des Bundesministeriums für Familie, Senioren, Frauen und Jugend in Zusammenarbeit mit dem Statistischen Bundesamt. Bonn.

Engstler, Heribert; Menning, Sonja; Hoffmann, Elke; Tesch-Römer, Clemens (2004): Die Zeitverwendung älterer Menschen. In: Statistisches Bundesamt (Hg.): Alltag in Deutschland – Analysen zur Zeitverwendung (Schriftenreihe Forum der Bundesstatistik, 43). Stuttgart, S. 216-246.

Enquete-Kommission »Zukunft des Bürgerschaftlichen Engagements« Deutscher Bundestag (Hg.) (2002): Bürgerschaftliches Engagement – die lebendige Seite des Sozialstaates. Opladen.

Enquete-Kommission »Zukunft des Bürgerschaftlichen Engagements« Deutscher Bundestag (Hg.) (2003): Bürgerschaftliches Engagement und Sozialstaat. Opladen.

Erlinghagen, Marcel (2002): Konturen ehrenamtlichen Engagements in Deutschland. Eine Bestandsaufnahme. In: Sozialer Fortschritt. Unabhängige Zeitschrift für Sozialpolitik, Heft 51,4 (2002): Ehrenamt, Bürgergesellschaft – neue Konturen der Wohlfahrtsstaatlichkeit, S. 80-86.

Erning, Günter; Neumann, Karl; Reyer, Jürgen (Hg.) (1987): Geschichte des Kindergartens. Band I: Entstehung und Entwicklung der öffentlichen Kleinkinderziehung in Deutschland von den Anfängen bis zur Gegenwart. Regensburg.

Esping-Andersen, Gøsta (Hg.) (1990): Three Worlds of Welfare Capitalism. Cambridge.

Ette, Andreas; Ruckdeschel, Kerstin (2007): Die Oma macht den Unterschied. Der Einfluss institutioneller und informeller Unterstützung für Eltern auf ihre weiteren Kinderwünsche. In: Zeitschrift für Bevölkerungswissenschaft 32,1-2 (2007), S. 51-72.

Etzemüller, Thomas (2007): Ein ewig währender Untergang. Der apokalyptische Bevölkerungsdiskurs im 20. Jahrhundert. Bielefeld.

Falk, Susanne; Schaeper, Hildegard (2001): Erwerbsverläufe von ost- und westdeutschen Müttern im Vergleich: ein Land – ein Muster? In: Claudia Born, Helga Krüger (Hg.): Individualisierung und Verflechtung. Geschlecht und Generation im deutschen Lebenslaufregime (Statuspassagen und Lebenslauf, Bd. 3). Weinheim u.a., S. 181-210.

Farahat, Anouscheh; Janczyk, Stefanie; Mängel, Annett; Schönig, Barbara (2006): Exklusive Emanzipation. Zur Frauen- und Familienpolitik der großen Koalition. In: Blätter für deutsche und internationale Politik 8/2006, S. 984-994.

Fertig, Georg (2005): Geschwister – Eltern – Großeltern. Die Historische Demographie zwischen den Disziplinen. In: Historical Social Research 30,3 (2005), S. 5-14.

Fleischer, Annett (2007): Illegalisierung, Legalisierung und Familienbildungsprozesse: Am Beispiel Kameruner MigrantInnen in Deutschland. Max-Planck-Institut für demografische Forschung Rostock, Working Paper WP 2007-011 (Juli 2007).

Fliege, Thomas (1998): Bauernfamilien zwischen Tradition und Moderne. Eine Ethnographie bäuerlicher Lebensstile. Frankfurt/M.

Franz, Peter; Herlyn, Ulfert (1995): Familie als Bollwerk oder als Hindernis? Die Rolle der Familienbeziehungen bei der Bewältigung der Vereinigungsfolgen. In: Bernhard Nauck, Norbert F. Schneider, Angelika Tölke (Hg.): Familie und Lebensverlauf im gesellschaftlichen Umbruch (Der Mensch als personales und soziales Wesen, Bd. 12). Stuttgart, S. 90-102.

Franzius, Christine (2005): Bonner Grundgesetz und Familienrecht. Die Diskussion um die Gleichberechtigung von Mann und Frau in der westdeutschen Zivilrechtslehre der Nachkriegszeit (1945-1957) (Studien zur europäischen Rechtsgeschichte, Bd. 178). Frankfurt/M.

Frerich, Johannes; Frey, Martin (1996a): Handbuch der Geschichte der Sozialpolitik in Deutschland, Bd. 1: Von der vorindustriellen Zeit bis zum Ende des Dritten Reiches. 2. Aufl. München, Wien.

Frerich, Johannes; Frey, Martin (1996b): Handbuch der Geschichte der Sozialpolitik in Deutschland, Bd. 2: Sozialpolitik in der Deutschen Demokratischen Republik. 2. Aufl. München, Wien.

Frerich, Johannes; Frey, Martin (1996c): Handbuch der Geschichte der Sozialpolitik in Deutschland, Bd. 3: Sozialpolitik in der Bundesrepublik Deutschland bis zur Herstellung der Deutschen Einheit. 2. Aufl. München, Wien.

Frick, Joachim; Lahmann, Herbert (1996): Verbesserung der Wohnqualität und Entwicklung der Mieten in den neuen Bundesländern seit der Vereinigung. In: Hartmut Häußermann, Rainer Neef (Hg.): Stadtentwicklung in Ostdeutschland. Soziale und räumliche Tendenzen. Opladen. S. 249-262.

Fromm, Erich; Horkheimer, Max; Mayer, Hans; Marcuse, Herbert (1936): Studien über Autorität und Familie. Paris.

Fthenakis, Wassilios E. u.a. (1999): Engagierte Vaterschaft. Die sanfte Revolution in der Familie. Opladen.

Fuchs, Johann (1999): Die langfristige Entwicklung des Arbeitskräftepotentials in Deutschland unter besonderer Berücksichtigung demographischer Aspekte. In: Evelyn Grünheid, Charlotte Höhn (Hg.): Demographische Alterung und Wirtschaftswachstum. Seminar des Bundesinstituts für Bevölkerungsforschung 1998 in Bingen (Schriftenreihe des Bundesinstituts für Bevölkerungsforschung, Bd. 29). Opladen, S. 69-88.

Führer, Karl Christian (1990): Für das Wirtschaftsleben ›mehr oder weniger wertlose Personen‹. Zur Lage von Invaliden und Kleinrentnern in den Inflationsjahren 1918-1924. In: Archiv für Sozialgeschichte 30 (1990), S. 145-180.

Gaschke, Susanne (2005): Die Emanzipationsfalle. Erfolgreich, einsam, kinderlos. München.

Gather, Claudia; Geissler, Birgit; Rerrich, Maria S. (2002): Weltmarkt Privathaushalt. Bezahlte Hausarbeit im globalen Wandel. Münster.

Gatzweiler, Hans-Peter; Irmen, Eleonore (1997): Die Entwicklung der Regionen in der Bundesrepublik Deutschland. In: Jürgen Friedrichs (Hg.): Die Städte in den 90er Jahren. Demographische, ökonomische und soziale Entwicklungen. Opladen, S. 37-66.

Gaunt, David (1982): Formen der Altersversorgung in Bauernfamilien Nord- und Mitteleuropas. In: Michael Mitterauer, Reinhard Sieder (Hg): Historische Familienforschung. Frankfurt/M., S. 156-191.

Geißler, Rainer (1993): Sozialer Umbruch als Modernisierung. In: ders. (Hg.): Sozialer Umbruch in Ostdeutschland. Opladen, S. 63-92.

Gerhard, Ute 1994): Die staatlich institutionalisierte »Lösung« der Frauenfrage. Zur Geschichte der Geschlechterverhältnisse in der DDR. In: Hartmut Kaelble, Jürgen Kocka, Hartmut Zwahr (Hg.): Sozialgeschichte der DDR. Stuttgart, S. 383-403.

Gerhard, Ute (1997): Die »langen Wellen« der Frauenbewegung – Traditionslinien und unerledigte Anliegen. In: Regina Becker-Schmidt, Gudrun-Axeli Knapp (Hg.): Das Geschlechterverhältnis als Gegenstand der Sozialwissenschaften. Frankfurt/M., S. 247-278.

Gerhard, Ute (2003): Mütter zwischen Individualisierung und Institution: Kulturelle Leitbilder in der Wohlfahrtspolitik. In: dies., Trudie Knijn, Anja Weckwert (Hg.): Erwerbstätige Mütter. Ein europäischer Vergleich. München, S. 53-84.

Gerhard, Ute; Knijn, Trudie; Weckwert, Anja (Hg.) (2003): Einleitung: Sozialpolitik und soziale Praxis. In: dies. (Hg.): Erwerbstätige Mütter. Ein europäischer Vergleich. München, S. 8-28.

Gerngroß-Haas, Gabriele (2005): Anders leben als gewohnt. Wenn verschiedene Frauen unter ein Dach ziehen. Königstein.

Gesterkamp, Thomas (2005): Betriebliche und politische Hindernisse engagierter Vaterschaft. In: Zeitschrift für Familienforschung 17,1 (2005), S. 66-75.

Glatzer, Wolfgang; Berger-Schmitt, Regina (Hg.) (1986): Haushaltsproduktion und Netzwerkhilfe. Frankfurt/M.

Golsch, Katrin (2005): The Impact of Labour Market Insecurity on the Work and Family Life of Men and Women. A Comparison of Germany, Great Britain, and Spain. Frankfurt/M. u.a.

Gottfried, Heidi; O'Reilly, Jacqueline (2002): Reregulating Breadwinner Models in Socially Conservative Welfare Systems. Comparing Germany and Japan. In: Social Politics. International Studies in Gender, State & Society 9 (2002), S. 29-59.

Gottschall, Karin; Voß, G. Günter (Hg.) (2003): Entgrenzung von Arbeit und Leben. München.

Gramsci, Antonio (1991ff.): Gefängnishefte 9. Kritische Gesamtausgabe auf Grundlage der im Auftrag des Gramsci-Instituts besorgten Edition von Valentino Gerratana (1975). Herausgegeben von K. Bochmann, K. Haug und W.F. Haug. Hamburg.

Grandits, Hannes (Hg.): Families and the State During the Century of Welfare: Eight Countries (Kinship and Social Security in Contemporary Europe, hg. von Patrick Heady u. Hannes Grandits, Bd. 1). 2008 (im Druck).

Griebel, Winfried (1991): Aufgabenteilung in der Familie: Was übernehmen Mutter, Vater, Kind (und Großmutter). In: Zeitschrift für Familienforschung 3,2 (1991), S. 21-53.

Grimme, Mark-Alexander (2003): Die Entwicklung der Emanzipation der Frau in der Familienrechtsgeschichte bis zum Gleichberechtigungsgesetz 1957. Unter besonderer Berücksichtigung der Entstehungsgeschichte des Bürgerlichen Gesetzbuches. Frankfurt/M.

Grundmann, Siegfried (1998): Bevölkerungsentwicklung in Ostdeutschland. Demographische Strukturen und räumliche Wandlungsprozesse auf dem Gebiet der neuen Bundesländer (1945 bis zur Gegenwart). Opladen.

Gruner, Wolf (2002): Öffentliche Wohlfahrt und Judenverfolgung. Wechselwirkungen lokaler und zentraler Politik im NS-Staat (1933-1942) (Studien zur Zeitgeschichte, Bd. 62). München.

Grunert, Kathleen; Krüger, Heinz-Hermann (2006): Kindheit und Kindheitsforschung in Deutschland. Forschungszugänge und Lebenslagen. Wiesbaden.

Grunow, Dieter (1985): Drei-Generationen-Solidarität in der Familie. In: Klaus Weigel (Hg.): Familie und Familienpolitik. Zur Situation der Bundesrepublik Deutschland (Forschungsbericht Nr. 44). Melle. S. 146-155.

Gumbinger, Hans-Walter; Bambey, Andrea (2007): Vaterschaft zwischen Norm und Selbstbestimmung. In: WestEnd. Neue Zeitschrift für Sozialforschung 4,1 (2007), S. 92-101.

Gutberger, Hansjörg (2006): Bevölkerung, Ungleichheit, Auslese. Perspektiven sozialwissenschaftlicher Bevölkerungsforschung in Deutschland zwischen 1930 und 1960. Wiesbaden.

Gysi, Jutta (Hg.) (1989): Familienleben in der DDR. Zum Alltag von Familien mit Kindern. Berlin.

Gysi, Jutta (1990): Die Zukunft von Familie und Ehe. Familienpolitik und Familienforschung in der DDR. In: Günter Burkart (Hg.): Sozialisation und Sozialismus. Lebensbedingungen in der DDR im Umbruch (Zeitschrift für Sozialisationsforschung und Erziehungssoziologie, 1. Beiheft). Berlin, S. 33-41.

Hachtmann, Rüdiger (1998): Arbeitsverfassung. In: Hans Günter Hockerts: Drei Wege deutscher Sozialstaatlichkeit. NS-Diktatur, Bundesrepublik und DDR im Vergleich (Schriftenreihe der Vierteljahrshefte für Zeitgeschichte, Bd. 76). München, S. 27-54.

Häußermann, Hartmut (1997): Stadtentwicklung in Ostdeutschland. In: Jürgen Friedrichs (Hg.): Die Städte in den 90er Jahren. Demographische, ökonomische und soziale Entwicklungen. Opladen, S. 91-108.

Häußermann, Hartmut (1999): Neue Haushalte – Wohnformen zwischen Individualisierung und Vergemeinschaftung. Neue Lebensstile – neue Haushaltstypen. In: Wüstenrotstiftung (Hg.): Neue Wohnformen im internationalen Vergleich. Stuttgart, S. 12-21.

Häußermann, Hartmut (2003): Wachsende soziale und ethnische Heterogenität und Segregation in den Städten. In: Enquete-Kommission »Zukunft des Bürgerschaftlichen Engagements« Deutscher Bundestag (Hg.): Bürgerschaftliches Engagement und Sozialstaat. Opladen, S. 347-355.

Häußermann, Hartmut; Siebel, Walter (1996): Soziologie des Wohnens. Eine Einführung in Wandel und Ausdifferenzierung des Wohnens. Weinheim.

Häußermann, Hartmut; Siebel, Walter (2000): Soziologie des Wohnens. Eine Einführung in Wandel und Ausdifferenzierung des Wohnens. 2., korr. Aufl. Weinheim u.a.

Häußermann, Hartmut; Siebel, Walter (2004): Stadtsoziologie. Eine Einführung. Unter Mitarbeit von Jens Wurtzbacher. Frankfurt/M.

Hagemann, Karen (1990): »… wir werden alt vom Arbeiten«. Die soziale Situation alternder Arbeiterfrauen in der Weimarer Republik am Beispiel Hamburgs. In: Archiv für Sozialgeschichte 30 (1990), S. 145-180.

Hagemann, Karen; Jarausch, Konrad H. (2005): Zwischen Ideologie und Ökonomie. Das Politikum der Ganztagsschule im deutsch-deutschen Vergleich (1945-1989). In: Potsdamer Bulletin für Zeithistorische Studien Nr. 34/35 (November 2005), S. 50-52.

Hahn, Daphne (1999): Widerstand, Individualisierung oder Eigensinn? Der Anstieg der Sterilisationen in den neuen Bundesländern: Die Wahrnehmung in den Medien und die Motive von Frauen, sich sterilisieren zu lassen. In: Zeitschrift für Bevölkerungswissenschaft 24 (1999), S. 301-327.

Haines, Elisabeth (2000): Die Familienberichte der Bundesregierung. In: Walter Bien, Richard Rathgeber (Hg.): Die Familie in der Sozialberichterstattung. Ein europäischer Vergleich (Deutsches Jugendinstitut, Familien-Survey, Bd. 8). Opladen, S. 49-67.

Hajnal, John (1965): European Marriage Patterns in Perspective. In: David Victor Glass, David Edward Charles Eversley (Hg.): Population in History. Essays in Historical Demography. London, S. 101-143.

Hammerschmidt, Peter (1999): Die Wohlfahrtsverbände im NS-Staat. Die NSV und die konfessionellen Verbände Caritas und Innere Mission im Gefüge der Wohlfahrtspflege des Nationalsozialismus. Opladen.

Hannemann, Christine (1996): Entdifferenzierung als Hypothek – Differenzierung als Aufgabe: Zur Entwicklung der ostdeutschen Großsiedlungen. In: Hartmut Häußermann, Rainer Neef (Hg.): Stadtentwicklung in Ostdeutschland. Soziale und räumliche Tendenzen. Opladen, S. 87-106.

Hannemann, Christine (2003): Stadtentwicklung ohne Wirtschaftswachstum. Was verursacht schrumpfende Städte in Ostdeutschland? In: Kristina Bauer-Volke, Ina Dietzsch (Hg.): Labor Ostdeutschland. Kulturelle Praxis im gesellschaftlichen Wandel. Berlin, S. 209-218.

Hantrais, Linda; Becker, Saul (1995): Young Carers in Europe: A Comparative Perspective. In: Saul Becker (Hg.): Young Carers in Europe. An Exploratory Cross-national Study in Britain, France, Sweden, and Germany. Leicestershire: Young Carers Research Group, S. 77-93.

Hardach, Gerd (2006): Der Generationenvertrag. Lebenslauf und Lebenseinkommen in Deutschland in zwei Jahrhunderten. Berlin.

Harms-Ziegler, Beate (1997): Außereheliche Mutterschaft in Preussen im 18. und 19. Jahrhundert. In: Ute Gerhard (Hg.): Frauen in der Geschichte des Rechts. Von der Frühen Neuzeit bis zur Gegenwart. München, S. 325-344.

Harth, Annette; Herlyn, Ulfert (1996): »… und dann geht's doch 'n bisschen auseinander«. Zum Wandel städtischer Wohnmilieus in den neuen Bundesländern. In: Hartmut Häußermann, Rainer Neef (Hg.): Stadtentwicklung in Ostdeutschland. Soziale und räumliche Tendenzen. Opladen, S. 139-162.

Harvey, Elizabeth (2003): Women and the Nazi East. Agents and Witnesses of Germanization. New Haven.

Haug, Sonja (2000): Soziales Kapital und Kettenmigration. Italienische Migranten in Deutschland. Opladen.

Haug, Sonja (2004): Soziale Integration durch Einbettung in Familie, Verwandtschafts- und Freundesnetzwerke. In: Zeitschrift für Bevölkerungswissenschaft 29 (2004), S. 163-192.

Hausen, Karin (1976): Die Polarisierung der ›Geschlechtscharaktere‹ – eine Spiegelung der Dissoziation von Erwerbs- und Familienleben. In: Werner Conze (Hg.): Sozialgeschichte der Familie in der Neuzeit Europas. Neue Forschungen. Stuttgart, S. 363-393.

Hausen, Karin (1997): Arbeiterinnenschutz, Mutterschutz und gesetzliche Krankenversicherung im Deutschen Kaiserreich und in der Weimarer Republik. Zur Funktion von Arbeits- und Sozialrecht für die Normierung und Stabilisierung der Geschlechterverhältnisse. In: Ute Gerhard (Hg.): Frauen in der Geschichte des Rechts. Von der frühen Neuzeit bis zur Gegenwart. München, S. 713-743.

Hauser-Schäublin, Brigitta (1995): Das Ende der Verwandtschaft? Zeugung und Fortpflanzung zwischen Produktion und Reproduktion. In: Wolfgang Kaschuba (Hg.): Kulturen – Identitäten – Diskurse. Perspektiven Europäischer Ethnologie. Berlin, S. 163-186.

Hauser-Schäublin, Brigitta; Kalitzkus, Vera; Petersen, Imme; Schröder, Iris (2000): Der geteilte Leib. Die kulturelle Dimension von Organtransplantation und Reproduktionsmedizin in Deutschland. Frankfurt/M., New York.

Heady, Patrick; Grandits, Hannes: »Kinship and Social Security« in European comparison. Rationale and Research Plan of an EU-funded Project. URL: http://www.eth.mpg.de/kass/docs/kass_research.pdf [5.2.2008].

Heady, Patrick; Kohli, Martin (Hg.): Counting the Consequences: Alternative Approaches to the Political Economy of Kinship (Kinship and Social Security in Contemporary Europe, hg. von Patrick Heady u. Hannes Grandits, Bd. 3). 2008 (im Druck).

Heady, Patrick; Schweitzer, Peter (Hg.): Family, Kinship, and Community at the Start of the 21st century: Nineteen Localities (Kinship and Social Security in Contemporary Europe, hg. von Patrick Heady u. Hannes Grandits, Bd. 2). 2008 (im Druck).

Heidenreich, Martin (2006): Subsidiarität und Solidarität im nationalen und europäischen Rahmen. In: Harald Schwaetzer, Henrieke Stahl, Kirstin Zeyer (Hg.): Soziale Gerechtigkeit. Zur Würdigung von Paul Jostok. Regensburg, S. 105-127.

Heinemann, Rebecca (2004): Familie zwischen Tradition und Emanzipation. Katholische und sozialdemokratische Familienkonzeptionen in der Weimarer Republik (Schriftenreihe der Stiftung Reichspräsident-Friedrich-Ebert-Gedenkstätte, Bd. 11). München.

Heinze, Rolf G.; Olk, Thomas (Hg.) (2001): Bürgerengagement in Deutschland. Bestandsaufnahme und Perspektiven. Opladen.

Helmer, Elvira (1986): Soziologie und Familienpolitik. Verhältnisse und Einflüsse bis 1933. In: Zeitschrift für Soziologie 15,1 (1986), S. 41-55.

Hengst, Heinz (2000): Agency, Change, and Social Structure: Children's Culture(s) in Societies of Late Modernity. In: Research in Childhood. Sociology, Culture and History (2000), S. 231-250.

Hengst, Heinz; Zeiher, Helga (Hg.) (2005a): Kindheit soziologisch. Opladen.

Hengst, Heinz; Zeiher, Helga (2005b): Von Kinderwissenschaften zu generationalen Analysen. Einleitung. In: dies. (Hg.): Kindheit soziologisch. Wiesbaden, S. 9-25.

Henßler, Patrick; Schmid, Josef (2007): Bevölkerungswissenschaft im Werden. Die geistigen Grundlagen der deutschen Bevölkerungssoziologie. Opladen.

Herbert, Ulrich (1999): Fremdarbeiter. Politik und Praxis des »Ausländer-Einsatzes« in der Kriegswirtschaft des Dritten Reiches. Neuaufl. Bonn.

Herbert, Ulrich (2001): Geschichte der Ausländerpolitik in Deutschland. Saisonarbeiter, Zwangsarbeiter, Gastarbeiter, Flüchtlinge. München.

Herbert, Ulrich; Hunn, Karin (2001): Beschäftigung, soziale Sicherung und soziale Integration von Ausländern, in: Bundesministerium für Arbeit und Sozialordnung und Bundesarchiv (Hg.): Geschichte der Sozialpolitik in Deutschland seit 1945, Bd. 2,1: 1945-1949. Die Zeit der Besatzungszonen. Baden Baden, S. 811-828.

Herbst, Ludolf; Goschler, Constantin (Hg.) (1989): Wiedergutmachung in der Bundesrepublik Deutschland (Schriftenreihe der Vierteljahrshefte für Zeitgeschichte, Sondernummer). München.

Hering, Sabine.; Schilde, Kurt (Hg.) (2003): Die Rote Hilfe. Die Geschichte der internationalen kommunistischen »Wohlfahrtsorganisation« und ihrer sozialen Aktivitäten in Deutschland (1921-1941). Mit einem Vorwort von Rudolph Bauer. Opladen.

Herlyn, Ingrid (1985): Wohnung und Wohnumwelt. Wohnverhältnisse der Familien und familienorientierte Wohnungsbaupolitik. In: Klaus Weigelt (Hg.): Familie und Familienpolitik. Zur Situation in der Bundesrepublik Deutschland (Forschungsbericht 44). Melle, S. 105-116.

Herlyn, Ingrid u.a. (1998): Großmutterschaft im weiblichen Lebenszusammenhang. Eine Untersuchung zu familialen Generationsbeziehungen aus der Perspektive von Grossmüttern. Pfaffenweiler.

Herrmann, Vera (1993): Handlungsmuster landbewirtschaftender Familien. Bamberg.

Hess, Sabine (2003): Globalisierte Hausarbeit. Flexibilisierung und Ethnisierung der Versorgungsarbeiten. In: dies., Johannes Moser (Hg.): Kultur der Arbeit – Kultur der neuen Ökonomie. Graz, S. 9-28.

Hess, Sabine (2005): Globalisierte Hausarbeit. Au-pair als Migrationsstrategie von Frauen aus Osteuropa. Münster.

Hettlage, Robert (1992): Familienreport 1992. München.

Hielscher, Volker (2005): Die Unpünktlichkeit der Arbeit. Individuelle Zeitarrangements in der Ambivalenz flexibler Arbeitszeit. In: Hartmut Seifert (Hg.): Flexible Zeiten in der Arbeitswelt. Frankfurt/M., S. 286-303.

Hille, Barbara (1985): Familie und Sozialisation in der DDR. Opladen.

Hirsch, Joachim (1974): Staatsapparat und Reproduktion des Kapitals: Projekt Wissenschaftsplanung 2. Frankfurt/M.

Hockerts, Hans Günter (1980): Sozialpolitische Entscheidungen im Nachkriegsdeutschland. Alliierte und deutsche Sozialversicherungspolitik 1945-1957. Stuttgart.

Hockerts, Hans Günter (Hg.) (1998): Drei Wege deutscher Sozialstaatlichkeit. NS-Diktatur, Bundesrepublik und DDR im Vergleich. München.

Hockerts, Hans Günter (2007): Vom Problemlöser zum Problemerzeuger? Der Sozialstaat im 20. Jahrhundert. In: Archiv für Sozialgeschichte 47 (2007), S. 3-29.

Hoecklin, Lisa M. (1998): ›Equal, but Different‹? Welfare, Gender Ideology, and a ›Mothers' Centre‹ in Southern Germany. In: Iain Edgar, Andrew Russell (Hg.): The Anthropology of Welfare. New York, S.73-97.

Hoecklin, Lisa M. (2002): Mutterschaft im Vaterland. In: Thomas Hauschild, Bernd Jürgen Warneken (Hg.): Inspecting Germany. Internationale Deutschland-Ethnographie der Gegenwart (Forum Europäische Ethnologie, Bd. 1). Münster, S. 74-88.

Höhn, Charlotte (1989): Demographische Trends in Europa seit dem Zweiten Weltkrieg. In: Rosemarie Nave-Herz, Manfred Markefka (Hg.): Handbuch der Familienforschung. Frankfurt/M., S. 195-209.

Höhn, Charlotte (Hg.) (1998): Demographische Trends, Bevölkerungswissenschaft und Politikberatung. – Aus der Arbeit des Bundesinstituts für Bevölkerungsforschung (BiB), 1973 bis 1998 – (Schriftenreihe des Bundesinstituts für Bevölkerungsforschung, Bd. 28). Opladen.

Höllinger, Franz (1989): Familie und soziale Netzwerke in fortgeschrittenen Industriegesellschaften. Eine vergleichende empirische Studie in sieben Nationen. In: Soziale Welt 40,4 (1989), S. 513-537.

Höllinger, Franz; Haller, Max (1990): Kinship and Social Networks in Modern Societies. A Cross-cultural Comparison among Seven Nations. In: European Sociological Review 6,2 (1990), S. 103-124.

Höpflinger, Francois (1997): Bevölkerungssoziologie. Eine Einführung in bevölkerungssoziologische Ansätze und demographische Prozesse. Weinheim u.a.

Hofmann, Michael (2005): Neue Männer aus dem Osten? Zum Wandel von Geschlechterarrangements in drei ostdeutschen Männergenerationen. In: Eva Schäfer, Ina Dietzsch, Petra Drauschke, Iris Peinl, Virginia Penrose, Sylka Scholz, Susanne Völker (Hg.): Irritation Ostdeutschland. Geschlechterverhältnisse seit der Wende. Münster, S. 153-163.

Hoff, Andreas für das Deutsche Zentrum für Altersfragen, Berlin (2003): Die Entwicklung sozialer Beziehungen in der zweiten Lebenshälfte. Ergebnisse des Alterssurveys 2002. Veränderungen im Längsschnitt über einen Zeitraum von sechs Jahren. Kurzbericht an das Bundesministerium für Familie, Senioren, Frauen und Jugend. Berlin.

Hoff, Andreas (2007): Functional Solidarity between Grandparents and Grandchildren in Germany. Oxford Institute of Ageing, Working Papier 307 (May 2007).

Hoffmann, Dierk (1996): Sozialpolitische Neuordnung in der SBZ/DDR. Der Umbau der Sozialversicherung 1945-1956. München.

Hoffmann, Dierk (2002): Aufbau und Krise der Planwirtschaft. Die Arbeitskräftelenkung in der SBZ/DDR 1945 bis 1963 (Quellen und Darstellungen zur Zeitgeschichte, Bd. 60). München.

Hoffmann, Dierk (2005): Lebensstandard, Alterssicherung und SED-Rentenpolitik. Zur sozialen und wirtschaftlichen Lage der Rentner in der DDR während der fünfziger Jahre. In: Deutschland-Archiv 38 (2005), S. 461-473.

Hoffmann, Elke (2004): Ausgewählte Daten der amtlichen Pflegestatistik Deutschlands. In: Informationsdienst Altersfragen Heft 05 (Sept./Okt. 2004).

Hoffmann, Elke (2005): Übergang in den Ruhestand – Zeitstrukturen – Aktivitätsmuster. In: Informationsdienst Altersfragen, Heft 01 (2005).

Hoffmann, Elke; Trappe, Heike (1990): Leben mit Kindern in der DDR. Ergebnisse bevölkerungssoziologischer Forschung. In: Sozialisation im Sozialismus. Lebensbedingungen in der DDR im Umbruch (1. Beiheft der Zeitschrift für Sozialisationsforschung und Erziehungssoziologie). Berlin, S. 42-54.

Hoffmann-Nowotny, Hans-Joachim (1988): Ehe und Familie in der modernen Gesellschaft. In: Aus Politik und Zeitgeschichte B 13 (1988), S. 3-13.

Hollstein, Bettina (2005): Reziprozität in familialen Generationenbeziehungen. In: Frank Adloff, Steffen Mau (Hg.): Vom Geben und Nehmen. Zur Soziologie der Reziprozität (Theorie und Gesellschaft, Bd. 55). Frankfurt/M. u.a., S. 187-209.

Holzapfel, Renate (1995): Leben im Asyl. Netzwerke und Strategien einer afghanischen Familie in Deutschland (Kulturanthropologie-Notizen, 51). Frankfurt/M.

Homburg, Heidrun (1985): Vom Arbeitslosen zum Zwangsarbeiter. Arbeitslosenpolitik und Fraktionierung der Arbeiterschaft in Deutschland 1930-1933 am Beispiel der Wohlfahrtserwerbslosen und der kommunalen Wohlfahrtshilfe. In: Archiv für Sozialgeschichte XXV (1985), S. 251-298.

Hudemann, Rainer (1991): Kriegsopferpolitik nach den beiden Weltkriegen. In: Hans Pohl (Hg.): Staatliche, städtische, betriebliche und kirchliche Sozialpolitik vom Mittelalter bis zur Gegenwart (Vierteljahrschrift für Sozial- und Wirtschaftsgeschichte, Beiheft Nr. 95). Stuttgart, S. 269-293.

Huinink, Johannes; Konietzka, Dirk (2007): Familiensoziologie. Eine Einführung. Frankfurt/M.

Huinink, Johannes; Kreyenfeld, Michaela (2004): Family Formation in Times of Social and Economic Change: An Analysis of the 1971 East German Cohort. Max Planck Institut für demografische Forschung Rostock, Working Paper 013/2004 (April 2004).

Huinink, Johannes; Wagner, Michael (1998): Individualisierung und Pluralisierung von Lebensformen. In: Jürgen Friedrichs (Hg.): Die Individualisierungs-These. Opladen, S. 85-106.

Hummel, Diana (2006): Demographisierung gesellschaftlicher Probleme? Der Bevölkerungsdiskurs aus feministischer Sicht. In: Peter A. Berger, Diana Hummel (Hg.): Der demographische Wandel. Chancen für die Neuordnung der Geschlechterverhältnisse. Frankfurt/M., S. 27-52.

Hungerford, Thomas L. (2003): Is There an American Way of Aging? Income Dynamics of the Elderly in the United States and Germany. In: Research on Aging 25,5 (Sept. 2003), S. 435-455.

Imhof, Arthur E. (1981): Die gewonnenen Jahre. München.

Jakob, Gisela; Olk, Thomas (1995): Die Statuspassage des Vorruhestands im Transformationsprozeß Ostdeutschlands. In: Martina Löw, Dorothee Meister, Uwe Sander (Hg.): Pädagogik im Umbruch. Kontinuität und Wandel in den neuen Bundesländern (Studien zur Erziehungswissenschaft und Bildungsforschung, Bd. 7). Opladen, S. 35-57.

Jansen, Stephan A.; Priddat, Birger P.; Stehr, Nico (Hg.) (2005a): Demographie. Bewegungen einer Gesellschaft im Ruhestand. Multidisziplinäre Perspektiven zur Demographiefolgenforschung. Wiesbaden.

Jansen, Stephan A.; Priddat, Birger P.; Stehr, Nico (2005b): Einleitung. In: Stephan A. Jansen, Birger P. Priddat, Nico Stehr (Hg.): Demographie. Bewegungen einer Gesellschaft im Ruhestand. Multidisziplinäre Perspektiven zur Demographiefolgenforschung. Wiesbaden, S. 7-13.

Jarausch, Konrad (1998): Realer Sozialismus als Fürsorgediktatur. Zur begrifflichen Einordnung der DDR. In: Aus Politik und Zeitgeschichte B 20 (1998), S. 33-46.

Jasper, Gerda (1993): Zur Krise der Frauenerwerbstätigkeit in den neuen Bundesländern. In: Karin Hausen, Gertraude Krell (Hg.): Frauenerwerbsarbeit. Forschungen zu Geschichte und Gegenwart. München. S. 108-130.

Juel Jensen, Anne (2006): Mutterpflicht und Mutterwünsche. Eine ethnographische Studie in einer schwäbischen Kleinstadt (Studien und Materialien des Ludwig-Uhland-Instituts der Universität Tübingen, 29). Tübingen.

Jügens, Kerstin; Voß, G. Günter (2007): Gesellschaftliche Arbeitsteilung als Leistung der Person. In: Aus Politik und Zeitgeschichte 34 (2007), S. 3-9.

Jürges, Hendrik (1998): Parent-Child-Transfers in Germany: Evidence from Panel-Data. Dortmund.

Jurczyk, Karin (1978): Frauenarbeit und Frauenrolle. Zum Zusammenhang von Familienpolitik und Frauenerwerbstätigkeit in Deutschland von 1918-1975. 3. Aufl. Frankfurt/M.

Jurczyk, Karin (2005): Familie – Arbeit – Entgrenzung. In: WestEnd. Neue Zeitschrift für Sozialforschung 2,2 (2005), S. 90-99.

Jurczyk, Karin (2007): Ansätze zu einer emanzipatorischen Familienpolitik: Der Siebte Familienbericht. In: WSI-Mitteilungen 10/2007, S. 531-538.

Jurczyk, Karin; Oechsle, Mechtild (Hg.) (2007): Das Private neu denken. Erosionen, Ambivalenzen, Leistungen. Münster.

Kannappel, Petra (1999): Die Behandlung von Frauen im nationalsozialistischen Familienrecht unter besonderer Berücksichtigung der Rechtssprechung des Reichsgerichts sowie der Erbgesundheitsgerichte Kassel, Marburg, Hanau (Quellen und Forschungen zur hessischen Geschichte, 120). Darmstadt u. Marburg.

Kaufmann, Franz-Xaver (1973): Sicherheit als soziologisches und sozialpolitisches Problem. Stuttgart.

Kaufmann, Franz-Xaver (1982): Staatliche Sozialpolitik und Familie. München, Wien.

Kaufmann, Franz-Xaver (1990): Zukunft der Familie. Stabilität, Stabilitätsrisiken und Wandel der familialen Lebensformen sowie ihrer gesellschaftlichen und politischen Bedingungen. München.

Kaufmann, Franz-Xaver (1997): Herausforderungen des Sozialstaates. Frankfurt/M.

Kaufmann, Franz-Xaver (2003): Varianten des Wohlfahrtsstaats. Der deutsche Sozialstaat im internationalen Vergleich. Frankfurt/M.

Kaufmann, Franz-Xaver (2007): Bevölkerungsrückgang als Problemgenerator für alternde Gesellschaften. In: WSI-Mitteilungen 3/2007, S. 107-114.

Kaupen-Haas, Heidrun (1986): Der Griff nach der Bevölkerung. Aktualität und Kontinuität nationalsozialistischer Bevölkerungspolitik (Schriften der Hamburger Stiftung für Sozialgeschichte des 20. Jahrhunderts, Bd.1). Nördlingen.

Kaya, Asiye (2005): »I can't compare myself with her, my mother's life and mine.« Gender Specific Generational Change among Ethnic Minorities in Germany: A Case Study of Mother-daughter-relations. In: IFADE (Hg.): Insider – Outsider. Bilder, ethnisierte Räume und Partizipation im Migrationsprozess. Bielefeld, S. 10-31.

Keiser, Sarina (1992): Zusammenfassende Darstellung zentraler Ergebnisse des Familiensurveys-Ost. In: Hans Bertram (Hg.): Die Familie in den neuen Bundesländern. Stabilität und Wandel in der gesellschaftlichen Umbruchsituation. Opladen, S. 19-38.

Kelle, Helga (2005): Kinder und Erwachsene. Die Differenzierung von Generationen als kulturelle Praxis. In: Heinz Hengst, Helga Zeiher (Hg.): Kindheit soziologisch. Wiesbaden, S. 83-108.

Keller, Carsten (2005): Leben im Plattenbau. Zur Dynamik sozialer Ausgrenzung. Frankfurt/M.

Kind, Christoph; Ronneberger, Klaus (1996): Zur Durchsetzung des Fordismus in Deutschland. Literaturstudie für die Stiftung Bauhaus Dessau. Frankfurt/M.

Klages, Helmut; Gensicke, Thomas (1999): Wertewandel und bürgerschaftliches Engagement an der Schwelle zum 21. Jahrhundert (Speyerer Forschungsberichte Bd. 193). Speyer.

Klee, Ernst; Dreßen, Willi (1992): Nationalsozialistische Gesundheits- und Rassepolitik, »lebensunwertes Leben«, Sterilisation und »Euthanasie«. In: Ute Benz, Wolfgang Benz (Hg): Sozialisation und Traumatisierung. Kinder in der Zeit des Nationalsozialismus. Frankfurt/M., S. 103-116.

Klein, Thomas (1995): Ehescheidung in der Bundesrepublik und der früheren DDR. Unterschiede und Gemeinsamkeiten. In: Bernhard Nauck, Norbert F. Schneider, Angelika Tölke (Hg.): Familie und Lebensverlauf im gesellschaftlichen Umbruch (Der Mensch als soziales und personales Wesen, Bd. 12). Stuttgart, S. 76-89.

Klein, Thomas; Niephaus, Yasemin; Diefenbach, Heike; Kopp, Johannes (1996): Entwicklungsperspektiven von Elternschaft und ehelicher Stabilität in den neuen Bundesländern seit 1989. In: Walter Bien (Hg.): Familie an der Schwelle zum neuen Jahrtausend. Wandel und Entwicklung familialer Lebensformen. Opladen, S. 60-112.

Klenner, Christina (2007): Familienfreundliche Betriebe – Anspruch und Wirklichkeit. In: Aus Politik und Zeitgeschichte 34 (2007), S. 17-25.

Klingemann, Carsten (unter Mitwirkung von Michael Fahlbusch und Rainer Mackensen) (1999): Zur Begründung der Nachkriegssoziologie in Westdeutschland: Kontinuität oder Bruch? In: Claudia Honegger, Stefan Hradil, Franz Traxler (Hg.): Grenzenlose Gesellschaft? Verhandlungen des 29. Kongresses der Deutschen Gesellschaft für Soziologie, des 16. Kongresses der Österreichischen Gesellschaft für Soziologie, des 11. Kongresses der Schweizerischen Gesellschaft für Soziologie in Freiburg i. Br. 1998, Teil 1. Opladen, S. 131-138.

Knapp, Gudrun-Axeli (2005): »Intersectionality« – ein neues Paradigma feministischer Theorie? Zur transatlantischen Reise von »Race, Class, Gender«. In: Feministische Studien. Zeitschrift für interdisziplinäre Frauen- und Geschlechterforschung 23,1 (2005), S. 68-81.

Knappe, Eckhard; Rubart, Thilo (2001): Auswirkungen des demographischen Wandels. Gesetzliche Pflege- und Krankenversicherung im Vergleich. In: Winfried Schmähl, Volker Ulrich (Hg.): Soziale Sicherungssysteme und demographische Herausforderungen. Tübingen, S. 95-119.

Knecht, Michi (Hg.) (1999): Die andere Seite der Stadt. Armut und Ausgrenzung in Berlin (Alltag und Kultur, 5), Wien u.a.

Knecht, Michi (2005): Ethnographische Wissensproduktion und der Körper als ethnographisches Objekt im Feld moderner Reproduktionsmedizin. In: Beate Binder, Beate, Silke Göttsch, Wolfgang Kaschuba, Konrad Vanja (Hg.): Ort. Arbeit. Körper. Ethnographien europäischer Modernen. Münster u.a., S. 421-429.

Kneuper, Elsbeth (2004): Mutterwerden in Deutschland. Eine ethnologische Studie (Forum Europäische Ethnologie, Bd. 6). Münster.

Knodel, John E. (1974): The Decline of Fertility in Germany 1871-1939. Princeton.

Knijn, Trudie; Jönsson, Ingrid; Klammer, Ute (2003): Betreuungspakete schnüren: Zur Alltagsorganisation berufstätiger Mütter. In: Ute Gerhard, Trudie Knijn, Anja Weckwert (Hg.): Erwerbstätige Mütter. Ein europäischer Vergleich. München, S. 162-251.

König, Cosima (1988): Die Frau im Recht des Nationalsozialismus. Eine Analyse ihrer familien-, erb- und arbeitsrechtlichen Stellung. Frankfurt/M.

König, René (1946): Zwei Grundbegriffe der Familiensoziologie: Desintegration und Desorganisation der Familie. In: ders.: Materialien zur Soziologie der Familie. Bern, S. 103-131.

König, René (1974): Die Familie der Gegenwart. Ein interkultureller Vergleich. München.

Kohl, Jürgen (1993): Der Wohlfahrtsstaat in vergleichender Perspektive. Anmerkungen zu Esping-Andersens: The Three Worlds of Welfare Capitalism. In: Zeitschrift für Sozialreform 39 (1993), S. 67-82.

Kohli, Martin (1985): Die Institutionalisierung des Lebenslaufs. In: Kölner Zeitschrift für Soziologie und Sozialpsychologie 37 (1985), S. 1-29.

Kohli, Martin (1994): Die DDR als Arbeitsgesellschaft? Arbeit, Lebenslauf und soziale Differenzierung. In: Hartmut Kaelble, Jürgen Kocka, Hartmut Zwahr (Hg.): Sozialgeschichte der DDR. Stuttgart, S. 31-61.

Kohli, Martin (2003): Der institutionalisierte Lebenslauf: ein Blick zurück und nach vorn. In: Jutta Allmendinger (Hg.): Entstaatlichung und soziale Sicherheit. Verhandlungen des 31. Kongresses der Deutschen Gesellschaft für Soziologie in Leipzig 2002, Teil 1. Opladen, S. 525-545.

Kohli, Martin (2004): Intergenerational Transfers and Inheritance: A Comparative View. Unpublished Chapter for: Merril Silverstein; Roseann Giarrusso, Vern L. Bengtson (Hg.): Intergenerational Relations Across Time and Place. O.O.

Kohli, Martin; Künemund, Harald; Motel, Andreas; Szydlik, Marc (1997): Generationenkonstellationen, Haushaltsstrukturen und Wohnentfernungen in der zweiten Lebenshälfte. Erste Befunde des Alters-Surveys. In: Rolf Becker (Hg.): Generation und sozialer Wandel. Generationsdynamik, Generationsbeziehungen und Differenzierung von Generation. Opladen, S. 157-175.

Kohli, Martin; Künemund, Harald; Motel, Andreas; Szydlik, Marc (1999): Familiale Generationenbeziehungen im Wohlfahrtsstaat. Die Bedeutung privater intergenerationeller Hilfeleistungen und Transfers. In: WSI-Mitteilungen 52 (1999), S. 20-25.

Kolbe, Wiebke (2002): Elternschaft im Wohlfahrtsstaat. Schweden und die Bundesrepublik im Vergleich 1945 – 2000 (Geschichte und Geschlechter, Bd. 38). Frankfurt/M., New York.

Kolinsky, Eva (1998a): Women in Contemporary Germany. Life, Work, and Politics. Oxford u.a.

Kolinsky, Eva (Hg.) (1998b): Social Transformation and the Family in Postcommunist Germany. London.

Kolinsky, Eva (1998c): Recasting Biographies: Women and the Family. In: dies. (Hg.): Social Transformation and the Family in Post-communist Germany. London 1998, S. 118-140.

Koller, Barbara (1997): Lebensalter, Leistungsfähigkeit, Arbeitsmarkt. In: Karl Eckart, Siegfried Grundmann (Hg.): Demographischer Wandel in der europäischen Dimension und Perspektive (Schriftenreihe der Gesellschaft für Deutschlandforschung, Bd. 52). Berlin, S. 111-122.

Koller, Barbara; Bach, Hans-Uwe; Brixy, Udo (2003): Ältere ab 55 Jahren – Erwerbstätigkeit, Arbeitslosigkeit und Leistungen der Bundesanstalt für Arbeit. IAB-Werkstattbericht Nr. 5/2003.

Konietzka, Dirk; Kreyenfeld, Michaela (2003): Wohlfahrtsstaat und neue Familienformen in Ost- und Westdeutschland. In: Jutta Allmendinger (Hg.): Entstaatlichung und soziale Sicherheit. Verhandlungen des 31. Kongresses der Deutschen Gesellschaft für Soziologie in Leipzig, Teil 1. Opladen (CD-ROM).

Konietzka, Dirk; Kreyenfeld, Michaela (2005a): Nichteheliche Mutterschaft und soziale Ungleichheit. Zur sozioökonomischen Differenzierung der Familienformen in Ost- und Westdeutschland. Max Planck Institut für demografische Forschung Rostock, Working Paper 001/2005 (Februar 2005).

Konietzka, Dirk; Kreyenfeld, Michaela (2005b): Nichteheliche Mutterschaft und soziale Ungleichheit im familialistischen Wohlfahrtsstaat. In: Kölner Zeitschrift für Soziologie und Sozialpsychologie 57,1 (2005), S. 32-61.

Konietzka, Dirk; Kreyenfeld, Michaela (Hg.) (2007): Ein Leben ohne Kinder. Kinderlosigkeit in Deutschland. Wiesbaden.

Konrad, Franz-Michael (2004): Der Kindergarten. Seine Geschichte von den Anfängen bis in die Gegenwart. Freiburg i. Br.

Kontos, Maria (2005): Entgrenzte Arbeit in Familienbetrieben von Migranten. In: WestEnd. Neue Zeitschrift für Sozialforschung 2,2 (2005), S. 100-111.

Kopp, Johannes (2000): Geburtenentwicklung in Ost- und Westdeutschland. Trends, regionale Unterschiede, Erklärungen. In: Hans Bertram, Bernhard Nauck, Thomas Klein (Hg.): Solidarität, Lebensform und regionale Entwicklung. Opladen, S. 83-135.

Korzilius, Sven (2005): »Asoziale« und »Parasiten« im Recht der SBZ/DDR. Randgruppen im Sozialismus zwischen Repression und Ausgrenzung (Arbeiten zur Geschichte des Rechts in der DDR, Bd. 4). Köln.

Kosmann, Marianne (1998): Wie Frauen erben. Geschlechterverhältnis und Erbprozess (Geschlecht und Gesellschaft, Bd. 13). Opladen.

Kosmann, Marianne (2003): Erbmuster und Geschlechterverhältnisse im Wandel. In: Frank Lettke (Hg.): Erben und Vererben. Gestaltung und Regulation von Generationenbeziehungen. Konstanz, S. 189-204.

Kratzer, Nick; Sauer, Dieter (2007): Entgrenzte Arbeit – gefährdete Reproduktion. Genderfragen in der Arbeitsforschung. In: Brigitte Aulenbacher, Maria Funder, Heike Jacobsen, Susanne Völker (Hg.): Arbeit und Geschlecht im Umbruch der modernen Gesellschaft (Geschlecht und Gesellschaft, Bd. 40). Wiesbaden, S. 235-249.

Krause, P. (1989): Komplexe Betreuung von Bürgern im höheren Lebensalter als gesellschaftliche Aufgabe in der Großstadt Halle. In: Alfred Keck, Peter Peuker, Otto Weiss (Hg.): Medizinische und soziale Betreuung im Territorium. Berlin, S. 148-153.

Kreyenfeld, Michaela (2004a): Fertility Decisions in the FRG and GDR. An Analysis with Data from the German Fertility and Family Survey. Max Planck Institut für demografische Forschung Rostock, Working Paper 008/2004 (Februar 2004).

Kreyenfeld, Michaela (2004b): Sozialstruktur und Kinderbetreuung. Max Planck Instituts für Demographie, Rostock, Working Paper 009/2004 (Februar 2004).

Kreyenfeld, Michaela (2004c): Politikdiskussion fehlt verlässliche statistische Grundlage. In: Demographische Forschung 1,3/4 (2004).

Kreyenfeld, Michaela (2006): Der Einfluss der ›Wende‹ auf bildungsspezifische Fertilitätsunterschiede in Ostdeutschland. Max-Planck-Institut für demografische Forschung Rostock, Working Paper WP 2006-025 (August 2006).

Kreyenfeld, Michaela; Konietzka, Dirk; Geisler, Esther; Böhm, Sebastian (2007): Gibt es eine zunehmende bildungsspezifische Polarisierung der Erwerbsmuster von Frauen? Analysen auf Basis der Mikrozensen 1976-2004. Max-Planck-Institut für demografische Forschung Rostock, Working Paper WP 2007-013 (März 2007).

Kronauer, Martin (2007): Neue soziale Ungleichheiten und Ungerechtigkeitserfahrungen: Herausforderungen für eine Politik des Sozialen. In: WSI-Mitteilungen 7/2007, S. 365-372.

Kronauer, Martin; Vogel, Berthold (2004): Erfahrung und Bewältigung von sozialer Ausgrenzung in der Großstadt: Was sind Quartierseffekte, was Lageeffekte? In: Hartmut Häußermann, Martin Kronauer, Walter Siebel (Hg.): An den Rändern der Städte. Armut und Ausgrenzung. Frankfurt/M., S. 235-257.

Künemund, Harald; Motel, Andreas (2000): Verbreitung, Motivation und Entwicklungsperspektiven privater intergenerationeller Hilfeleistungen und Transfers. In: Martin Kohli, Marc Szydlik (Hg.): Generationen in Familie und Gesellschaft (Lebenslauf – Alter – Generation, Bd. 3). Opladen, S. 122-137.

Künemund, Harald; Rein, Martin (1999): There is More to Receiving than Needing: Theoretical Arguments and Empirical Explorations of Crowding in and Crowding out. In: Ageing and Society 19 (1999), S. 93-121.

Künzler, Jan (1995): Geschlechtsspezifische Arbeitsteilung. Die Beteiligung von Männern im Haushalt im internationalen Vergleich. In: Zeitschrift für Frauenforschung Heft 1/2 (1995), S. 115-135.

Kuhn, Annette (1991): Der Refamilialisierungsdiskurs nach '45. In: Beiträge zur Geschichte der deutschen Arbeiterbewegung 33 (1991), S. 593-606.

Kuijsten, Anton C. (2002): Variation and Change in the Forms of Private Life in the 1980s. In: Franz-Xaver Kaufmann, Anton Kuijsten, Hans-Joachim Schulze, Klaus Peter Strohmeier (Hg.): Family Life and Family Policies in Europe. Bd. 2: Problems and Issues in Comparative Perspective. Oxford, S. 19-68.

Kuller, Christiane (2004): Familienpolitik im föderativen Sozialstaat. Die Formierung eines Politikfeldes in der Bundesrepublik 1949-1975. München.

Kuller, Christiane (2007): Soziale Sicherung von Frauen – ein ungelöstes Strukturproblem im männlichen Wohlfahrtsstaat. Die Bundesrepublik im europäischen Vergleich. In: Archiv für Sozialgeschichte 47 (2007), S. 199-236.

Kuratorium Deutsche Altershilfe (1993): Betreutes Wohnen. Erfahrungen aus der Praxis (Reihe Thema, 80). Köln.

Kurz, Karin (1998): Das Erwerbsverhalten von Frauen in der intensiven Familienphase. Ein Vergleich zwischen Müttern in der Bundesrepublik Deutschland und den USA. Opladen.

Kurz, Karin (2004a): Home Ownership and Social Inequality in West Germany. In: dies., Hans-Peter Blossfeld (Hg.): Home Ownership and Social Inequality in Comparative Perspective. Stanford, S. 21-60.

Kurz, Karin (2004b): Labour Market Position, Intergenerational Transfers and Homeownership. In: European Sociological Review 20,2 (2004), S. 141-159.

Landweer, Hilge (1989): Das normative Verhaltensmuster ›Mutterliebe‹. In: Interdisziplinäre Forschungsgruppe Frauenforschung (Hg.): La Mamma! Beiträge zur sozialen Institution Mutterschaft. Köln, S. 11-25.

Lang, Frieder R. (1994): Die Gestaltung informeller Hilfebeziehungen im hohen Alter – Die Rolle von Elternschaft und Kinderlosigkeit. Eine empirische Studie zur sozialen Unterstützung und deren Effekt auf die erlebte soziale Einbindung (Max-Planck-Institut für Bildungsforschung, Studien und Berichte 59). Berlin.

Lang, Frieder R.; Schütze, Yvonne (1998): Verfügbarkeit und Leistungen verwandtschaftlicher Beziehungen im Alter. In: Michael Wagner, Yvonne Schütze (Hg.): Verwandtschaft. Sozialwissenschaftliche Beiträge zu einem vernachlässigten Thema. Stuttgart, S. 163-182.

Langan, Mary; Ostner, Ilona (1991): Geschlechterpolitik im Wohlfahrtsstaat. Aspekte im internationalen Vergleich. In: Kritische Justiz 24,3 (1991), S. 302-317.

Lange, Andreas (2003): Spielen, Lernen, Arbeiten. Thesen zur Destabilisierung des fordistischen Generationentransfers in der Hochmoderne. In: Jutta Allmendinger (Hg.): Entstaatlichung und soziale Sicherheit. Verhandlungen des 31. Kongresses der Deutschen Gesellschaft für Soziologie in Leipzig, Teil 1. Beiträge aus Arbeitsgruppen, Sektionssitzungen und den Ad-hoc-Gruppen. Opladen (CD-ROM).

Lange-Vester, Andrea (2007): Habitus der Volksklassen. Kontinuität und Wandel seit dem 18. Jahrhundert in einer thüringischen Familie (Soziale Milieus im gesellschaftlichen Strukturwandel 4). Münster u.a.

Laslett, Peter; Wall, Richard (Hg.) (1972): Household and Family in Past Time. Cambridge.

Lauterbach, Wolfgang (1998): Familiensystem und Vermögensübertragung. Zur Bedeutung einer Erbschaft für Erben und Erblasser. In: Michael Wagner, Yvonne Schütze: Verwandtschaft. Sozialwissenschaftliche Beiträge zu einem vernachlässigten Thema. Stuttgart, S. 237-261.

Le Goff, Jean-Marie (2002): Cohabiting Unions in France and West Germany: Transitions to First Birth and First Marriage. In: Demographic Research 7 (2002), S. 593-624.

Le Play, Frédéric (1878/1879): Les ouvriers européens. Études sur les travaux, la vie domestique et la condition morale des populations ouvrières de l'Europe. Précédées d'un exposé de la méthode d'observation. 6 Bde. 2. Aufl. Tours.

Lehmann, Heiko (1997): Verordneter Ruhestand Untersuchung zum Transfer sozialstaatlicher Institutionen im deutschen Vereinigungsprozess am Beispiel des Vorruhestands. Diss. FU Berlin. URL: http://edoc.hu-berlin.de/dissertationen/phil/ lehmann-heiko/HTML/lehmann.html [19.8.2005].

Leibfried, Stephan; Voges, Wolfgang (Hg.) (1992): Armut im modernen Wohlfahrtsstaat (Sonderheft 32 der KZfSS). Opladen.

Leibfried, Stephan; Wagschal, Uwe (Hg.) (2000): Der deutsche Sozialstaat. Bilanzen – Reformen – Perspektiven. Frankfurt/M.

Leisering, Lutz (1998): Sozialstaat und Individualisierung. In: Jürgen Friedrichs (Hg.): Die Individualisierungs-These. Opladen, S. 65-78.

Leisering, Lutz (2000): Wohlfahrtsstaatliche Generationen. In: Martin Kohli, Marc Szydlik (Hg.): Generationen in Familie und Gesellschaft (Lebenslauf – Alter – Generation, Bd. 3). Opladen, S. 59-76.

Leitner, Sigrid (1999): Frauen und Männer im Wohlfahrtsstaat. Zur strukturellen Umsetzung von Geschlechterkonstruktionen in sozialen Sicherungssystemen. Frankfurt/M.

Lengsfeld, Wolfgang (1977): Berufliche und soziale Mobilität verheirateter und geschiedener Frauen. In: Zeitschrift für Bevölkerungswissenschaft (1977), S. 23-48.

Lessenich, Stephan; Ostner, Ilona (Hg.) (1995): Die institutionelle Dynamik ›dritter Wege‹. Zur Entwicklung der Familienpolitik in ›katholischen‹ Wohlfahrtsstaaten am Beispiel Deutschlands und Frankreichs. In: Zeitschrift für Sozialreform 41,11/12 (1995), S. 780-803.

Letablier, Marie-Thérèse; Jönsson, Ingrid (2003): Kinderbetreuung und politische Handlungslogik. In: Ute Gerhard, Trudie Knijn, Anja Weckwert: Erwerbstätige Mütter. Ein europäischer Vergleich. München, S. 85-109.

Leutloff-Grandits, Carolin; Thelen, Tatjana (2008): Grandparental Care in Croatia and Eastern Germany: A Postsocialist or European Phenomenon? In: Sociologia 4 (2008) (im Druck).

Lewis, Jane (2003): Erwerbstätigkeit versus Betreuungsarbeit. In: Ute Gerhard, Trudie Knijn, Anja Weckwert (Hg.): Erwerbstätige Mütter. Ein europäischer Vergleich. München, S. 29-52.

Liedtke, Matthias (2002): National Welfare and Asylum in Germany. In: Critical Social Policy 22,3 (2002), S. 479-497.

Linde, Hans (1980): Theorie der säkularen Nachwuchsbeschränkung 1800-2000. Boppard.

Lindenberger, Thomas (2005): »Asoziale Lebensweise«, Herrschaftslegitimation, Sozialdisziplinierung und die Konstruktion eines »negativen Milieus« in der SED-Diktatur. In: Geschichte und Gesellschaft. Zeitschrift für Historische Sozialwissenschaft 31,2 (2005), S. 227-254.

Lingelbach, Gerhard (1995): Zum Erbrecht im ZGB. In: Jörn Eckert. Hans Hattenhauer (Hg.): Das Zivilgesetzbuch der DDR vom 19. Juni 1975. Rechtswissenschaftliches Kolloquium an der Juristischen Fakultät der Universität Potsdam. Goldbach, S. 160-173.

Lipietz, Alain (1985): Mirages et miracles: problèmes de l'industrialisation dans le tiers monde. Paris.

Lipp, Carola (1996): Politische Kultur oder das Politische und Gesellschaftliche in der Kultur. In: Wolfgang Hardtwig, Hans-Ulrich Wehler (Hg.): Kulturgeschichte Heute (Geschichte und Gesellschaft, Sonderheft 16). Göttingen, S. 78-110.

Lipp, Carola (1998): Politische Kultur, generatives Verhalten und Verwandtschaft (Projektbeschreibung). In: Österreichische Zeitschrift für Geschichtswissenschaften 9,4 (1998), S. 576-582.

Lipp, Carola (2005): Kinship Networks, Local Government, and Elections in a Town in Southwest Germany, 1800-1850. In: Journal of Family History 30,4 (2005), S. 347-365.

Lipp, Carola (2006): Verwandtschaft – ein negiertes Element in der politischen Kultur des 19. Jahrhunderts. In: Historische Zeitschrift 283 (2006), S. 31-77.

Litwak, Eugene (1960a): Occupational Mobility and Extended Family Cohesion. In: American Sociological Review 25 (1960), S. 9-21.

Litwak, Eugene (1960b): Geographic Mobility and Extended Family Cohesion. In: American Sociological Review 25 (1960), S. 385-394.

Ludwig, Isolde; Schlevogt, Vanessa; Klammer, Ute; Gerhard, Ute (2000): Managerinnen des Alltags. Strategien erwerbstätiger Mütter in Ost- und Westdeutschland (Forschung aus der Hans-Böckler-Stiftung, 43). Berlin.

Lüscher, Kurt (2000): Familienberichte. Aufgabe, Probleme und Lösungsversuche der Sozialberichterstattung über die Familie. In: Walter Bien, Richard Rathgeber (Hg.): Die Familie in der Sozialberichterstattung Opladen, S. 17-48.

Lüscher, Kurz; Schultheis, Franz; Wehrspaun, Michael (Hg.) (1990): Die »postmoderne« Familie. Familiale Strategien und Familienpolitik in einer Übergangszeit (Konstanzer Beiträge zur sozialwissenschaftlichen Forschung, Bd. 3). 2., unveränd. Aufl. Konstanz.

Lutz, Burkart (1984): Der kurze Traum immerwährender Prosperität. Eine Neuinterpretation der industriell-kapitalistischen Entwicklung im Europa des 20. Jahrhunderts. Frankfurt/M.

Mackensen, Rainer; Reulecke, Jürgen (Hg.) (2005): Das Konstrukt »Bevölkerung« vor, im und nach dem »Dritten Reich«. Wiesbaden.

Mädje, Eva; Neusüß, Claudia (1996): Frauen im Sozialstaat. Zur Lebenssituation alleinerziehender Sozialhilfeempfängerinnen. Frankfurt/M.

Maly, Nicole (2001): Töchter, die ihre Mütter pflegen. Eine Analyse ihrer Lebenssituation (Dortmunder Beiträge zur Sozial- und Gesellschaftspolitik, Bd. 34). Münster.

Manz, Günter (1992): Armut in der »DDR«-Bevölkerung. Lebensstandard und Konsumtionsniveau vor und nach der Wende. Mit einem Vorwort von Wolfgang Voges (Beiträge zur Sozialpolitik-Forschung, Bd. 7). Augsburg.

Marbach, Jan H. (1994a): Tauschbeziehungen zwischen Generationen. Kommunikation, Dienstleistungen und finanzielle Unterstützung in Dreigenerationenfamilien. In: Walter Bien (Hg.): Eigeninteresse oder Solidarität. Beziehungen in modernen Mehrgenerationenfamilien. Opladen, S.163-196.

Marbach, Jan H. (1994b): Der Einfluss von Kindern und Wohnentfernung auf die Beziehungen zwischen Eltern und Großeltern: Eine Prüfung des quasi-experimentellen Designs der Mehrgenerationenstudie. In: Walter Bien (Hg.): Eigeninteresse oder Solidarität. Beziehungen in modernen Mehrgenerationenfamilien. Opladen, S. 77-111.

Marbach, Jan H. (1998): Verwandtschaftsbeziehungen und Abstammung – Eine Prüfung soziobiologischer und ethnologischer Thesen mit Hilfe familiensoziologischer Daten. In: Michael Wagner, Yvonne Schütze (Hg.): Verwandtschaft. Sozialwissenschaftliche Beiträge zu einem vernachlässigten Thema (Der Mensch als soziales und personales Wesen, Bd. 14). Stuttgart, S. 91-126.

Marbach, Jan. H. (2003): Familiale Lebensformen im Wandel. In: Walter Bien, Jan H. Marbach (Hg.): Partnerschaft und Familiengründung. Ergebnisse der dritten Welle des Familien-Survey (Deutsches Jugendinstitut, Familien-Survey, Bd. 11). Opladen, S. 141-187.

Marquardsen, Kai (2007): Was ist »Aktivierung« in der Arbeitsmarktpolitik? In: WSI-Mitteilungen 5/2007, S. 259-265.

Marschalck, Peter (1984): Bevölkerungsgeschichte Deutschlands im 19. und 20. Jahrhundert. Frankfurt/M.

Marx, Katrin (2007): Armut und Fürsorge auf dem Land. Vom Ende des 19. Jahrhunderts bis 1933 (Moderne Zeit. Neue Forschungen zur Gesellschafts- und Kulturgeschichte des 19. und 20. Jahrhunderts, Bd. 16). Göttingen.

Matthesius, R.; Waldschmidt, S. (1989): Zu Ausgangspunkten und aktuellen Aspekten der medizinischen und sozialen Betreuung älterer Bürger. In: Alfred Keck, Peter Peuker, Otto Weiss u.a.: Medizinische und soziale Betreuung im Territorium. Ausgewählte Probleme der Leitung, Planung und Organisation. Berlin, S. 134-148.

Matzner, Michael (1998): Vaterschaft heute. Klischees und soziale Wirklichkeit. Frankfurt/M.

Mau, Steffen; Mewes, Jan (2007): Transnationale soziale Beziehungen. Eine Kartographie der deutschen Bevölkerung. In: Soziale Welt 58 (2007), S. 203-222.

Mau, Steffen; Zapf, Wolfgang (1998): Zwischen Schock und Anpassung. Ostdeutsche Familienbildung im Übergang. In: Informationsdienst Soziale Indikatoren (ISI) Nr. 20 (Juli 1998), S. 1-4.

Medick, Hans; Sabean, David (Hg.) (1984): Emotionen und materielle Interessen. Sozialanthropologische und historische Beiträge zur Familienforschung. Göttingen.

Menning, Sonja (2007): Haushalte, familiale Lebensformen und Wohnsituation älterer Menschen (Report Altersdaten GeroStat 02/2007). Berlin.

Menning, Sonja; Hoffmann, Elke; Engstler, Heribert (2007): Erwerbsbeteiligung älterer Menschen und Übergang in den Ruhestand (Report Altersdaten GeroStat 01/2007). Berlin.

Merkel, Ina (1994): Leitbilder und Lebensweisen von Frauen in der DDR. In: Hartmut Kaelble, Jürgen Kocka, Hartmut Zwahr (Hg.): Sozialgeschichte der DDR. Stuttgart, S. 359-382.

Merkle, Lucie E. (1994): Frauenerwerbstätigkeit und Kinderbetreuung. Eine theoretische und empirische Analyse für die Bundesrepublik Deutschland (Wirtschaftswissenschaftliche Beiträge, Bd. 103). Heidelberg.

Mertens, Lothar (1998): Wider die sozialistische Familiennorm. Ehescheidungen in der DDR 1950-1989. Opladen.

Merz, Joachim; Wolff, Klaus (1989): Schwarzarbeit und Eigenarbeit – Informelle familiale Versorgungsstrategien. In : Gert Wagner, Notburga Ott, Hans-Joachim Hoffmann-Nowotny (Hg.) : Familienbildung und Erwerbstätigkeit im demographischen Wandel. Proceedings der 23. Arbeitstagung der Deutschen Gesellschaft für Bevölkerungswissenschaft am 28. Februar – 3. März 1989 in Bad Homburg v.d.H. Berlin u.a., S. 196-219.

Metzig, H.; Pönisch, D. (1989): Der Bedürfniswandel bei sozialer Betreuung von Bürgern im höheren Lebensalter. In: Alfred Keck, Peter Peuker, Otto Weiss u.a.: Medizinische und soziale Betreuung im Territorium. Ausgewählte Probleme der Leitung, Planung und Organisation. Berlin, S. 154-161.

Meulders-Klein, Marie-Thérèse; Théry, Irène (Hg.) (1998): Fortsetzungsfamilien. Neue familiale Lebensformen in pluridisziplinärer Betrachtung. Konstanz.

Meyer, Wolfgang; Crow, Kimberley (1995): Regionale Disparitäten familialer Lebensbedingungen in Ostdeutschland. In: Bernhard Nauck, Norbert F. Schneider,

Angelika Tölke (Hg.): Familie und Lebensverlauf im gesellschaftlichen Umbruch (Der Mensch als soziales und personales Wesen). Stuttgart, S. 172-189.

Mielke, Bettina (2005): Schwestern und Brüder im Recht. In: Corinna Onnen-Isemann, Gertrud Maria Rösch (Hg.): Schwestern. Zur Dynamik einer lebenslangen Beziehung. Frankfurt/M., S. 107-128.

Mitscherlich, Alexander (1963): Auf dem Weg zur vaterlosen Gesellschaft. Ideen zur Sozialpsychologie. München.

Mittelbach, Hans (1994): Familienpolitik und Lage der Familien in den neuen Bundesländern. In: Jürgen Zerche (Hg.): Vom sozialistischen Versorgungsstaat zum Sozialstaat Bundesrepublik. Ausbau oder Abbau der sozialen Lage in den neuen Bundesländern? (Kölner Schriften zur Sozial- und Wirtschaftspolitik, Bd. 25). Regensburg, S. 55-95.

Mitterauer, Michael (1977): Funktionsverlust der Familie? In: ders., Reinhard Sieder: Vom Patriarchat zur Partnerschaft. Zum Strukturwandel der Familie. München, S. 94-119.

Mitterauer, Michael (1978): Der Mythos von der vorindustriellen Großfamilie. In: Heidi Rosenbaum (Hg.): Familie und Gesellschaftsstruktur. Neuaufl., Frankfurt/M., S. 128-151.

Mitterauer, Michael (1981): Zur Kritik von Familienideologien aus historischer Sicht. In: Anneliese Manzmann (Hg.): Geschichte der Familie oder Familiengeschichten? Zur Bedeutung von Alltags- und Jedermannsgeschichte. Königstein/Ts., S. 42-56.

Mitterauer, Michael; Sieder, Reinhard (1977): Vom Patriarchat zur Partnerschaft. Zum Strukturwandel der Familie. München.

Moeller, Robert G. (1989): Reconstructing the Family in Reconstructing Germany. Women and Social Policy in the Federal Republic, 1949-1955. In: Feminist Studies 15,1 (1989), S. 137-169.

Moeller, Robert G. (1997): Geschützte Mütter, Frauen und Familien in der westdeutschen Nachkriegspolitik. München.

Möser, Justus (1858): Patriotische Phantasien. Sämtliche Werke. 1. Teil, 2. Aufl. Berlin.

Mohrmann, Ruth-E. (1992): Weibliche Lebensmuster in Ost und West. In: Barbara Geiling-Maul, Hildegard Macha, Heidi Schrutka-Rechtenstamm, Anne Vechtel (Hg.): Frauenalltag. Weibliche Lebenskultur in beiden Teilen Deutschlands. Köln, S. 24-43.

Morgan, Kimberley J. (2002): Forging the Frontiers between State, Church, and Family: Religious Cleavages and the Origins of Early Childhood Education and Care Policies in France, Sweden, and Germany. In: Politics & Society 30,1 (March 2002), S. 113-148.

Morgan, Kimberley J.; Zippel, Kathrin (2003): Paid to Care: The Origins and Effects of Care Leave Policies in Western Europe. In: Social Politics. International Studies in Gender, State & Society 10 (2003), S. 49-85.

Motel, Andreas; Spieß, Katharina (1995): Finanzielle Unterstützungsleistungen alter Menschen an ihre Kinder. Ergebnisse der Berliner Altersstudie (BASE). In: Forum – Demographie und Politik 7 (1995), S. 133-154.

Motel-Klingebiel, Andreas (2000): Alter und Generationenvertrag im Wandel des Sozialstaats. Alterssicherung und private Generationenbeziehungen in der zweiten Lebenshälfte (Beiträge zur Alterns- und Lebenslaufforschung, Bd. 2). Berlin.

Mühlfeld, Claus (1985): Versuchte Nähe oder der schwierige Weg zum Thema. Zum Verhältnis von Familiensoziologie und historischer Familienforschung. In: Soziologische Revue 8,1 (1985), S. 21-26.

Mühlfeld, Claus; Schönweiss, Friedrich (1989): Nationalsozialistische Familienpolitik. Familiensoziologische Analyse der nationalsozialistischen Familienpolitik. Stuttgart.

Müller, Rita; Schraut, Sylvia (2007): Women's Influence on Fertility and Mortality during Industrialisation, Stuttgart, 1830–1910. In: Angélique Janssens (Hg.): Gendering the Fertility Decline in the Western World (Population, Family, and Society, Vol. 7). Bern u.a., S. 237-273.

Münch, Ursula (1990): Familienpolitik in der Bundesrepublik. Maßnahmen, Defizite, Organisation familienpolitischer Staatstätigkeit. Freiburg.

Myrdal, Alva; Klein, Viola (1971): Die Doppelrolle der Frau in Familie und Beruf. Köln u.a.

Naegele, Gerhard; Obermann, Elke (1997): Ältere Ausländer – ihre Lebensbedingungen und Zukunftsperspektiven im Prozess des demographischen Wandels. In: Karl Eckart, Siegfried Grundmann (Hg.): Demographischer Wandel in der europäischen Dimension und Perspektive (Schriftenreihe der Gesellschaft für Deutschlandforschung, Bd. 52). Berlin, S. 71-81.

Napp-Peters, Anneke (1985): Ein-Elternteil-Familien. Soziale Randgruppe oder neues familiales Selbstverständnis? Weinheim u.a.

Nauck, Bernhard (1991): Familien- und Betreuungssituation im Lebenslauf von Kindern. In: Hans Bertram (Hg.): Die Familie in Westdeutschland. Opladen, S. 389-428.

Nauck, Bernhard (1995): Regionale Milieus von Familien in Deutschland nach der politischen Vereinigung. In: ders., Corinna Onnen-Isemann (Hg.): Familie im Brennpunkt von Wissenschaft und Forschung. Neuwied, S. 91-122.

Nauck, Bernhard (1999): Sozialer und intergenerativer Wandel in Migrantenfamilien in Deutschland. In: Reiner Buchegger (Hg.): Migranten und Flüchtlinge. Eine familienwissenschaftliche Annäherung. Wien, S. 13-69.

Nauck, Bernhard; Kohlmann, Annette (1998): Verwandtschaft als soziales Kapital. Netzwerkbeziehungen in türkischen Migrantenfamilien. In: Michael Wagner, Yvonne Schütze (Hg.): Verwandtschaft. Sozialwissenschaftliche Beiträge zu einem vernachlässigten Thema. Stuttgart, S. 203-235.

Nauck, Bernhard; Schwenk, Otto G. (2001): Did Societal Transformation Destroy the Social Networks of Families in East Germany? In: American Behavioral Scientist 44,11 (July 2001), S. 1864-1878.

Nave-Herz, Rosemarie (1988): Kinderlose Ehen. Eine empirische Studie über die Lebenssituation kinderloser Ehepaare und die Gründe für ihre Kinderlosigkeit. Weinheim, München.

Nave-Herz, Rosemarie (1989): Gegenstandsbereich und historische Entwicklung der Familienforschung. In: dies., Manfred Markefka (Hg): Handbuch der Familien- und Jugendforschung. Bd. 1: Familienforschung. Neuwied, Frankfurt/M., S.1-17.

Nave-Herz, Rosemarie (1994): Familie heute. Wandel der Familienstrukturen und Folgen für die Entwicklung. Darmstadt.

Nave-Herz, Rosemarie (1998): Die These über den ›Zerfall der Familie‹. In: Jürgen. Rainer Lepsius, Karl Ulrich Mayer (Hg.): Die Diagnosefähigkeit der Soziologie. Sonderheft 38 der Kölner Zeitschrift für Soziologie und Sozialpsychologie. Opladen, S. 286-315.

Nave-Herz, Rosemarie (2002) (Hg.): Kontinuität und Wandel der Familie in Deutschland. Eine zeitgeschichtliche Analyse. Stuttgart.

Neef, Rainer; Schäfer, Uta: Zusammenleben und Auseinanderleben. Veränderungen sozialer Lagen und Beziehungen in Ostdeutschland. In: Hartmut Häußermann, Rainer Neef (Hg.): Stadtentwicklung in Ostdeutschland. Soziale und räumliche Tendenzen. Opladen 1996, S. 49-86.

Neidhardt, Friedhelm: Die Familie in Deutschland. 4. Aufl. Opladen 1975.

Neyer, Franz J.; Lang, Frieder R.: Blood is Thicker than Water: Kinship Orientation Across Adulthood. In: Journal of Personality and Social Psychology 84,2 (2003), S. 310-321.

Niebsch, G. (1989): Umfassende Betreuung der Kinder in Kinderkrippen. In: Alfred Keck, Peter Peucker, Otto Weiss (Hg.): Medizinische und soziale Betreuung im Territorium. Ausgewählte Probleme der Leitung, Planung und Organisation. Berlin, S. 83-90.

Niehuss, Merith (1997): Eheschließung im Nationalsozialismus. In: Ute Gerhard (Hg.): Frauen in der Geschichte des Rechts. Von der Frühen Neuzeit bis zur Gegenwart. München, S. 851-870.

Niehuss, Merith (2001): Familie, Frau und Gesellschaft. Studien zur Strukturgeschichte der Familie in Westdeutschland 1945-1960. Göttingen.

Niephaus, Yasemin (2003): Der Geburteneinbruch in Ostdeutschland nach 1990. Staatliche Regulierung generativen Handelns (Forschung Soziologie, Bd. 165). Opladen.

Niethammer, Lutz (Hg.) (1983): »Hinterher merkt man, dass es richtig war, dass es schiefgegangen ist.« Nachkriegserfahrungen im Ruhrgebiet. Berlin, Bonn.

Niethammer, Lutz (1993): Wege aus der sozialen Einheit – Wege zur sozialen Einheit? In: Gewerkschaftliche Monatshefte 44,3 (1993), S. 130-149.

Norman, Karin (1991): Kindererziehung in einem deutschen Dorf. Erfahrungen einer schwedischen Ethnologin. Frankfurt/M.

Notz, Gisela (1999): Die neuen Freiwilligen. Das Ehrenamt – eine Antwort auf die Krise? 2., aktualisierte Aufl. Neu-Ulm.

Nowossadeck, Sabine (1994): Paradigmenwechsel beim Rollenverständnis ostdeutscher Frauen? Eine Auswertung empirischer Untersuchungen. In: Petra Beckmann, Gerhard Engelbrecht (Hg.): Arbeitsmarkt für Frauen 2000 – Ein Schritt vor oder ein Schritt zurück? Kompendium zur Erwerbstätigkeit von Frauen (Beiträge zur Arbeitsmarkt- und Berufsforschung 179). Nürnberg, S. 615-627.

Oberdieck, Veit (1998): Beitragssatzexplosion in der gesetzlichen Krankenversicherung. Demographische und medizintechnische Determinanten der Beitragssatzdynamik und ihre reformpolitischen Implikationen (Duisburger Volkswirtschaftliche Schriften, Bd. 26). Hamburg.

Oberhuemer, Pamela; Ulich, Michaela (1997): Kinderbetreuung in Europa. Tageseinrichtungen und pädagogisches Personal. Eine Bestandsaufnahme in den Ländern der Europäischen Union. Weinheim, Basel.

Oberndorfer, Rotraut; Rost, Harald (2005): Neue Väter – Anspruch und Realität. In: Zeitschrift für Familienforschung 17,1 (2005), S. 50-65.

Ochs, Christiane (1993): Frauendiskriminierung in Ost und West – oder: die relativen Erfolge der Frauenförderung. Eine Bestandsaufnahme in den beiden ehemaligen deutschen Staaten. In: Karin Hausen, Gertraude Krell (Hg.): Frauenerwerbsarbeit. Forschungen zu Geschichte und Gegenwart. München, S. 47-67.

Oertzen, Christine von (1999): Teilzeitarbeit und die Lust am Zuverdienen. Geschlechterpolitik und gesellschaftlicher Wandel in Westdeutschland, 1948-1969 (Kritische Studien zur Geschichtswissenschaft, Bd. 132). Göttingen.

Olbermann, Elke (2003): Ältere Migrantinnen und ihre sozialen Netzwerke. In: Monika Reichert, Nicole Maly-Lukas, Christiane Schönknecht (Hg.): Älter werdende und ältere Frauen heute. Zur Vielfalt ihrer Lebenssituationen. Opladen, S. 77-95.

Onnen-Isemann, Corinna (2003): Kinderlose Partnerschaften. In: Walter Bien, Jan H. Marbach (Hg.): Partnerschaft und Familiengründung. Ergebnisse der dritten Welle des Familien-Survey (Deutsches Jugendinstitut, Familien-Survey, Bd. 11). Opladen, S. 95-137.

Onnen-Isemann, Corinna; Rösch, Gertrud Maria (Hg.) (2005): Schwestern. Zur Dynamik einer lebenslangen Beziehung. Frankfurt/M.

Opaschowski, Horst W. (2004): Der Generationenpakt. Das soziale Netz der Zukunft. Darmstadt.

Opielka, Michael (2003): Freiwilligenagenturen in Deutschland. Ergebnisse einer aktuellen empirischen Studie. In: Forschungsjournal Neue Soziale Bewegungen 16,2 (2003), S. 120ff.

Ostner, Ilona (1978): Beruf und Hausarbeit. Die Arbeit der Frauen in unserer Gesellschaft. Frankfurt/M.

Ostner, Ilona (1995): Wandel der Familienformen und soziale Sicherung der Frau oder: Von der Status- zur Passagensicherung. In: Diether Döring, Richard Hauser (Hg.): Soziale Sicherheit in Gefahr. Zur Zukunft der Sozialpolitik. Frankfurt/M., S. 80-116.

Ostner, Ilona (2004): Familiale Solidarität. In: Jens Beckert, Julia Eckert, Martin Kohli, Wolfgang Streeck (Hg.): Transnationale Solidarität. Chancen und Grenzen. Frankfurt/M., S. 78-94.

Ostner, Ilona (2005): Einführung: Wandel der Geschlechtsrollen – Blickpunkt Väter. Eine vernachlässigte Kategorie in sozialwissenschaftlicher Theorie und Empirie. In: Zeitschrift für Familienforschung 17,1 (2005), S. 46-49.

Otte, Gunnar (1998): Auf der Suche nach »neuen sozialen Formationen und Identitäten« – Soziale Integration durch Klassen oder Lebensstile? In: Jürgen Friedrichs (Hg.): Die Individualisierungs-These. Opladen, S. 181-220.

Pabst, Stefan; Rothgang, Heinz (2000): Reformfähigkeit und Reformblockaden: Kontinuität und Wandel bei Einführung der Pflegeversicherung. In: Stephan Leibfried, Uwe Wagschal (Hg.): Der deutsche Sozialstaat. Bilanzen – Reformen – Perspektiven. Frankfurt/M., S. 340-377.

Parsons, Talcott (1943): The Kinship System of the Contemporary United States. In: American Anthropologist 45,1, (1943), S. 22-38.

Parsons, Talcott (1964): Das Verwandtschaftssystem in den Vereinigten Staaten. In: ders.: Beiträge zur soziologischen Theorie. Neuwied, S. 84-108.

Petermann, Sören (2002): Persönliche Netzwerke in Stadt und Land. Siedlungsstruktur und soziale Unterstützungsnetzwerke im Raum Halle/Saale. Wiesbaden .

Petersen, Imme (2000): Konzepte und Bedeutung von »Verwandtschaft«. Eine ethnologische Analyse der Parlamentsdebatten zum bundesdeutschen Embryonenschutzgesetz (Beiträge zur sozialwissenschaftlichen Forschung, Bd. 22). Herbolzheim.

Peukert, Detlev J.K. (1986): Grenzen der Sozialdisziplinierung. Aufstieg und Krise der deutschen Jugendfürsorge von 1878 bis 1932. Köln.

Pfau-Effinger, Birgit (2000): Kultur und Frauenerwerbstätigkeit in Europa. Theorie und Empirie des internationalen Vergleichs. Opladen.

Pflegerl, Johannes; Geserick, Christine (2007): Kinship and Social Security in Austria. A Social History for the 20th Century (Familienforschung – Schriftenreihe des Österreichischen Instituts für Familienforschung, Bd. 17). Innsbruck.

Pieper, Barbara; Pieper, Michael (1975): Familie – Stabilität und Veränderung. München.

Pohl, Hans (Hg.) (1991): Staatliche, städtische, betriebliche und kirchliche Sozialpolitik vom Mittelalter bis zur Gegenwart. Stuttgart.

Presser Harriet B. (2006): Employment in a 24/7 Economy: Challenges for the Family. In: Diane Perrons, Colette Fagan, Linda McDowell, Kath Ray, Kevin Ward (Hg.): Gender Divisions and Working Time in the New Economy. Changing Patterns of Work, Care and Public Policy in Europe and North America. Cheltenham, S. 35-57.

PROKLA. Zeitschrift für kritische Sozialwissenschaft Heft 146 (Jg. 37, 1, 2007): »Bevölkerung« – Kritik der Demographie.

Prugl, Elisabeth (2004): Gender Orders in German Agriculture: From the Patriarchal Welfare State to Liberal Environmentalism. In: Sociologia Ruralis 44,4 (Oct. 2004), S. 349-372.

Pruns, Herbert (1991): Soziale Sicherung im Bereich der Landwirtschaft. Versuch eines internationalen Vergleichs. In: Hans Pohl (Hg.): Staatliche, städtische, betriebliche und kirchliche Sozialpolitik vom Mittelalter bis zur Gegenwart (Vierteljahrschrift für Sozial- und Wirtschaftsgeschichte, Beiheft Nr. 95). Stuttgart, S. 297-357.

Qvortrup, Jens (1994): Childhood Matters. An Introduction. In: ders., Marjatta Bardy, Giovanni B. Sgritta, Helmut Winterberger (Hg.): Childhood Matters. Social Theory, Practice and Politics. Aldershot, S. 1-23.

Rahden, Till van (2007): Wie Vati die Demokratie lernte. Zur Frage der Autorität in der frühen Bundesrepublik. In: WestEnd. Neue Zeitschrift für Sozialforschung 4,1 (2007), S. 113-125.

Raschke, Joachim (1993): Die Grünen. Wie sie wurden, was sie sind. Köln.

Rauchfleisch, Udo (1997): Alternative Familienformen: Eineltern, gleichgeschlechtliche Paare, Hausmänner. Göttingen.

Reagin, Nancy Ruth (2007): Sweeping the German nation. Domesticity and National Identity in Germany 1870-1945. Cambridge.

Reher, David Sven (1998): Family Ties in Western Europe: Persistent Contrasts. In: Population and Development Review 24,2 (June 1998), S. 203-234.

Reichardt, Sven (2005): »Wärme« als Modus sozialen Verhaltens – Vorüberlegungen zu einer Kulturgeschichte des linksalternativen Milieus vom Ende der sechziger bis Anfang der achtziger Jahre. In: vorgänge 44,171/172 (2005), S. 175-187.

Reichenwallner, Martina; Glatzer, Wolfgang; Bös, Mathias (1991): Die Einbindung älterer Menschen in familiale, nachbarschaftliche und andere soziale Netzwerke in bezug auf empfangene und geleistete materielle und immaterielle Unterstützung und Hilfen. In: Ministerium für Arbeit, Gesundheit, Familie und Sozialordnung Baden-Württemberg (Hg.): Selbsthilfe im Alter und Seniorengenossenschaften. Stuttgart, S. 77-79.

Reil-Held, Anette (2005): Crowding out or Crowding in? Public and Private Transfers in Germany. SFB 504 Discussion Paper 72-2005.

Rerrich, Maria S. (2002): Von der Utopie der partnerschaftlichen Gleichverteilung zur Realität der Globalisierung von Hausarbeit. In: Claudia Gather, Birgit Geissler, Maria S. Rerrich: Weltmarkt Privathaushalt. Bezahlte Hausarbeit im globalen Wandel. Münster, 16-29.

Reyer, Jürgen (1991): Alte Eugenik und Wohlfahrtspflege. Entwertung und Funktionalisierung der Fürsorge vom Ende des 19. Jahrhunderts bis zur Gegenwart. Freiburg/Breisgau.

Riedel, Birgit; Gadow, Tina; van Santen, Eric; Fuchs, Kirsten; Schilling, Matthias; Leu, Hans Rudolf (2005): Zahlenspiegel 2005. Kinderbetreuung im Spiegel der Statistik. München.

Riehl, Wilhelm Heinrich (1855): Die Familie. Die Naturgeschichte des Volkes als Grundlage einer deutschen Social-Politik. Stuttgart, Augsburg.

Rietdorf, Werner (1996): Probleme der Transformation städtischen Lebens und Wohnens in kleinen und mittleren Städten der neuen Bundesländer. In: Hartmut Häußermann, Rainer Neef (Hg.): Stadtentwicklung in Ostdeutschland. Soziale und räumliche Tendenzen. Opladen, S. 305-324.

Ritter, Gerhard A. (1998): Soziale Frage und Sozialpolitik in Deutschland seit Beginn des 19. Jahrhunderts. Opladen.

Ritter, Gerhard A. (2007): Eine Vereinigungskrise? Die Grundzüge der deutschen Sozialpolitik in der Wiedervereinigung. In: Archiv für Sozialgeschichte 47 (2007), S. 163-198.

Ritter, Gerhard A.; Tenfelde, Klaus (1992): Arbeiter im Deutschen Kaiserreich 1971 bis 1914. Bonn.

Rosenbaum, Heidi (1975): Zur neueren Entwicklung der historischen Familienforschung. In: Geschichte und Gesellschaft 1. Jg. (1975), S. 210-225.

Rosenbaum, Heidi (1977): Familie und Sozialstruktur. Gesellschaftliche Bestimmungsgründe gegenwärtiger Familienverhältnisse. Hannover.

Rosenbaum, Heidi (1978): Familie als Gegenstruktur zur Gesellschaft. Kritik grundlegender Ansätze der westdeutschen Familiensoziologie (1973). 2., überarb. Aufl. Stuttgart.

Rosenbaum, Heidi (1982): Die Bedeutung historischer Forschung für die Erkenntnis der Gegenwart – dargestellt am Beispiel der Familiensoziologie. In: Michael Mitterauer, Reinhard Sieder (Hg.): Historische Familienforschung. Frankfurt/M., S. 40-63.

Rosenbaum, Heidi (1988a): Seminar: Familie und Gesellschaftsstruktur. Materialien zu den sozioökonomischen Bedingungen von Familienformen. 4. Aufl. Frankfurt/M.

Rosenbaum, Heidi (1988b): Typen väterlichen Verhaltens. Der Vater in deutschen Arbeiterfamilien am Ausgang des Kaiserreichs und in der Weimarer Republik. In: Zeitschrift für Sozialisationsforschung und Erziehungssoziologie 8 (1988), S. 252-260.

Rosenbaum, Heidi (1992): Proletarische Familien. Arbeiterfamilien und Arbeiterväter im frühen 20. Jahrhundert zwischen traditioneller, sozialdemokratischer und kleinbürgerlicher Orientierung. Frankfurt/M.

Rosenbaum, Heidi (1993) Vaterlose Familien. Zur Bedeutung von Verwandtschaftsbeziehungen in der Arbeiterschaft des frühen 20. Jahrhunderts – am Beispiel der Industriestadt Linden bei Hannover. In: Jürgen Schlumbohm (Hg.): Familie und Familienlosigkeit. Fallstudien aus Niedersachsen und Bremen vom 15. bis 20. Jahrhundert (Veröffentlichungen der Historischen Kommission für Niedersachsen und Bremen 34, Quellen und Untersuchungen zur Wirtschafts- und Sozialgeschichte Niedersachsens in der Neuzeit, 17). Hannover, S. 235-242.

Rosenbaum, Heidi (1994): Kinderreiche Familien – ein historischer Überblick. In: Georgia Augusta. Nachrichten aus der Universität Göttingen. Göttingen, S. 27-34.

Rosenbaum, Heidi (1996): Formen der Familie. Untersuchungen zum Zusammenhang von Familienverhältnissen, Sozialstruktur und sozialem Wandel in der deutschen Gesellschaft des 19. Jahrhunderts. 7. Aufl., Frankfurt/M.

Rosenbaum, Heidi (1997): Perspektiven einer volkskundlichen Familien- und Kindheitsforschung. In: Zeitschrift für Volkskunde 93 (1997), S. 42-56.

Rosenbaum, Heidi (1998): Verwandtschaft in historischer Perspektive. In: Michael Wagner, Yvonne Schütze (Hg.): Verwandtschaft. Sozialwissenschaftliche Beiträge zu einem vernachlässigten Thema. Stuttgart, S. 17-33.

Rosenbaum, Heidi; Timm, Elisabeth: Verwandtschaft und soziale Sicherheit in Deutschland im 20. Jahrhundert. Soziologisch-historischer Bericht. Unveröff. Abschlussbericht für das Projekt »Kinship and Social Security« am Max-Planck-Institut für ethnologische Forschung in Halle/Saale. Göttingen/Wien 2006.

Rosenbaum, Heidi; Timm, Elisabeth (2008): The Relationship Between Family, Kin, and Social Security in Twentieth-century Germany. In: Hannes Grandits (Hg.): Families and the State during the Century of Welfare: Eight Countries (Kinship and Social Security in Contemporary Europe, hg. von Patrick Heady u. Hannes Grandits, Bd. 1) (im Druck).

von Rosenbladt, Bernhard (Hg.) (2003): Freiwilliges Engagement in Deutschland. Ergebnisse der Repräsentativerhebung zu Ehrenamt, Freiwilligenarbeit und bürgerschaftlichem Engagement. Bd. 1: Gesamtbericht (Schriftenreihe des BMFSFJ, Bd. 194,1). Stuttgart u.a.

Rosenfeld, Rachel A.; Trappe, Heike; Gornick, Janet C. (2004): Gender and Work in Germany. Before and After Reunification. In: Annual Review of Sociology 30 (2004), 103-124.

Rosenkranz, Doris; Schneider, Norbert F. (1997): Wer pflegt morgen? Auswirkungen des Wandels der privaten Lebensführung auf die häusliche Pflege. In: Rolf Becker (Hg.): Generationen und sozialer Wandel. Generationsdynamik, Generationenbeziehungen und Differenzierung von Generationen. Opladen, S. 137-155.

Rouette, Susanne (1993): Sozialpolitik als Geschlechterpolitik. Die Regulierung der Frauenarbeit nach dem Ersten Weltkrieg. Frankfurt/M. u.a.

Rudd, Elizabeth (2006): Gendering Unemployment in Postsocialist Germany: ›What I do is work, even if it's not paid‹. In: ethnos. Journal of Anthropology 71,2 (2006), S. 191-212.

Rudloff, Wilfried (1998): Öffentliche Fürsorge. In: Hans Günter Hockerts (Hg.): Drei Wege deutscher Sozialstaatlichkeit. NS-Diktatur, Bundesrepublik und DDR im Vergleich (Schriftenreihe der Vierteljahrshefte für Zeitgeschichte, Bd. 76). München, S. 191-229.

Rühm, Bettina (2003): Unbeschwert Wohnen im Alter. Neue Lebensformen und Architekturkonzepte. München.

Rüling, Anneli; Kassner, Karsten; Grottian, Peter (2004): Geschlechterdemokratie leben. Junge Eltern zwischen Familienpolitik und Alltagserfahrungen. In: Aus Politik und Zeitgeschichte 3.5.2004 (B 19/2004), S. 11-18.

Rüschemeyer, Marilyn (1990): Entwicklungen der Familienstruktur in einer staatssozialistischen Gesellschaft: Die Deutsche Demokratische Republik. In: Kurt Lüscher, Franz Schultheis, Michael Wehrspaun (Hg.): Die »postmoderne« Familie. Familiale Strategien und Familienpolitik in einer Übergangszeit (Konstanzer Beiträge zur sozialwissenschaftlichen Forschung, Bd. 3). 2., unveränd. Aufl. Konstanz, S. 282-443.

Ruhl, Klaus-Jörg (1991): Die NS-Familienpolitik (1933-1945). Ideologie, Maßnahmen, Bilanz. In: Geschichte in Wissenschaft und Unterricht 42 (1991), S. 479-488.

Ruhl, Klaus-Jörg (1994): Verordnete Unterordnung. Berufstätige Frauen zwischen Wirtschaftswachstum und konservativer Ideologie in der Nachkriegszeit (1945-1965). München.

Runge, Irene (1985): Ganz in Familie. Gedanken zu einem vieldiskutierten Thema. Berlin.

Runia, Peter (2002): Das soziale Kapital auf dem Arbeitsmarkt. Beziehungen in Stellensuche, Personalrekrutierung und Beförderung. Frankfurt/M.

Rupp, Marina (2005): Kinderlosigkeit in stabilen Ehen. In: Zeitschrift für Familienforschung 17,1 (2005), S. 21-40.

Sachse, Carola (1990): Siemens, der Nationalsozialismus und die moderne Familie. Eine Untersuchung zur sozialen Rationalisierung in Deutschland im 20. Jahrhundert. Hamburg.

Sachse, Carola (2002): Der Hausarbeitstag. Gerechtigkeit und Gleichberechtigung in Ost und West 1939-1994. Göttingen.

Sachße, Christoph; Tennstedt, Florian (1980): Geschichte der Armenfürsorge, Bd. 1: Vom Spätmittelalter bis zum 1. Weltkrieg. Stuttgart, Berlin.

Sachße, Christoph; Tennstedt, Florian (1988): Geschichte der Armenfürsorge, Bd. 2: Fürsorge und Wohlfahrtspflege 1871-1929. Stuttgart, Berlin.

Sachße, Christoph; Tennstedt, Florian (1992): Geschichte der Armenfürsorge, Bd. 3: Der Wohlfahrtsstaat im Nationalsozialismus. Stuttgart, Berlin.

Sackmann, Reinhold (2003): Institutionalisierte Lebensläufe in der Krise. In: Jutta Allmendinger (Hg.): Entstaatlichung und soziale Sicherheit. Verhandlungen des 31. Kongresses der Deutschen Gesellschaft für Soziologie in Leipzig 2002, Teil 1. Opladen, S. 565-582.

Salais, Robert (2007): Europe and the Deconstruction of the Category of »Unemployment«. In: Archiv für Sozialgeschichte 47 (2007), S. 371-401.

Salomon, Alice; Baum, Marie (unter Mitarbeit von Annemarie Niemeyer und anderen) (Hg.) (1930): Das Familienleben in der Gegenwart. 182 Familienmonographien (Forschungen über Bestand und Erschütterung der Familie in der Gegenwart, Bd. 1). Berlin.

Sandhop, Astrid (1987): Familiale Übergänge im Wandel. Ausgewählte Arbeiten zum Wandel der deutschen Familie im 20. Jahrhundert (Materialien zur Bevölkerungswissenschaft, Sonderheft 11). Wiesbaden.

Schäfgen, Katrin; Spellerberg, Annette (1998): Kulturelle Leitbilder und institutionelle Regelungen für Frauen in den USA, in West- und Ostdeutschland. In: Berliner Journal für Soziologie I (1998), S. 73-90.

Scharf, Thomas (1998): Family Support of Older People in Post-Communist Germany. In: Eva Kolinsky (Hg.): Social Transformation and the Family in Post-Communist Germany. London, S. 184-206.

Scheiwe, Kirsten (1994): Wer wird unterstützt? Die Absicherung von Familien mit Kindern zwischen Sozial- und Privatrecht in Belgien, Deutschland und dem Vereinigten Königreich. In: Internationale Revue für soziale Sicherheit 47,3-4 (1994), S. 53-75.

Scheller, Gitta (2003): Ostdeutsche Ehen und Familien im Spannungsfeld zwischen Entstaatlichung, neuen Aufgaben und Abhängigkeiten. In: Jutta Allmendinger (Hg.): Entstaatlichung und soziale Sicherheit. Verhandlungen des 31. Kongresses der Deutschen Gesellschaft für Soziologie in Leipzig 2002, Teil 2. Opladen, S. 852-868.

Scheller, Gitta (2004): Partner- und Eltern-Kind-Beziehung in der DDR und nach der Wende. In: Aus Politik und Zeitgeschichte 3.5.2004 (B 19/2004), S. 33-38.

Schelsky, Helmut (1953/1967): Wandlungen der deutschen Familie in der Gegenwart (1953). 5. Aufl. Stuttgart.

Schelsky, Helmut (1954/1967): Der Irrtum eines Familienministers (1954). In: ders.: Wandlungen der deutschen Familie in der Gegenwart. 5. Aufl. Stuttgart 1967, S. 376-389.

Schenda, Rudolf (1972): Das Elend der alten Leute. Informationen zur Sozialgerontologie für die Jüngeren. Düsseldorf.

Schenk, Herrad (1996): Wieviel Mutter braucht der Mensch? Der Mythos von der guten Mutter. Köln.

Scherger, Simone (2007): Destandardisierung, Differenzierung, Individualisierung. Westdeutsche Lebensläufe im Wandel. Wiesbaden.

Scheuch, Erwin (1999): Das Ehrenamt. Von der Bedeutung des Ehrenamtes für unsere Gesellschaft. In: Bürgerschaftliches Engagement in Kunst und Kultur (Vorabdruck ausgew. Aufsätze). Hg. v. Marc Fumaroli, Erwin Scheuch u. Matthias Theodor Vogt. Leipzig, S. 81-91.

Schier, Michaela; Jurczyk, Karin (2007): »Familie als Herstellungsleistung« in Zeiten der Entgrenzung. In: Aus Politik und Zeitgeschichte 34 (2007), S. 10-17.

Schildt, Axel (1998): Wohnungspolitik. In: Hans Günter Hockerts (Hg.): Drei Wege deutscher Sozialstaatlichkeit. NS-Diktatur, Bundesrepublik und DDR im Vergleich

(Schriftenreihe der Vierteljahrshefte für Zeitgeschichte, Bd. 76). München, S. 151-189.

Schirrmacher, Frank (2004): Das Methusalem-Komplott. München.

Schirrmacher, Frank (2006): Minimum. Vom Vergehen und Neuentstehen unserer Gemeinschaft. München.

Schlumbohm, Jürgen (1983): Kinderstuben. Wie Kinder zu Bauern, Bürgern, Aristokraten wurden. 1700-1800. München.

Schmähl, Winfried u.a. (1986): Soziale Sicherung 1975-1985. Verteilungswirkungen sozialpolitischer Maßnahmen in der Bundesrepublik Deutschland. Frankfurt/M.

Schmeiser, Martin (2006): Von der »äußeren« zur »inneren« Institutionalisierung des Lebenslaufs. Eine Strukturgeschichte. In: BIOS. Zeitschrift für Biographieforschung, Oral History und Lebensverlaufsanalysen 19,1 (2006), S. 51-92.

Schmid, Josef (1996): Wohlfahrtsverbände in modernen Wohlfahrtsstaaten. Soziale Dienste in historisch-vergleichender Perspektive. Opladen.

Schmid, Josef (2002): Wohlfahrtsstaaten im Vergleich. Soziale Sicherung in Europa: Organisation, Finanzierung, Leistungen und Probleme. 2., völlig überarb. u. erw. Aufl. Opladen.

Schmidt, Johannes F.K.; Guichard, Martine; Schuster, Peter; Trillmich, Fritz (Hg.) (2007): Freundschaft und Verwandtschaft. Zur Unterscheidung und Verflechtung zweier Beziehungssysteme (Theorie und Methode, Bd. 42). Konstanz.

Schmidt, Manfred G. (2000): Reformen der Sozialpolitik in Deutschland: Lehren des historischen und internationalen Vergleichs. In: Stephan Leibfried, Uwe Wagschal (Hg.): Der deutsche Sozialstaat. Bilanzen – Reformen – Perspektiven. Frankfurt/M., S. 153-170.

Schmidt, Manfred G. (2001): Grundlagen der Sozialpolitik in der Deutschen Demokratischen Republik. In: Bundesministerium für Arbeit und Sozialordnung und Bundesarchiv (Hg.): Geschichte der Sozialpolitik in Deutschland seit 1945. Bd. 1: Grundlagen der Sozialpolitik. Baden-Baden, S. 685-798.

Schmidt, Uwe (2002): Deutsche Familiensoziologie. Entwicklung nach dem Zweiten Weltkrieg. Wiesbaden.

Schmidt, Werner; Schönberger, Klaus (1999): »Jeder hat jetzt mit sich selbst zu tun«. Arbeit, Freizeit und politische Orientierungen in Ostdeutschland. Konstanz.

Schmitt, Christian; Winkelmann, Ulrike (2005): Wer bleibt kinderlos? Was sozialstrukturelle Daten über Kinderlosigkeit bei Frauen und Männern verraten. In: Feministische Studien – Zeitschrift für interdisziplinäre Frauen- und Geschlechterforschung 23,1 (2005), S. 9-23.

Schmoll, Friedemann (Hg.) (2002): Grauzone. Ethnographische Variationen über die letzten Lebensabschnitte. Ein Studienprojekt. Tübingen.

Schneider, David M. (1984): A Critique of the Theory of Kinship. Ann Arbor.

Schneider, Norbert F. (1994): Familie und private Lebensführung in West- und Ostdeutschland. Eine vergleichende Analyse des Familienlebens 1970-1992. Stuttgart.

Schneider, Norbert F. (2002): Von der familiensoziologischen Ordnung der Familie zu einer Soziologie des Privaten? In: Soziale Welt 53,4 (2002), S. 375-396.

Schneider, Norbert F.; Ruckdeschel, Kerstin (2003): Partnerschaften mit zwei Haushalten. Eine moderne Lebensform zwischen Partnerschaftsideal und beruflichen Erfordernissen. In: Walter Bien, Jan H. Marbach (Hg.): Partnerschaft und Familiengründung. Ergebnisse der dritten Welle des Familien-Surveys. Opladen, S. 245-258.

Schneider, Ute (2004): Hausväteridylle oder sozialistische Utopie? Die Familie im Recht der DDR (Industrielle Welt, Bd. 66). Köln u.a.

Schnieder, Bernd (1991): Betreutes Wohnen. Situation, Genese und Entwicklungstendenzen der Alterswohnversorgung.Frankfurt/M.

Schönberger, Klaus (2000): Internet und Netzkommunikation im sozialen Nahbereich. Anmerkungen zum langen Arm des ›real life‹. In: forum medienethik 2/2000: Netzwelten, Menschenwelten, Lebenswelten. Kommunikationskultur im Zeichen von Multimedia, S. 33-42.

Schönberger, Klaus (2005): Von der Entgrenzung der Arbeit zur Entgrenzung der Methoden ihrer Erforschung. Forschungsdesigns und Erhebungstechniken. In: Andreas Boes, Sabine Pfeiffer (Hg.): Informationsarbeit neu verstehen. Methoden zur Erfassung informatisierter Arbeit (ISF München - Forschungsberichte). München, S. 18-44.

Schönberger, Klaus (2007): Widerständigkeit der Biographie. Zu den Grenzen der Entgrenzung neuer Konzepte alltäglicher Lebensführung im Übergang vom fordistischen zum postfordistischen Arbeitsparadigma. In: Manfred Seifert, Irene Götz, Birgit Huber (Hg.): Flexible Biographien. Horizonte und Brüche im Arbeitsleben der Gegenwart. Frankfurt/M., S. 63-97. URL: http://www1.uni-hamburg.de/ technik-kultur/ download/Schoenberger_Widerstaendigkeit_der_ Biographie.pdf [10.1.2008].

Schönwälder, Karen; Vogel, Dita; Sciortino, Giuseppe (2004): Migration und Illegalität in Deutschland. Forschungsbilanz I der Arbeitsstelle Interkulturelle Konflikte und gesellschaftliche Integration (AKI), Wissenschaftszentrum Berlin für Sozialforschung (WZB), Dezember 2004. URL: http://www.wz-berlin.de/ zkd/aki/files/ aki_illegalitaetsbericht. pdf [22.2.2006].

Schröder, Horst (1995): Zur historischen Bestimmung des Erbrechts im ZGB der DDR. In: Jörn Eckert, Hans Hattenhauer (Hg.): Das Zivilgesetzbuch der DDR vom 19. Juni 1975. Rechtswissenschaftliches Kolloquium an der Juristischen Fakultät der Universität Potsdam. Goldbach, S. 174-190.

Schröder, Rainer (1987): Der Funktionsverlust des bürgerlichen Erbrechts. In: Heinz Mohnhaupt (Hg.): Zur Geschichte des Familien- und Erbrechts. Politische Implikationen und Perspektiven. Frankfurt/M., S. 281-294.

Schubert, Herbert J. (1990): Private Hilfenetze – Solidaritätspotentiale von Verwandtschaft, Nachbarschaft und Freundschaft. Ergebnisse einer egozentrierten Netzwerkanalyse (Materialien des Instituts für Entwicklungsplanung und Strukturforschung Bd. 145). Hannover.

Schütze, Yvonne (1986): Die gute Mutter. Zur Geschichte des normativen Musters »Mutterliebe«. Bielefeld.

Schütze, Yvonne; Wagner, Michael (1995): Familiale Solidarität in den späten Phasen des Familienverlaufs. In: Bernhard Nauck, Corinna Onnen-Isemann (Hg.): Familie im Brennpunkt von Wissenschaft und Forschung. Neuwied, S. 307-327.

Schütze, Yvonne; Wagner, Michael (1998a): Verwandtschaft – Begriff und Tendenzen der Forschung. In: dies. (Hg.): Verwandtschaft. Sozialwissenschaftliche Beiträge zu einem vernachlässigten Thema. Stuttgart, S. 7-16.

Schütze, Yvonne; Wagner, Michael (Hg.) (1998b): Verwandtschaft. Sozialwissenschaftliche Beiträge zu einem vernachlässigten Thema. Stuttgart 1998.

Schultheis, Franz (1990): Fatale Strategien und ungeplante Konsequenzen beim Aushandeln ›familialer Risiken‹ zwischen Mutter, Kind und ›Vater Staat‹. In: ders., Kurt Lüscher, Michael Wehrspaun (Hg.): Die »postmoderne« Familie. Familiale Strategien und Familienpolitik in einer Übergangszeit. 2. Aufl. Konstanz, S. 371-387.

Schultheis, Franz (1997): The Missing Link: Family Memory and Identity in Germany. In: Marianne Gullestad, Martine Segalen (Hg.): Family and Kinship in Europe. London, S. 49-60.

Schultheis, Franz (1999): Familien und Politik. Konstanz.

Schultheis, Franz; Schulz, Kristina (Hg.) (2005): Gesellschaft mit beschränkter Haftung. Zumutungen und Leiden im deutschen Alltag. Konstanz.

Schulz, Erika (1999): Demographische Alterung und Entwicklung der Familienerwerbsbeteiligung. In: Evelyn Grünheid, Charlotte Höhn (Hg.): Demographische Alterung und Wirtschaftswachstum. Seminar des Bundesinstituts für Bevölkerungsforschung 1998 in Bingen. Opladen, S. 89-107.

Schulz, Erika; Kirner, Ellen (1992): Das »Drei-Phasen-Modell« der Erwerbsbeteiligung von Frauen – Begründung, Norm und empirische Relevanz. In: Notburga Ott, Gert Wagner (Hg.): Familie und Erwerbstätigkeit im Umbruch. Referate der Herbsttagung 1991 des Arbeitskreises Bevölkerungsökonomie der Deutschen Gesellschaft für Bevölkerungswissenschaft. Berlin, S. 17-55.

Schulz, Günther (1998): Soziale Sicherung von Frauen und Familien. In: Hans Günter Hockerts (Hg.): Drei Wege deutscher Sozialstaatlichkeit. NS-Diktatur, Bundesrepublik und DDR im Vergleich. München, S. 117-149.

Schulz, Kristina (2002): Der lange Atem der Provokation. Die Frauenbewegung in der Bundesrepublik und in Frankreich 1968-1976 (Geschichte und Geschlechter, 40). Frankfurt/M.

Schulz-Nieswandt, Frank (1997): Zukünftiger Bedarf altenbezogener sozialer Dienste in der Europäischen Union. In: Karl Eckart, Siegfried Grundmann (Hg.): Demographischer Wandel in der europäischen Dimension und Perspektive. Berlin, S. 139-185.

Schumann, Eva (1998): Die nichteheliche Familie. Reformvorschläge für das Familienrecht mit einer Darstellung der geschichtlichen Entwicklung und unter Berücksichtigung des Völker- und Verfassungsrechts. München.

Schuster, Peter; Stichweh, Rudolf; Schlee, Günther (2003): Freundschaft und Verwandtschaft als Gegenstand interdisziplinärer Forschung. Einleitung zum Themenschwerpunkt. In: Sozialer Sinn. Zeitschrift für hermeneutische Forschung, Heft 1 (2003), S. 3-20.

Schwab, Dieter (1997): Gleichberechtigung und Familienrecht im 20. Jahrhundert. In: Ute Gerhard (Hg.): Frauen in der Geschichte des Rechts. Von der Frühen Neuzeit bis zur Gegenwart. München, S. 790-827.

Schwartz, Michael (1998): »Euthanasie«-Debatten in Deutschland (1895-1945). In: Vierteljahrshefte für Zeitgeschichte 46 (1998), S. 617-665.

Schweizer, Herbert (2007): Soziologie der Kindheit. Verletzlicher Eigen-Sinn. Opladen.

Segalen, Martine; Michelat, Claude (1990): L'amour de la généalogie. In: Martine Segalen (Hg.) : Jeux de familles. Paris, S. 193-208.

Siegfried, Detlef (2007): Superkultur. Authentizität und politische Moral in linken Subkulturen der frühen siebziger Jahre. In: Habbo Knoch (Hg.): Bürgersinn mit Weltgefühl. Politische Moral und solidarischer Protest in den sechziger und siebziger Jahren (Veröffentlichungen des Zeitgeschichtlichen Arbeitskreises Niedersachsen, hg. von Bernd Weisbrod, Bd. 23). Göttingen, S. 251-268.

Sigmund, Steffen (2004): Solidarität durch intermediäre Institutionen: Stiftungen. In: Jens Beckert, Julia Eckert, Martin Kohli, Wolfgang Streeck (Hg.): Transnationale Solidarität. Chancen und Grenzen. Frankfurt/M., S. 95-108.

Solga, Heike (1996): Klassenlagen und soziale Ungleichheit in der DDR. In: Aus Politik und Zeitgeschichte 46 (1996), S. 8-17.

Sommerkorn, Ingrid N. (1988): Die erwerbstätige Mutter in der Bundesrepublik: Einstellungs- und Problemveränderungen. In: Rosemarie Nave-Herz (Hg): Wandel und Kontinuität der Familie in der Bundesrepublik Deutschland. Stuttgart, S.115-144.

Sommerkorn, Ingrid N.; Liebsch, Katharina (2002): Erwerbstätige Mütter zwischen Beruf und Familie: Mehr Kontinuität als Wandel. In: Rosemarie Nave-Herz (Hg): Kontinuität und Wandel der Familie in Deutschland. Eine zeitgeschichtliche Analyse. Stuttgart, S. 99 -131.

Spangenberg, Ulrike (2005): Neuorientierung der Ehebesteuerung: Ehegattensplitting und Lohnsteuerverfahren. Hans-Böckler-Stiftung, Arbeitspapier 106 (2005).

Speck, Otto (1956): Kinder erwerbstätiger Mütter. Ein soziologisch-pädagogisches Gegenwartsproblem. Stuttgart.

Spellerberg, Annette (1994): Alltagskultur in Ost- und Westdeutschland. Unterschiede und Gemeinsamkeiten. Hg. vom Wissenschaftszentrum Berlin für Sozialforschung (WZB), Arbeitsgruppe Sozialberichterstattung, P 94-101. Berlin.

Sperling, Stefan (2006): Science and Conscience: An Ethnography of Stem Cells, Bioethics, and German Citizenship. Unveröff. Ph.D. Dissertation, Department of Anthropology, Princeton University.

Spielauer, Martin (2004): The Generations and Gender Contextual Database: Concepts and Content. Max-Planck-Institut für demografische Forschung Rostock, Working Paper 2004-026 (September 2004).

Spieß, Katharina C.; Büchel, Felix (2002): Form der Kinderbetreuung und Arbeitsmarktverhalten von Müttern in West- und Ostdeutschland. (Schriftenreihe des Bundesministeriums für Familie, Senioren, Frauen, und Jugend, Bd. 220). Stuttgart.

Spree, Reinhard (1979): Strukturierte soziale Ungleichheit im Reproduktionsbereich. Zur historischen Analyse ihrer Erscheinungsformen in Deutschland 1870-1914. In: Jürgen Bergmann (Hg.): Geschichte als politische Wissenschaft. Stuttgart, S. 55-115.

Spree, Reinhard (1981): Angestellte als Modernisierungsagenten. Indikatoren und Thesen zum reproduktiven Verhalten von Angestellten im späten 19. und frühen 20. Jahrhundert. In: Jürgen Kocka (Hg.): Angestellte im europäischen Vergleich. Göttingen, S. 279-308.

Spree, Reinhard (1984): Der Geburtenrückgang in Deutschland vor 1939. Verlauf und schichtenspezifische Ausprägung. In: Demographische Informationen 1984, S. 49-68.

Statistisches Bundesamt (Hg.) (1994): Datenreport. Zahlen und Fakten in der Bundesrepublik Deutschland. Bd. 6, Teil 1. München, Landsberg.

Statistisches Bundesamt (Hg.) (2004a): Kindertagesbetreuung in Deutschland. Einrichtungen, Plätze, Personal und Kosten 1990 bis 2002. Wiesbaden.

Statistisches Bundesamt (Hg.) (2004b): Bevölkerung und Erwerbstätigkeit. Natürliche Bevölkerungsbewegung 2000-2002. Tabellenteil (Fachserie 1/Reihe 1.1.). Wiesbaden.

Statistisches Bundesamt (o.J.): Lange Reihen. URL: http://www.destatis.de/jetspeed/portal/cms/Sites/destatis/Internet/DE/Navigation/Statistiken/Zeitreihen/Lange Reihen/LangeReihen__nk.psml [26.2.2008].

Stecker, Christina; Annette Zimmer (2003): Aktivierender Staat, Ehrenamt und Frauen. In: Forschungsjournal Neue Soziale Bewegungen 2 (2003), S.115-119.

Stegbauer, Christian (2002): Reziprozität. Einführung in soziale Formen der Gegenseitigkeit. Opladen.

Stegmann, Franz Josef; Langhorst, Peter (2000): Geschichte der sozialen Ideen im Deutschen Katholizismus. In: Helga Grebing (Hg): Geschichte der sozialen Ideen in Deutschland. Sozialismus – Katholische Soziallehre – Protestantische Sozialethik. Essen, S. 599-862.

Steinbacher, Elke (2004): Bürgerschaftliches Engagement in Wohlfahrtsverbänden. Professionelle und organisationale Herausforderungen in der Sozialen Arbeit. Wiesbaden.

Steiner, André (2004): Von Plan zu Plan. Eine Wirtschaftsgeschichte der DDR. München.

Strohmeier, Klaus Peter; Schulze, Hans-Joachim (1995a): Die Familienentwicklung der achtziger Jahre in Ost- und Westdeutschland im europäischen Kontext. In: Bernhard Nauck, Norbert F. Schneider, Angelika Tölke (Hg.): Familie und Lebensverlauf im gesellschaftlichen Umbruch (Der Mensch als soziales und personales Wesen, Bd. 12). Stuttgart, S. 26-38.

Strohmeier, Klaus Peter; Schulze, Hans-Joachim (1995b): Familienbildung und Kinderwunsch in Deutschland: Erwerbstätigkeit und Familienbildungsprozess im gesellschaftlichen Umbruch (Materialien zur Bevölkerungswissenschaft, Heft 82c). Wiesbaden.

Süßmann, Johannes (2007): Die Wurzeln des Wohlfahrtsstaates – Souveränität oder Gute Policey? In: Historische Zeitschrift 285,1 (August 2007), S. 19-47.

Szydlik, Marc (1995): Die Enge der Beziehungen zwischen erwachsenen Kindern und ihren Eltern – und umgekehrt. In: Zeitschrift für Soziologie 24 (1995), S. 75-94.

Szydlik, Marc (1997): Zur Qualität von Filiationsbeziehungen – ein Vergleich von Ostdeutschen und Westdeutschen. In: Rolf Becker (Hg.): Generationen und sozialer Wandel. Generationsdynamik, Generationenbeziehungen und Differenzierung von Generationen. Opladen, S. 177-198.

Szydlik, Marc (1999): Erben in der Bundesrepublik Deutschland: Zum Verhältnis von familialer Solidarität und sozialer Ungleichheit. In: Kölner Zeitschrift für Soziologie und Sozialpsychologie 1 (1999), S.80-104.

Szydlik, Marc (2000): Lebenslange Solidarität? Generationenbeziehungen zwischen erwachsenen Kindern und Eltern (Lebenslauf – Alter – Generation, Bd. 2). Opladen.

Szydlik, Marc (Hg.) (2007): Flexibilisierung. Folgen für Arbeit und Familie. Opladen.

Szydlik, Marc; Schupp, Jürgen (2004): Wer erbt mehr? Erbschaften, Sozialstruktur und Alterssicherung. In: Kölner Zeitschrift für Soziologie und Sozialpsychologie 56 (2004), S. 609-629.

Taguieff, Pierre-André (1992): Die Metamorphosen des Rassismus und die Krise des Antirassismus. In: Uli Bielefeld (Hg.): Das Eigene und das Fremde. Hamburg 1992, S. 221-268.

de Temple, Nicole (2006): »In die Jahre gekommen ...« – Einfamilienhaussiedlungen im soziodemographischen Wandel. In: Die alte Stadt 2 (2006), S. 123-138.

Taylor Allen, Ann (2005): Feminism and Motherhood in Western Europe 1890 – 1970. New York.

Templeton, Robert; Bauereiss, Renate (1994): Kinderbetreuung zwischen den Generationen. In: Walter Bien (Hg.): Eigeninteresse oder Solidarität. Beziehungen in modernen Mehrgenerationenfamilien (Deutsches Jugendinstitut, Familien-Survey, Bd. 3). Opladen, S. 249-266.

Teppe, Karl (1977): Zur Sozialpolitik des Dritten Reiches am Beispiel der Sozialversicherung. In: Archiv für Sozialgeschichte 17 (1977), S. 195-250.

Teuteberg, Hans J. (1983): Zur Genese und Entwicklung historisch-sozialwissenschaftlicher Familienforschung in Deutschland. In: Peter Borscheid, Hans J. Teuteberg (Hg.): Ehe, Liebe, Tod. Zum Wandel der Familie, der Geschlechts- und Generationsbeziehungen in der Neuzeit. Münster, S. 15-65.

Thelen, Tatjana (2005): Caring Grandfathers. Changes in Support Between Generations in East Germany. In: Haldis Haukanes, Frances Pine (Hg.): Generations, Kinship, and Care. Gendered Provisions of Social Security in Central Eastern Europe. Bergen, S. 163-188.

Thelen, Tatjana; Baerwolf, Astrid (2007): Traditionalisierung in der Flexibilisierung. Familiäre Arbeitsteilung in Ostdeutschland. In: Marc Szydlik (Hg.): Flexibilisierung. Folgen für Arbeit und Familie. Opladen, S. 275-294.

Thelen, Tatjana; Baerwolf, Astrid; Grätz, Thilo (2006): Ambivalenzen der Flexibilisierung: Traditionalisierung in Familien- und Geschlechterbeziehungen in Ostberlin und Brandenburg. Max Planck Institute for Social Anthropology, Halle/Saale, Working Paper (2006).

Thurnwald, Hilde (1948): Gegenwartsprobleme Berliner Familien. Eine soziologische Untersuchung an 498 Familien. Berlin.

Tietze, Wolfgang (1989): Vom Kindergarten zur Oma und dann zur Nachbarin? Zum Betreuungsalltag von Kindern im Vorschulalter. In: Jahresbericht 1989 des Deutschen Jugendinstituts e.V. München.

Timm, Elisabeth (2000): Kritik der ethnischen Ökonomie. In: PROKLA. Zeitschrift für kritische Sozialwissenschaft 120 (2000), S. 363-376.

Timm, Elisabeth (2005): »So kann man ja nur mit einer Frau umgehen!« Wohlfahrtsstaat, Geschlecht und Ökonomie im 20. Jahrhundert: eine Fallstudie aus Oberschwaben. In: Michaela Fenske, Tatjana Eggeling (Hg.): Geschlecht und Ökonomie. Beiträge der 10. Arbeitstagung der Kommission für Frauen- und Geschlechterforschung der Deutschen Gesellschaft für Volkskunde, Göttingen 2004 (Schriftenreihe der Volkskundlichen Kommission für Niedersachsen e.V., Bd. 20). Göttingen, S. 15-45.

Timm, Elisabeth (2008): »Ich bin Glied einer Kette.« Aktuelle Tendenzen der historischen und sozialen Erweiterung von Verwandtschaft am Beispiel der populären Familienforschung. In: Erdmuthe Alber. Bettina Beer, Julia Pauli, Michael Schnegg (Hg.): Verwandtschaft heute. Berlin (im Druck).

Tölke, Angelika; Hank, Karsten (Hg.) (2005): Männer – Das ›vernachlässigte‹ Geschlecht in der Familienforschung (Zeitschrift für Familienforschung, Sonderheft 4). Wiesbaden.

TRANSIT MIGRATION Forschungsgruppe (Hg.) (2007): Turbulente Ränder. Neue Perspektiven auf Migration an den Grenzen Europas. Frankfurt/M.

Trappe, Heike (1995): Emanzipation oder Zwang? Frauen in der DDR zwischen Beruf, Familie und Sozialpolitik. Berlin.

Tyrell, Hartmann (1976): Probleme einer Theorie der gesellschaftlichen Ausdifferenzierung der privatisierten modernen Kleinfamilie. In: Zeitschrift für Soziologie 5 (1976), S. 393-417.

Tyrell, Hartmann (1977): Historische Familienforschung und Familiensoziologie. Versuch einer Zwischenbilanz der historischen Familienforschung und Kritik eines Forschungsprogramms. In: Kölner Zeitschrift für Soziologie und Sozialpsychologie 29 (1977), S. 677-701.

Uhlendorff, Harald (2003): Family and Family Orientation in East Germany. In: Eva Kolinsky, Hildegard Maria Nickel: Reinventing Gender. Women in Eastern Germany since Unification. London u.a., S. 209-228.

Ullrich, Carsten G. (2000): Solidarität im Sozialversicherungsstaat. Die Akzeptanz des Solidarprinzips in der gesetzlichen Krankenversicherung. Frankfurt/M.

Ullrich, Carsten G. (2003): Wohlfahrtsstaat und Wohlfahrtskultur. Zu den Perspektiven kultur- und wissenssoziologischer Sozialpolitikforschung. Working Paper 67 (2003) des Mannheimer Zentrums für Europäische Sozialforschung.

Ulrich, Volker (2001): Demographische Alterung und medizinischer Fortschritt – Mehr als ein potentieller Sprengsatz für die GKV? In: Winfried Schmähl, Volker

Ulrich (Hg.): Soziale Sicherungssysteme und demographische Herausforderungen. Tübingen, S. 23-43.

Usborne, Cornelie (1994): Frauenkörper – Volkskörper: Geburtenkontrolle und Bevölkerungspolitik in der Weimarer Republik (Theorie und Geschichte der bürgerlichen Gesellschaft 7). Münster.

Vaskovics, Laszlo A. (Hg.) (1994): Soziologie familialer Lebenswelten (Soziologische Revue, Sonderheft 3). München.

Vaskovics, Laszlo A. (1997): Solidarleistungen der Eltern für ihre erwachsenen Kinder in den neuen und alten Bundesländern. In: Jürgen Mansel, Gabriele Rosenthal, Angelika Tölke (Hg.): Generationen-Beziehungen. Austausch und Tradierung. Opladen, S. 97-108.

Vaskovics, Laszlo A. u.a. (1994): Familien- und Haushaltsstrukturen in der ehemaligen DDR und in der Bundesrepublik Deutschland von 1980 bis 1989. Ein Vergleich (Materialien zur Bevölkerungswissenschaft, Sonderheft 24). Wiesbaden.

Vaskovics, Laszlo A.; Rost, Harald (1999): Väter und Erziehungsurlaub. Stuttgart.

Vester, Michael; von Oertzen, Peter; Geiling, Heiko; Hermann,Thomas; Müller, Dagmar (2001): Soziale Milieus im gesellschaftlichen Strukturwandel. Zwischen Integration und Ausgrenzung. Frankfurt/M.

Viazzo, Pier Paolo; Zanotelli, Francesco (2006): Parentela e assistenza: quali contributi dall'antropologia? In: Ida Fazio, Daniela Lombardi, Daniela (Hg.): Generazioni. Legami di parentela tra passato e presente. Roma, S. 29-49.

Vinken, Barbara 2001: Die deutsche Mutter. Der lange Schatten eines Mythos. München.

Voegeli, Wolfgang (2001): Nationalsozialistische Familienpolitik zwischen Ideologie und Durchsetzung, Hamburg.

Voegeli, Wolfgang (2003): Nazi Family Policy: Securing Mass Loyalty. In: Journal of Family History 28,1 (2003), S.123-149.

Völker, Beate; Flap, Henk (2001): Weak Ties as a Liability. The Case of East Germany. In: Rationality and Society 13,4 (2001), S. 397-428.

Völker, Susanne (2004): Hybride Geschlechterpraktiken. Erwerbsorientierungen und Lebensarrangements von Frauen im ostdeutschen Transformationsprozess. Wiesbaden.

Vogel, Berthold (2007): Die Staatsbedürftigkeit der Gesellschaft. Hamburg.

Voland, Eckart (2000): Grundriß der Soziobiologie. 2. Aufl. Heidelberg.

Voland, Eckart; Beise, Jan (2005): Bilanzen des Alters – oder: Was lehren uns ostfriesische Kirchenbücher über die Evolution von Großmüttern? In: Historical Social Research 30,3 (2005), S. 205-218.

Voland, Eckart; Paul, Andreas (1998): Vom »egoistischen Gen« zur Familiensolidarität – Die soziobiologische Perspektive von Verwandtschaft. In: Michael Wagner, Yvonne Schütze (Hg.): Verwandtschaft. Sozialwissenschaftliche Beträge zu einem vernachlässigten Thema. Stuttgart, S. 35-58.

Vollmer, Franziska (2004): Das Ehegattensplitting ist antastbar. In: Gewerkschaftliche Monatshefte 55 (2004), S. 427-430.

Voß, Günter G. (2003): Entgrenzte Arbeit – gestresste Familien. In: Zeitschrift für Familienforschung. Beiträge zu Haushalt, Verwandtschaft und Lebenslauf (2003), S. 329-336.

Voß, Günter G.; Pongratz, Hans J. (1998): Der Arbeitskraftunternehmer. Eine neue Grundform der »Ware Arbeitskraft«? In: Kölner Zeitschrift für Soziologie und Sozialpsychologie 50,1 (1998), S. 131-158.

Vowinckel, Gerhard (1990): Soziobiologie und Soziologie. Abgrenzungen und Verknüpfungen. In: Anton Sterbling (Hg.): Wissensgrundlagen, Denkrichtungen und institutionelle Aspekte der Soziologie (Beiträge aus dem Fachbereich Pädagogik, 7). Hamburg, S. 5-20.

Vowinckel, Gerhard (1997): Verwandtschaft und was Kultur daraus macht. Das Verhältnis biologischer und soziologischer Aspekte. In: Tamás Meleghy u. a. (Hg.): Soziologie im Konzert der Wissenschaften. Zur Identität einer Disziplin. Opladen, S. 32-42.

Wagner, Michael (1997): Scheidung in Ost- und Westdeutschland. Zum Verhältnis von Ehestabilität und Sozialstruktur seit den 30er Jahren. Frankfurt/M., New York.

Wagner, Michael (2002): Familie und soziales Netzwerk. In: Rosemarie Nave-Herz (Hg.): Kontinuität und Wandel der Familie in Deutschland. Eine zeitgeschichtliche Analyse. Stuttgart, S. 227-251.

Weber-Kellermann, Ingeborg (1969): Familienforschung im 19. Jahrhundert zwischen Volkskunde und Gesellschaftslehre. In: Kontakte und Grenzen. Probleme der Volks-, Kultur- und Sozialforschung. Göttingen, S. 329-336.

Weber-Kellermann, Ingeborg (1982): Die deutsche Familie. Versuch einer Sozialgeschichte (1974). 7. Aufl. Frankfurt/M.

Wegener, Angela (2005): Regenbogenfamilien. Lesbische und schwule Elternschaft zwischen Heteronormativität und Anerkennung als Familienform. In: Feministische Studien – Zeitschrift für interdisziplinäre Frauen- und Geschlechterforschung 23,1 (2005), S. 53-67.

Weissert, William G.; Cready, Cynthia M.; Pawelak, James E. (1988): The Past and the Future of Home- and Economy-based Long-term Care. In: Milbank Quarterly 66 (1988), S. 309-388.

Wendt, Claus; Maucher, Mathias (2000): Mütter zwischen Kinderbetreuung und Erwerbstätigkeit. Institutionelle Hilfen und Hürden bei einem beruflichen Wiedereinstieg nach einer Kinderpause. Mannheimer Zentrum für Europäische Sozialforschung, Arbeitspapier 18/2000.

Wendt, Hartmut (1993): Geburtenhäufigkeit in beiden deutschen Staaten – zwischen Konvergenz und Divergenz. In: Zeitschrift für Bevölkerungswissenschaft 17,3 (1993), S. 251-280.

Wiegand, Lutz (1992): Der Lastenausgleich in der Bundesrepublik Deutschland 1949 bis 1985. Frankfurt/M.

Wieners, Tanja (1999): Familientypen und Formen außerfamilialer Kinderbetreuung heute. Vielfalt als Notwendigkeit und Chance. Opladen.

Willekens, Harry (2003): Is Contemporary Western Family Law Historically Unique? In: Journal of Family History 28,1 (2003), S. 70-107.

Willenbacher, Barbara (2003): Individualism and Traditionalism in Inheritance Law in Germany, France, England and the USA. In: Journal of Family History 28,1 (2003), S. 208-225.

Willms, Angelika (1980): Grundzüge der Entwicklung der Frauenarbeit von 1880 bis 1980. In: Walter Müller, Angelika Willms, Johann Handl (Hg.): Strukturwandel der Frauenarbeit 1880-1980. Frankfurt/M., New York, S. 25-54.

Willutzki, Siegfried (2003): Generationensolidarität versus Partnersolidarität – quo vadis, Erbrecht? In: Frank Lettke (Hg.): Erben und Vererben. Gestaltung und Regulation von Generationenbeziehungen. Konstanz, S. 59-73.

Winkler, Gabriele; Carstensen, Tanja (2007): Eigenverantwortung in Beruf und Familie – vom Arbeitskraftunternehmer zur ArbeitskraftmanagerIn. In: Feministische Studien – Zeitschrift für interdisziplinäre Frauen- und Geschlechterforschung 2/2007, S. 277-288.

Winkler, Gunnar (Hg.) (1990): Frauenreport '90. Berlin.

Wirth, Heike (2000): Bildung, Klassenlage und Partnerwahl. Eine empirische Analyse zum Wandel der bildungs- und klassenspezifischen Heiratsbeziehungen. Opladen.

Wischermann, Clemens (2003): ›Mein Erbe ist das Vaterland‹. Sozialreform und Staatserbrecht im Kaiserreich und in der Weimarer Republik. In: Frank Lettke (Hg.): Erben und Vererben. Gestaltung und Regulation von Generationenbeziehungen. Konstanz, S. 31-57.

Wolf, Ulrike (1985): Komposition sozialer Netzwerke unter Migrationsbedingungen. Bonn.

Wollasch, Andreas (1993): Tendenzen und Probleme gegenwärtiger historischer Wohlfahrtsforschung in Deutschland. In: Westfälische Forschungen 43 (1993), S. 1-25.

Wurzbacher, Gerhard (1969): Leitbilder gegenwärtigen deutschen Familienlebens. Methode, Ergebnisse und sozialpädagogische Folgerungen einer soziologischen Analyse von 164 Familienmonographien (1951). 4. Aufl. Stuttgart.

Young, Michael; Willmott, Peter (1962): Family and Kinship in East London. 2. Aufl. Harmondsworth.

Zacher, Hans F. (2001): Grundlagen der Sozialpolitik in der Bundesrepublik Deutschland. In: Bundesministerium für Arbeit und Sozialordnung und Bundesarchiv (Hg.): Geschichte der Sozialpolitik in Deutschland seit 1945. Bd. 1: Grundlagen der Sozialpolitik. Baden-Baden, S. 333-684.

Zander, Michael (2007): Selbstbestimmung, Behinderung und Persönliche Assistenz – politische und psychologische Fragen. In: Forum Kritische Psychologie 51 (2007), S. 38-52.

Zerche, Jürgen; Schönig, Werner (1994): Vergleich der Problemfelder des Wohnens in der DDR und in den neuen Bundesländern. In: Jürgen Zerche (Hg.): Vom sozialistischen Versorgungsstaat zum Sozialstaat Bundesrepublik. Ausbau oder Abbau der sozialen Lage in den neuen Bundesländern? (Kölner Schriften zur Sozial- und Wirtschaftspolitik, Bd. 25). Regensburg, S. 210-229.

Ziefle, Andrea (2004): Die individuellen Kosten des Erziehungsurlaubs. Eine empirische Analyse kurz- und längerfristiger Folgen für den Karriereverlauf von Frauen. In: Kölner Zeitschrift für Soziologie und Sozialpsychologie 56,2 (2004), S. 213-231.

Ziegler, Meinrad (2000): Das soziale Erbe. Eine soziologische Fallstudie über drei Generationen einer Familie. Wien.

Zimmer, Annette; Nährlich, Stefan (Hg.) (2000): Engagierte Bürgerschaft. Traditionen und Perspektiven. Opladen.

Weiterlesen

Günter Burkart
Familiensoziologie
2008, ca. 370 Seiten, broschiert
ISBN 978-3-8252-3061-6

Diese Einführung bietet einen umfassenden Überblick über den gesamten Bereich von familialen und nichtfamilialen Lebensformen und das Spannungsverhältnis von Familie und Gesellschaft. Der Autor macht dabei deutlich, dass sich die Familie heute neuen Anforderungen wie Individualismus, Mobilität und Flexibilität stellen muss. Jedes Kapitel beinhaltet eine Zusammenfassung, Übungsfragen und Literaturangaben. Glossar und Index erleichtern zudem die Erschließung von Grundbegriffen.

Günter Burkart ist Professor für Soziologie an der Universität Lüneburg.

Klicken + Blättern

Leseprobe und Inhaltsverzeichnis unter

Erhältlich auch in Ihrer Buchhandlung.